本书受国家自然科学基金项目(71401185),中国博士后科学基金特别资助项目(2015T80869),湖南省哲学社会科学基金项目(15YBA408)资助

双语言多准则决策方法

Duplex Linguistic MCDM Methods

杨恶恶◎著

图书在版编目（CIP）数据

双语言多准则决策方法/杨恶恶著. —北京：知识产权出版社，2016.11
ISBN 978-7-5130-4612-1

Ⅰ.①双… Ⅱ.①杨… Ⅲ.①决策方法—研究 Ⅳ.①C934

中国版本图书馆 CIP 数据核字（2016）第 283366 号

内容提要

语言多准则决策是现代多准则决策研究的一个重要方向，有着广泛的实际应用价值。书中提出了双语言集来同时表达决策者利用结构化语言标度对备选方案进行评价的结果及其信心水平。随后，在书中所开发的级别高关系、语义占优、语义规划等相关技术的基础上，提出了若干种解决双语言环境下不确定多准则决策问题的方法，并结合实例对这些方法进行了讨论。

责任编辑：李　瑾　　　　　　　　　责任出版：孙婷婷

双语言多准则决策方法

杨恶恶　著

出版发行：	知识产权出版社有限责任公司	网　　址：	http：//www.ipph.cn
社　　址：	北京市海淀区西外太平庄 55 号	邮　　编：	100081
责编电话：	010-82000860 转 8392	责编邮箱：	lijin.cn@163.com
发行电话：	010-82000860 转 8101/8102	发行传真：	010-82000893/82005070/82000270
印　　刷：	北京中献拓方科技发展有限公司	经　　销：	各大网上书店、新华书店及相关专业书店
开　　本：	787mm×1092mm　1/16	印　　张：	15.5
版　　次：	2016 年 11 月第 1 版	印　　次：	2016 年 11 月第 1 次印刷
字　　数：	300 千字	定　　价：	48.00 元
ISBN 978-7-5130-4612-1			

出版权专有　侵权必究
如有印装质量问题，本社负责调换。

摘 要

语言多准则决策是现代多准则决策研究的一个重要方向,在诸多领域中有着广泛的应用背景。尽管针对语言多准则决策的研究已取得了丰硕的成果,但无论理论还是应用方面,现有研究均还存在许多尚待解决的问题,尤其是在处理语言信息的不确定性特征方面还很不成熟。为此,本文提出了双语言集的概念,并针对双语言环境下的不确定多准则决策问题加以系统研究。本书的主要工作包括:

(1) 提出了双语言集的概念。可以利用它同时表达对备选方案在准则下表现的评价和决策者对该评价的信心水平。这一工具与传统的语言变量相比,能够更好地包容决策过程中来自不同源头的不确定性。

(2) 定义了双语言集间的优势关系,并在此基础上建立了方案间的级别高关系。利用级别高关系,综合方案间两两比较的结果,可以得到方案间的不完全序。

(3) 在上述级别高关系的基础上,进一步扩展得到了一种双语言多准则分组评级决策方法。该方法利用一组标志性的虚拟参考方案,通过备选方案与这些虚拟参考方案相比较而将方案划分进合适的分组中。适用于备选方案较多、不便于方案间两两比较时对方案进行初步评价的决策环境。本书将其用于处理城市绿化树种选择问题,取得了较好的效果。

(4) 提出了语义占优技术,并证明了五种典型的语义结构下所对应的语义占优规则,研究了不同语义占优的性质。利用这一组规则,提出了基于语义占优的双语言多准则决策步骤,从而挑选出"非劣"方案的集合。

(5) 为了尽可能多地获得方案间偏好关系,并减少对语言变量的语义设定施加过多人为影响，通过建立语义规划模型对语言变量的语义加以设定，语言变量中包含的不完全偏好通过模型的限制条件表示，并提出了两种利用语义规划技术的双语言多准则决策方法。

（6）针对权重信息不完全的双语言多准则决策问题进行了研究，提出了基于扩展语言运算的两种决策方法。其中一种方法将决策过程看作是决策者与自然间的博弈，利用矩阵博弈理论对准则权重加以设定；而另外一种方法则通过最大化模型离差来设定权重。

（7）提出了直觉正态云模型来处理双语言多准则决策问题，决策者给出的决策信息被看作是方案的综合评价云中部分云滴的集合，通过这些云滴可估计出该评价云的相关参数，随后，利用所设计的云发生算法运用蒙特卡洛技术产生云滴并对云滴计分加以统计，进而对不同方案的综合评价云加以比较排序。

（8）将所提出的双语言多准则决策技术应用于新能源公交车选型决策案例中，通过综合运用上述方法，可以揭示蕴含在双语言决策信息之内的决策者偏好，帮助决策者更好地理解问题和影响方案间偏好的具体因素，从而帮助其得到更加理性的决策结果，提高决策质量。

关键词：语言模型；决策分析；多准则；多属性；语义
分类号：C934

Abstract

Linguistic multi-criteria decision-making (MCDM) problem is an important research topic in the nowadays MCDM theory. It has widely application background in many fields. Although the linguistic MCDM research has achieved fruitful results, the existing methods still have many unsolved problems in both theory and application aspects. Especially, they are very immature in handling the uncertainty in linguistic information. Thereby, the duplex linguistic (DL) sets are introduced in the thesis. Moreover, the uncertain MCDM problems under duplex linguistic environment are studied systematically. It includes:

(1) Defined the DL set, which can be used to express the evaluation for an alternative with respect to a criterion and the confidence on such evaluation simultaneously. Comparing to the classical linguistic variable, the DL set can comprise the uncertainty from different sources.

(2) Defined the dominance relation between DL sets, and established the outranking relation between alternatives based on such dominances. Integrating the outranking relations after pairwise comparing the alternatives, the partial order of alternatives is reached.

(3) Based on the outranking relation above, a DL multi-criteria classifying and rating method is proposed. By comparing the alternatives to a group of virtual reference alternatives, the evaluated alternatives are classified into the proper groups. This method is suitable for solving the problem that involves too many alternatives to compare them pairwise. An urban tree species selection was

conducted by using this method.

(4) The semantic dominance (SD) technique is proposed. The SD rules about five typical semantics structures were proved, and the properties of SD were studied. The DL MCDM procedure based on SD was introduced to find all the "non-inferior" alternatives.

(5) For obtaining the preferences about the alternatives as much as possible, and avoiding assigning the semantics to the linguistic variables artificially, a semantic programming model was introduced to set the semantics to the linguistic variables. The incomplete preference involving in the linguistic variables are expressed by the constraints of the model. Two DL MCDM methods based on semantic programming are introduced.

(6) For handling the DL MCDM problems with incomplete weights, two methods based on the computing with expanded linguistic variables are proposed. One of them regards the decision as a game between decision makers and the nature, and set the weights with a matrix game. The other method sets the weights to maximize the deviation of the model.

(7) The intuitionistic normal cloud model is proposed for solving the DL MCDM problems. The decision information is regarded as the drop sets of the clouds that evaluate the alternatives. Parameters of these clouds then can be estimated from such drops. Further, the drops of these clouds are generated by using the cloud-generating algorithm. The statistical results of the drop score can be used to rank the clouds.

(8) The methods proposed are used to select the alternative fuel bus species. These methods reveal more detail of the preference that involves in the DL decision information. They help the decision maker to understand the problem and the factors that affect the preferences, thus make decision more reasonable.

Keywords: Linguistic model, decision analysis, multi-criteria, multi-attribute, semantics

Classification: C934

目 录

0 绪 论 (1)
  0.1 研究背景及意义 (1)
    0.1.1 研究背景 (1)
    0.1.2 研究目的及意义 (3)
  0.2 国内外研究现状 (4)
    0.2.1 语言变量与语言模型 (4)
    0.2.2 词计算与语言信息集结 (5)
    0.2.3 语言多准则决策 (9)
  0.3 研究内容和本书结构 (13)

1 多准则决策预备知识 (15)
  1.1 多准则决策及其特点 (16)
    1.1.1 多准则决策的求解过程 (16)
    1.1.2 多准则评价 (17)
    1.1.3 价值判断 (19)
  1.2 多准则决策问题的要素 (20)
    1.2.1 决策单元和决策人 (20)
    1.2.2 目标集(准则体系)及其递阶结构 (20)
    1.2.3 属性集和代用属性 (20)
    1.2.4 决策形势 (22)

1.2.5　决策规则 ………………………………………………… (23)
　　1.2.6　非劣解与最佳调和解 …………………………………… (24)
1.3　多准则决策的准备工作 ………………………………………… (24)
　　1.3.1　决策矩阵 ………………………………………………… (25)
　　1.3.2　数据预处理 ……………………………………………… (26)
　　1.3.3　方案筛选 ………………………………………………… (31)
1.4　权重及其设定 …………………………………………………… (32)
　　1.4.1　主观赋权法 ……………………………………………… (32)
　　1.4.2　客观赋权法 ……………………………………………… (36)

2　基于级别高关系的双语言多准则决策方法 ……………………… (40)
2.1　双语言变量及其相关概念 ……………………………………… (41)
　　2.1.1　语言变量 ………………………………………………… (41)
　　2.1.2　双语言变量及其占优关系 ……………………………… (42)
2.2　基于级别高关系的双语言多准则决策方法 …………………… (45)
　　2.2.1　双语言信息下的级别高关系 …………………………… (46)
　　2.2.2　双语言多准则决策步骤 ………………………………… (48)
　　2.2.3　算例 ……………………………………………………… (50)
2.3　级别高关系下的双语言多准则分组评级决策方法 …………… (57)
　　2.3.1　双语言多准则分组评级步骤 …………………………… (58)
　　2.3.2　实例分析 ………………………………………………… (61)
2.4　本章小节与讨论 ………………………………………………… (65)

3　基于语义占优的双语言多准则决策方法 ………………………… (67)
3.1　基础概念 ………………………………………………………… (68)
3.2　多准则语义占优规则 …………………………………………… (76)
　　3.2.1　关于序语义函数集的多准则语义占优规则 …………… (76)
　　3.2.2　关于负偏心语义函数集的多准则语义占优规则 ……… (79)
　　3.2.3　关于正偏心语义函数集的多准则语义占优规则 ……… (83)
　　3.2.4　关于向心语义函数集的多准则语义占优规则 ………… (87)

3.2.5　关于离心语义函数的多准则语义占优规则 ……… (93)
　3.3　多准则语义占优关系的性质 ……………………… (100)
　3.4　基于语义占优的双语言多准则决策过程 …………… (103)
　3.5　算例 ………………………………………………… (105)
　　　3.5.1　序语义占优下的决策分析 …………………… (106)
　　　3.5.2　负/正偏心序语义占优下的决策分析 ………… (108)
　　　3.5.3　向/离心序语义占优下的决策分析 …………… (112)
　3.6　本章小节与讨论 …………………………………… (115)

4　基于语义规划的双语言多准则决策方法 ……………… (119)
　4.1　语言变量所表达的不完全偏好信息 ………………… (120)
　　　4.1.1　语义结构中心对称 …………………………… (120)
　　　4.1.2　语义结构负/正偏心 …………………………… (124)
　4.2　基于语义规划的语言双语言多准则加权和法 ……… (125)
　　　4.2.1　最大区分度语义指派 ………………………… (125)
　　　4.2.2　最大区分度双语言多准则决策具体步骤 …… (128)
　　　4.2.3　算例 …………………………………………… (129)
　4.3　基于语义规划的双语言 TOPSIS ……………………… (140)
　　　4.3.1　利用最大离差法设定语义值 ………………… (141)
　　　4.3.2　双语言 TOPSIS 的具体决策步骤 ……………… (143)
　　　4.3.3　算例 …………………………………………… (144)
　4.4　本章小节与讨论 …………………………………… (148)

5　基于扩展语言运算的不确定权重双语言多准则决策 …… (150)
　5.1　基本概念 …………………………………………… (150)
　5.2　不确定权重信息 …………………………………… (154)
　5.3　矩阵博弈不确定权重双语言多准则决策方法 ……… (156)
　　　5.3.1　双人矩阵博弈 ………………………………… (157)
　　　5.3.2　基于矩阵博弈的权重设定 …………………… (158)
　　　5.3.3　算例 …………………………………………… (161)

5.4　离差最大化的不确定权重双语言多准则决策方法 …… (164)
　　5.4.1　基于离差最大化权重设定 …… (164)
　　5.4.2　算例 …… (165)
5.5　本章小节与讨论 …… (166)

6　基于直觉正态云的双语言多准则决策方法 …… (167)
6.1　直觉正态云及其相关定义 …… (168)
6.2　直觉正态云发生算法与大小比较 …… (174)
　　6.2.1　直觉正态云发生算法 …… (174)
　　6.2.2　基于蒙特卡洛模拟的直觉正态云的比较 …… (175)
6.3　双语言变量模糊区间表示法 …… (176)
6.4　基于蒙特卡洛模拟的直觉正态云双语言多准则决策方法 …… (177)
6.5　算例 …… (180)
6.6　本章小节与讨论 …… (185)

7　双语言信息环境下的新能源公交车选型决策分析 …… (187)
7.1　可选方案描述 …… (188)
7.2　评价准则 …… (190)
7.3　方案评价过程 …… (191)
7.4　评价信息分析 …… (194)
　　7.4.1　初步分组评级 …… (194)
　　7.4.2　语义占优分析 …… (195)
　　7.4.3　语义规划分析 …… (210)
7.5　本章小节与讨论 …… (213)

8　总结与展望 …… (214)
8.1　研究的主要工作和创新点 …… (214)
8.2　展望 …… (216)

参考文献 …… (218)

0 绪 论

0.1 研究背景及意义

0.1.1 研究背景

决策是指为了达到特定目的而在众多的可行性方案中进行选择的过程，它包括了评估、比较、判断在内的一系列心理活动[1]，是人类经济生活中的一项基本行为，是人们开始行动的先导，在个人、组织甚至社会发展过程中，起着关键性作用。

在大多数决策问题中，决策者头脑中很少能具有清晰的单一决策准则[2]。而且许多的决策问题若仅采用单一的准则加以决策，也不足以反映出日益复杂的社会系统中多维的且往往是相互冲突的价值取向，尤其是在许多社会经济问题中，仅采用单一准则决策会使得许多社会和环境维度下的关键属性被忽视。因此，决策者需要同时考虑多个评价准则以分析备选方案的表现。这种从有限个明确的备选方案中选择最为合适的行动方案，而每个方案在不同方面的表现通过有限个准则加以评价的决策问题被称为多准则决策（multi-criteria decision making，MCDM）问题，也称多属性决策（multi-attribute decision making，MADM）问题。

然而，由于决策问题面对的是未来可能发生的事件，实际决策中会遇到环境复杂多变、决策者的主观判断偏误、时间紧迫等因素的制约，使得决策数据变得不准确、不确定，这些不确定性往往具有非概率化的特征，因为他们是与"意义"的不精确与模糊相联系的[3]，Roy 阐述了这种根植于决策问题内天然的模糊性（fuzziness）[4]。但在传统的多准则决策模型中，却需要先用精确数字对所有的决策信息加以表达[5,6]，这种要求与实际决策中的天然模糊性产生了极大的不协调，因为作为一种人类与生俱来的能力，实际决策并不需要对备选方案进行精确且完备的测量就能完成。这一事实促使许多研究者利用模糊集理论[7]来对决策过程中的不确定性和模糊性加以建模[8,9]，并发展出模糊多准则决策（fuzzy multi-criteria decision making，FMCDM）[10]理论。

由于语言是描述模糊信息的天然工具，因此，在模糊多准则决策中，利用语言代替数字表达决策信息可以更加接近人类的认知过程[11]。也就是说，对方案在各准则下的表现可以利用语言变量（linguistic variable）加以表示[12]。所谓的语言变量指的是一种结构化的语言信息，它的形式为一条自然语言或人工语言（artificial language）中的句子或词。通常，决策者会将若干个规定了顺序的语言变量排列为一个有序语言标度（linguistic ordered scale），由于这种标度的各语言项具有明确的意义，因此它更容易被决策者正确使用，比起普通的序标度而言更具吸引力[13]。实际上，以自然语言短语形式给出决策信息的决策问题广泛存在，如在人事综合考核、汽车性能评估、项目评估、企业过程管理、供应链管理中都能找到相关的例子。人们对一些定性或者难以用数字说明的指标往往倾向于给出语言的评估信息（如很好、良、一般、差等），因此，语言多准则决策方法具有重要的实际应用价值。

针对语言多准则决策的相关研究起步较晚，其理论和方法研究尚未完全成熟，但已受到国内外学者的广泛关注，取得了众多成果[14-24]。不过，现有语言决策问题中多暗含了这样的假设，即决策者对备选方案在某准则下表现的看法完全隶属于决策者对该表现所给出的语言评价，没能准确展现决策者对其评价的信心水平[25]。例如，当某决策者对两个候选人的工作表现同样给出"不错"的评语时，他很可能对这两个评价持有不同的信心，这种信心的区别多来自于其所占有信息的数量与质量。在上例中，决策者对和他同一办公室的候选人给出评价的信心水平就很可能高于对来自其他办公室的候选人所做的评价。而传统的语言变量无法体现这种信心水平的差别，因此，本文对传统的语言变量进行了扩展，得到了双语言变量并应用于多准则决策问题中。这种变量包含了一对语言项，其中第一个语言项用以描述某准则下的评价结果，另外一个语言项则用来表示评价对象的表现对该评价结果的隶属程度，从而反映出决策者对评价结果的信心。

本研究与导师已申请的国家自然科学基金项目密切相关，在已有研究的基础上，对适合双语言多准则决策方法与相关技术进行系统研究，以丰富和发展语言多准则决策理论，以期为国民社会、经济问题中的科学决策提供依据和借鉴，以提高决策质量、降低决策风险。

0.1.2 研究目的及意义

（1）研究目的。

本书针对准则值为双语言变量的多准则决策问题展开系统研究，在级别高关系、语义占优、语义规划等相关技术的基础上，提出解决权重确定和权重未知的双语言多准则决策问题的决策分析方法，以协助决策者对备选方案进行分析并求解满意方案。

（2）研究意义。

在实际多准则决策中，由于受到多种因素的制约，使得决策者一方面难以对方案在某准则下的表现加以精确评价，另一方面更难以对所给出的不同评价具有同样的信心。如果采用双语言集，则能利用一对语言变量同时刻画决策者的这种不确定评价和对该评价的信心水平，因此，它能更好地包容评价过程中的不确定性。对于双语言信息环境下的多准则决策问题，目前尚缺少有效的决策方法。本书针对此类问题加以系统研究，具有重要的理论价值与现实意义。

在理论上，本书综合应用管理科学、运筹学、模糊数学、人工智能等多学科的知识，提出一组方法解决用双语言集表示准则值的语言多准则决策问题，并处理问题中所包含的不确定性，从而丰富和完善多准则决策理论，充实多准则决策方法库，而在研究中所提出的几种技术能够为解决现有语言多准则决策研究中几个关键性理论难题提供新的解决框架；实践上，本书所提出方法可望应用于社会经济生活和企事业管理部门中，辅助相关管理人员决策，以降低决策风险，提高决策质量。

0.2 国内外研究现状

接下来从语言变量与语言模型、词计算与语言信息集结、语言多准则决策方法三个方面介绍与本研究相关的国内外研究现状。

0.2.1 语言变量与语言模型

语言变量（linguistic variable）[12,26]指的是"值非数字而是自然或人工语言中的词或句子的变量"[12]。应用语言变量替代数字变量的主要原因在于，语言一般来说比数字具有更少的特殊性，更加接近人类表达和应用知识的方式，能很自然地表达出不确定或者不完全信息。而信息的不精确和不完整也恰恰是真实世界中的最常见状态。

近年来，针对语言变量的一类重要的研究是将普通的语言变量加以改进以更好地表示语言决策信息。例如，扩展语言标度[27]在原有的语言标度中引入虚拟语言项以防止语言信息处理后的信息丢失问题，许多后续的针对语言多准则决策的研究也以此为基础[28-30]；二元语义模型[14]与扩展语言标度类似，区别在于表示语言变量时将语言项表示为语言部和语言部偏离量两部分，该模型也是现有语言决策问题中常用的信息表达方式[18,31-33]，Martinez 等[32]综述了决策中二元语言模型的延伸、应用和挑战；不确定语言数[34]（即区间语言数[35]）将则语言信息扩展到一个区间，以帮助决策者以语言区间的形式给出不确定的语言决策信息，从而处理实际决策问题中有时难以给出单一语言评价的情况[36-38]；而犹豫语言集[39,40]则将其扩展为一个离散的语言数子集，来体现决策者在多个语言评价间的摇摆与犹豫；而这种决策者的犹豫态度在直觉语言数中[25]则是受到直觉模糊集理论[41]的启发，对传统语言变量增加了评价结果对语言数的隶属度和非隶属度的信息，针对直觉语言信息的研究正在深入[42-45]；双语言集[46]则利用语言数对来同时表达评价结果和评价对象对该结果的语言型隶属度，进而反映决策者的信心水平；二维语言数[47,48]的形式与双语言集类似，均由常规的语言数对表示，然而，根据二维语言数的定义，从理论的角度看,其本质是通过纯语言信息来表达模糊且具有随机特征的信息。这些改进的语言变量模型从不同侧面提升了语言决策的适用性。

对于语言变量和语言模型的另外一类研究关注在使用语言变量时语言标度的结构特性,现有文献中主要包括处理多粒度语言标度系统和非平衡语言标度两大问题。

多粒度语言标度系统是指不同决策者或者在不同的准则下,由于所拥有的信息水平不同,决策者可能会采用具有不同粒度的语言标度。Herrera 等[17]提出了一个融合多粒度语言决策信息的方法,该方法选择一个具有最大粒度的基础语言项集(basic linguistic term set,BLTS)并定义了转换函数,将每个基础语言项集合中的语言评价值表示为模糊集。Herrera 等[49]扩展了这一方法,并用二元语义模型处理多粒度层次型语言信息,该方法随后被应用并得以进一步扩展[50-53]。最近的文献中,我们能发现一些新的多粒度方法,如 Chen 等[54]提出了一个新的多粒度语言信息融合方法;乐琦与樊治平[55]提出一个多粒度语言群决策方法,方法中决策者提供的多粒度语言信息被表示为模糊数,并利用线性目标规划来集结这些模糊信息从而直接计算出方案的排序值;Chen 等[54]研究了群决策中多粒度语言信息的融合方法;Jiang 等[56]研究了基于多粒度语言评价信息的群决策问题;Fan 等[57]研究了基于多粒度不确定语言信息的群决策方法;Zhu 等[58]研究了权重信息为不完全多粒度语言变量的多阶段灰色目标决策方法;Zhang 等[59]研究了权重信息不完全的多粒度不确定语言群决策方法。

非平衡语言标度,即语言标度中语言项的分布不是关于中心项呈均匀分布的,这种分布在现实中的很多情况下都能发现。文献中提出了处理这种类型语言信息的方法[60,61],而 Jiang[55]提出的用以解决多粒度语言环境的模型也应能用以处理这种非平衡信息。对于这一主题的研究还比较初步,尚有许多问题待解决,例如,发展能用于任意非平衡语言标度的方法;发展具有非平衡性的多粒度语言标度方法;类似于现有的一些研究[62-64],分析在语言信息环境中运用反义词的方法。

0.2.2 词计算与语言信息集结

词计算(computing with words,CW)[65,66]指将"高""大""贵""非

常可能"甚至更为复杂的如"阴天但不太冷"这样的词和自然语言命题作为运算主要目标的信息处理行为。词计算的主要优点在于，它能处理人类在不同的活动中的认知信息而不需要对这些信息采用不同的方式度量，因此，它在人类认知、决策和处理信息的过程中扮演着关键的角色[67-69]。此外，词计算也提供了处理不明确、不确定或部分信息的一种重要方法。

词计算理论中，除了语言变量外的另外一个主要概念"粒"也由Zadeh所提出[26,70]。"粒"指的是"由不可区分性、相似性、接近性或者功能性为标准所聚积的一簇对象"[70]。例如，一台个人电脑的粒包括显示器、主机、键盘、鼠标，而主机的粒又包括机箱、主板、内存、硬盘、扩展卡等。而所谓的"粒化"则是将整体分解为具有层次结构的不同部分的一个过程。除了上述例子中的精确粒化外，在人类推理和概念形成的过程中易出现模糊粒化的情况。例如，将"电器"这一概念粒化为"高能耗电器"和"低能耗电器"就是模糊的，这种模糊粒的值由人类形成、组织以及操作概念的方式所确定。在词计算中，"粒"则代表了一个词，通常能被看作是一个由相似性而聚积的模糊集，所对应的模糊粒化理论在文献中已经被广泛地加以讨论，如：Pham[71]讨论了模糊信息粒化理论；Bargiela 等[72]研究了基于粒化的集合与模糊集的粒化映射；Dick 等[73]设计了一个粒化算法用以在两个采用不同粒化方式的粒状世界间进行信息转化。

基于模糊粒化的词计算理论可看作是语言决策最重要的基础之一。Zadeh、Mendel[74]、Trillas 等[64,75]阐述了模糊集和词计算之间的紧密关系，以及如何用词计算改进对来源于人类知觉的数据所进行的计算。文献中所显示的词计算及过程如下[76,77]：首先，一个编码过程将语言信息转化为模糊集，并得到词与对应模糊集之间的"代码本"；随后，由所转化来的模糊集进入运算并输出新的模糊集；最后，这一输出的模糊集通过解码过程与"代码本"中最为近似的词相对应。这一过程中，以最后一步将模糊集转化为对应自然语言的解码过程最具争议，例如 Yager[78]、Martin 等[79]都提出了不同的方法来处理这一问题。

近年来，针对词计算的研究更加广泛，如：Lawry 提出了基于质量分配理论的词计算方法和一个新的语言模型的框架，以避免由采用 Zadeh 的词计算方法中的扩展原理（the extension principle）而产生的复杂问题[80-82]；Rubin将词计算定义为模糊逻辑的一种符号性扩展[83]；Ying等提出了一个新的基于模糊自动机的规范性词计算模型，该模型的输入为一串输入字符的模糊子集[84,85]；Wang等推广了Ying的工作，通过不同的计算模型，尤其从图灵机的角度[86]来考虑词计算；Tang等提出了一个能用于词计算的语言模型，它不需要直接依靠模糊集来表示自然语言的意义，而是采用一些语言项间的模糊关系来表达它们的语义[87]；Türkşen提出了元语言公理作为词计算的基础，可看作是对模糊集理论和逻辑理论的扩展[88]。

Herrera等[22]认为在语言决策中的词计算需要增加两个额外预处理步骤：其一，挑选语言项并定义其语义，即根据不同的准则，建立用以提供方案语言评价值的语言表达域，决策者需要确定语言标度的粒度、卷标、语义；其二，选择语言信息集结算子以集结语言评价信息。

目前看来，在与语言决策相关的研究中，总的来说有两种基本的词计算模式。

第一种模式为隶属函数模式，即用模糊集来表示语言变量的语义，词计算过程则转化为对应模糊集的隶属度函数的运算，这种模式也是传统的模糊数学中所采用的词计算方式。Dubois和Prade[89]分析了模糊集的语义："文献中认为（模糊集的）隶属度函数似乎存在三种主要的语义，即相似、偏好和不确定。"相似和粒化之间的直接关系以及在不确定环境下使用模糊集在文献中已经被广泛讨论[90-92]，而模糊集的偏好语义则能于决策中，即将决策者的特定的偏好用模糊集加以表示。

在现有的研究中，有多类模糊集被用来表示语言变量，对应的隶属函数类型有区间型、三角型、梯形、钟型（正态型）等。而随着传统模糊集向直觉模糊集的扩展，对应的直觉模糊集也被用以表示语言变量。应用基于二型模糊集的语义模型是当前该方向的一个趋势[93]。例如，一些近期的研究利用区间二型模糊集来保持语言信息中所包含的更高等级、更现实的不确定性并在此基础上进行信息的运算与集结[94,95]；Mendel等[96,97]讨论了如何将语言信息转化为区间二型模糊集；而王坚强等[98]则提出了二型三角模糊集并利用其表示双语言信息的语义。

采用隶属函数进行词计算，目前存在的主要问题有三个：首先，将某个语言变量转换成什么样的隶属函数，目前尚没有公认的做法；其次，运算所得结果，尤其是两模糊集之间的比较结果，与去模糊化（defuzzication）方式密切相关；最后，所得出集结结果往往难以有明确的语言变量与之对应，即结果意义不明确，而采用近似方法则会导致信息丢失。

第二种模式为卷标模式，即采用一种符号逻辑的方式来进行词计算，所有的运算直接利用语言标度中语言项的卷标进行。这种模式在近年的研究中较为盛行，其中最具代表性的方法为运用扩展语言标度[27]和二元语义[14]进行运算。例如，近年来，Xu[99]给出了不确定语言几何平均算子、不确定语言加权几何平均算子、不确定语言有序加权几何平均算子，并将它们应用于处理含有不确定语言偏好信息的群决策问题；Wang 等[100]针对准则权重和决策者偏好信息为语言等级或语言区间的情况，提出了 WC-OWA 算子；Wei 等[33]提出了关联权重仅依赖于二元语言参数聚合结果的二元语言算子；Liu[101]提出了区间直觉不确定语言加权几何平均算子、区间直觉不确定语言有序加权几何算子和区间直觉不确定语言混合几何算子，分析了它们的性质，并用于群决策问题中；Liu[102]、Wang 等[43]提出了直觉语言相关算子及其在多准则群决策问题中的应用。

目前，更多的扩展算子和广义语言算子也逐渐被提出并应用于基于语言信息的多准则决策问题中。例如，Xu[103]研究了诱导不确定语言 OWA 算子，并用于处理语言群决策问题；Xu 等[104]研究了语言环境下，基于二元语义幂均算子的多属性群决策方法，随后又提出了语言幂均算子并研究了它们在多属性群决策中的应用[30]；Peng 等[105]提出了不确定纯语言混合调和平均算子，并应用于语言群决策中；Liu 等[106]给出了集结直觉不确定语言变量的方法；Liu 等[107]、Wei 等[108]分别研究了梯形模糊语言、不确定语言的 Bonferroni 平均算子；Wei[109]提出了广义二元加权平均算子、广义二元有序加权平均算子和诱导广义二元有序加权平均算子，并应用于处理语言多属性群决策问题；Zhou 等[110]定义了广义的幂均算子和广义的幂有序加权平均算子，将它们扩展为语言环境下的广义语言幂均算子、广义语言加权幂均算子和广义语言有序加权幂均算子，并应用于解决多属性群决策问题。

与隶属函数模式相比,卷标词计算模式避免了有争议的语义转换步骤,但依然受困于运算结果无法与语言变量相对应。此外,在这种模式的一些初期研究中,往往将语言标度的语义直接映射为一组相邻的整数卷标,而对这一点尚存在分歧,因而,近年来也有许多研究尝试对其进行改进,提出了一些非均匀的卷标映射模式,即前述的非平衡语言标度。

除了上述的针对词计算的研究外,由于在实际决策中,不同准则下方案的表现当然可以用多种可能的方式加以评价,因此,很自然的,在这些具有异质偏好结构(heterogeneous preference structures)的情况下,需要用特殊的方法来整合这些偏好[111]。所以,也有研究关注将语言的和数字的运算相结合。实际上,在决策中同时运用语言和数值的信息是很常见的。所以,文献中我们能发现这种将定性和定量信息结合进一个决策模型的决策方法[112-115]。

0.2.3 语言多准则决策

多准则决策分析的目的在于帮助确定决策者对备选方案的综合偏好。在这一背景下,基于一组评价准则将方案分别加以评价非常便利。所以,准则必须是可度量的,而且各方案在这一准则下都能被度量。这些准则下的评价值(准则值)提供了方案间进行相互比较的基础,依照不同的决策情景,决策者可将方案加以选择、分类或者排序。

传统的多准则决策分析方案大致可分为三大类:级别高方法(outranking methods)[116],多属性效用(价值)方法(multi-attribute utility/value theory,MAUT),基于与理想方案比较的方法。

级别高方法基于方案间的成对比较,由级别高关系表明一个方案相对另一个方案的优势度。最为广泛应用的级别高方法为 ELECTRE 方法[117]和 PROMETHE 方法[118]。它们通常采用一种所谓的"伪准则"(pseudo-criteria)技术,即对准则值的比较采用阈值技术。如果两方案在某准则下的准则值足够接近(小于无区别判定阈值),则认为在该准则下两方案是无区别的;而如果两方案的准则值间的差别足够大(大于确认判定阈值),则无疑可分辨在这一准则下哪个方案是更好的[2];而当两者的差别处于这两个阈值之间时,则认为决策者将在确定偏好和无差别之间犹豫。此外,这些方法也可被看作是非补偿性模型,意味着如果一个方案在某准则下具有确实很差的评价时,则其他准则下再好的评价也不能补偿这一劣势,于是,决策者将不会选择这样的方案[119]。

多属性效用(价值)理论尝试将每个方案赋予一个实数的整体效用值来表达决策者对方案的偏好度。同时,通过准则权重来反映准则的相对重要性,这些权重通常被做归一化处理。每一个方案在每个准则下均赋予一个边沿效用值,而方案的整体效用则等于所有准则下边沿效用值的加(准则)权和。从而,更优的方案则具有更高的整体效用。

在这些方法中,UTA方法[120]以多属性效用理论和偏好分解原理为基础,利用线性规划技术来推导出最优可加效用函数,并使得这些函数尽可能地与决策者的全局偏好保持一致。该方法采用一种交互式迭代过程,决策者的行为和认知模式得以被分析,从而使问题的各部分和决策者的全局判断都集成到一个统一的模型中。

著名的层次分析法(analytic hierarchy process,AHP)[121]以及在此基础上发展出的网络分析法(ANP)将多准则决策问题利用一种层次或网络结构表示,该结构表现了决策目标、准则、子准则、方案间的相互关系。其中,AHP基于三点基本原理:分解原理,比较判断原理,层次化合成或偏好综合原理[123]。分解原理用来将一个复杂的问题分解为多级的层次结构;比较判断原理用以建立同一层级中不同元素间的两两比较矩阵,从而得到这些元素间的局部相对优先度;层次化合成原理则将不同层级下的局部优先度运算集结,从而获得最底层元素(即方案)的全局优先度。该方法具有两个基本特点:一是允许决策者得到比率标度的优先度权而不是任意由决策者设定这些数值;二是该方法是一种可补偿性决策方法,即方案在某些准则下的表现不足可以通过在其他准则下的表现加以补偿[124]。

典型的基于理想方案的方法有TOPSIS(technique for order preference by similarity to ideal solution)[125]和VIKOR方法[126]。这类方法最主要的特点是与理想方案越相似且与非理想方案越不相似的方案越能令决策者满意。而这种相似可以通过准则相空间中方案点间的距离加以刻画。在此基础之上，也有不少的研究将这种距离刻画的相似度采用别的方法加以替代，例如采用投影距离[127]、灰色关联度[128]、方向角余弦[129]等。

尽管传统的多准则决策方法已经取得了令人瞩目的成果，但若要顺利地使用语言信息解决决策问题，则需要研究专门处理语言决策问题的决策模型。因此，现有的语言多准则决策方法的研究主要集中于将语言信息集成到传统的多准则决策模型中，并致力于解决这一融合过程中出现的信息不一致、不完全与不确定等问题。

比如，Xu 等[28]研究了语言决策问题中的距离测度用以计算 TOPSIS 中所必需的方案点间的距离；Ju 等[130]提出了准则值和准则权重均为语言信息的多准则群决策 VIKOR 方法；Pedrycz 等[131]用 AHP 方法处理语言决策问题；Yan 等[132]提出了涉及语义重叠的语言群决策概率模型；Yang 等[46]研究了级别高关系在双语言多准则决策问题中的应用。而针对含有语言偏好信息的多准则决策问题，Xu[29]、Dong 等[133]给出了各自的方法；Chen 等[134]研究了不确定语言偏好关系的兼容性问题及其在群决策中的应用；Chen 等[20]则研究了含有模糊语言偏好信息的多准则决策问题；Hsu 等[135]则研究了用不完全语言偏好信息解决多准则决策问题。

在多准则决策中，由于一致性的信息通常被认为比矛盾信息更有价值，因此在决策环境中最好能对信息的不一致性进行控制，这就需要能对所给出信息的一致性进行测量。文献中针对多种不同类型的偏好信息的一致性展开了研究[136-138]。这些传统的用以处理一致性的方法也被在语言信息框架中加以研究，例如：Sahnoun[139]将语言变量利用隶属函数来表达，通过算子来获得信息一致性的模糊度量；Dong[140]提出了几种语言偏好关系的一致性度量的方法；Tapia Garc1'a 等[141]建立了处理语言区间模糊偏好关系的群决策一致性模型。

此外，在实际的决策过程中，关于备选方案的信息并不总是完全的，即决策者不能给出所有被要求给出的决策信息[142]。有多种可能的原因导致决策者无法给出这种完全的偏好，比如：决策者可能对备选方案没有明确的意见；决策者可能倾向避免给出一些与已表达出的偏好信息不一致的偏好值等。因此最近的一些研究开始关注语言决策环境下的决策信息的缺失：

Li[143]提出了一个线性规划方法处理多准则语言群决策问题中的信息不完全问题；Xu[144]也对信息不完全的语言区间多准则群决策问题进行了研究；Alonso[145]提出了一个利用一致性来估计缺失的语言偏好信息的群决策方法；Ma 等[146]研究了多准则决策中处理语言值确定性和一致性问题的模糊集方法；Parreiras 等[21]研究了语言评估信息下的多准则群决策问题；Cabrerizo 等[147]研究了信息为模糊语言且不完全时群决策中的一致性管理方法；Zhang 等[148]研究了决策信息为不完全语言判断矩阵的多准则决策方法。

为了在语言决策环境下处理未知或不完全权重，Xu[27]研究了群决策问题中语言偏好信息的离差法；Wu 等[149]研究了最大离差法在语言环境下的多属性群决策方法；Xu 等[150]研究了语言群决策的标准差和平均偏差；Xu[23]研究了语言环境下权重信息不完全的多属性决策方法；Xu 等[151]研究了不确定语言环境下权重信息不完全的多属性决策方法；Wei[152]提出了权重信息不完全的灰关联分析方法，并用于二元语言多属性群决策问题中；等等。

除了上述研究外，还有许多非常规的语言多准则决策模型，进一步拓宽了现有的语言多准则决策理论范围，例如，胡军华等[38]研究了基于前景理论的语言多准则决策方法；Pérez 等[153]给出了方案值为语言信息时动态情境下的群决策方法；Pang 等[154]研究了语言多属性群决策方法的评价方法；Meng 等[155]概括了群决策中的语言评价值。

针对语言多准则决策方法研究的另外一个重要方面也着眼于在更多的领域运用上述的这些方法，在资源管理（可持续能源管理[156]、水资源管理[157]、人力资源管理[158,159]、知识管理[160]）、工业应用（供应商评估与选择[161-163]、选址问题[164,165]、原材料选择[166]）、项目评估[167,168]、投资与风险评估[169,170]等方面均发现了相关文献，也越来越体现出语言多准则决策处理复杂多准则决策问题的实用性。例如，Chuu[171]研究了评价供应链灵活性的模糊语言交互式群决策方法；Ngan[172]研究了扩展的模糊语言决策方法，并应用到新产品开发和调查问题中；陈晓红等[173]利用分层多目标线性规划模型来考察工业企业的综合发展情况；Wang 等[174]研究了基于语言的群决策方法并用于客户驱动。

综上所述，现有的文献中尚无针对双语言多准则决策问题的研究。自然而然地，可以预见在语言多准则决策研究中所遭遇的诸如信息集结和词运算在内的困难也必然会在双语言多准则决策中遇到。尽管双语言集可看作语言直觉语言数的进一步推广，并也有针对与其形式非常类似的二维语言数模型的研究作为参考，但现有这些研究都仍然不足以解决上述理论上的关键问题。因此，有必要针对双语言多准则决策问题加以系统研究。

0.3 研究内容和本书结构

在上述背景下，本书针对准则值为双语言变量的多准则决策问题展开系统研究，在级别高关系、语义占优、语义规划等相关技术的基础上，提出解决权重确定和权重未知的双语言多准则决策问题的决策分析方法，具体内容安排按章简介如下。

第 0 章为绪论。主要介绍多准则决策的相关知识、本书的研究背景和研究目的及意义，综述了语言多准则决策相关研究的现状，通过对研究现状的分析，指出了本书的主要研究内容，并简要说明了各章之间的逻辑结构。

第 1 章介绍了书中后续章节会反复用到的一些多准则决策基础术语、流程、技术。详细介绍了多准则决策中的数据归一化和设置权重两个通用步骤。

第 2 章在给出双语言集具体定义的基础上，定义了双语言集间的序关系，并利用这种关系中所包含的序特征，提出了一种多准则决策体系下的方案间级别高关系，并建立了基于这种级别高关系的双语言多准则决策方法。随后，将这一方法加以扩展，借助一组虚拟参考变量，构建了一种分组决策模型并用以选择城市绿化树种。

第 3 章提出了语义占优技术处理具有不同语义结构的语言标度中的语言信息的集结问题，研究并严格证明了序语义、正/负偏心语义、向心/离心语义这五种不同类型的语义结构下的语义占优规则，随后利用其解决双语言多准则决策问题，最后对不同语义结构下所得出的决策结果进行了分析。

第 4 章采用语义规划模型来处理语言决策信息中所包含的不完全偏好，这种偏好利用模型的限制条件加以表达，通过最大化模型区分度给语言变量设定合适的语义函数值。并介绍两种基于这种基本思想的双语言多准则决策方法。

第5章为了处理权重信息不完全的双语言多准则决策方法，在扩展语言运算的基础上提出了两种解决方法。其中矩阵博弈方法通过决策者与自然间的博弈设定权重以反映高度不确定条件下的保守决策原则；而最大离差法则通过设定合适的准则权重来增大决策模型的分辨率。

第6章为了处理双语言条件下的多准则决策问题，提出了一种基于蒙特卡诺模拟的直觉正态云技术，该技术将不同决策者所给出的决策信息看作是一朵方案综合评价云中的云滴集合，从而通过直觉正态云来体现决策中的模糊与随机的两种不确定性，而蒙特卡洛模拟技术则为难以用解析方法处理的信息比较提供了解决方案。

第7章将所提出的双语言多准则决策技术用于新能源公交车评价与选择决策分析问题中，通过客观有效地分析决策环境，构建决策准则体系，重点分析了当决策者具有不同语义结构特征时所得决策结果。

第8章对本书的主要研究工作及成果进行总结，并展望了今后继续研究的方向。

本书的主要结构如图 0-1 所示。

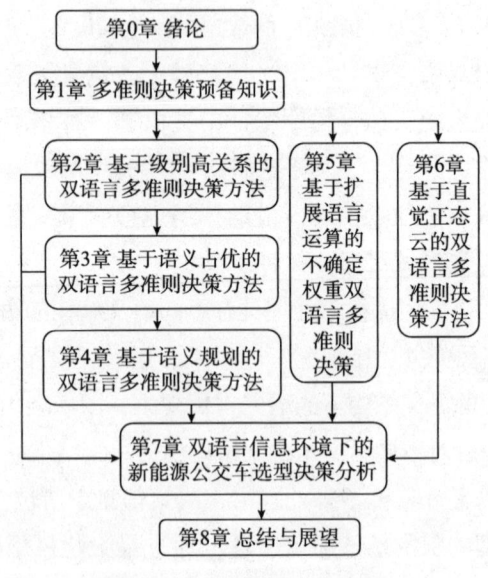

图 0-1 本书的主要结构

1 多准则决策预备知识*

在决策分析中,决策准则(decision criterion)指判断方案优劣的标准、度量方案价值的原则以及检验方案合意性的规则,它也兼指决策问题所要达到的目标,称为决策目标。现实生活和实际工作中遇到的决策问题通常具有多个决策目标,我们把这样的决策问题称为多准则决策问题。例如:学生毕业后的择业,通常要考虑收入、工作强度、发展潜力、社会地位、地理位置等因素;综合水利工程建设中要考虑发电、防洪、移民、投资等多个目标。多准则决策问题通常具有如下特点:

第一,决策目标多于一个。

第二,多个决策目标间不可公度。各目标没有统一的衡量标准或计量单位,因而难以进行比较。例如收入用工资(元)来衡量,而工作强度则用每周工作时间(小时)来表示,而发展潜力、社会地位等,不但没有统一的计量单位,甚至连应该如何衡量目标的达到程度都难以确定。

第三,各个决策目标间的矛盾性。问题通常很难存在某个备选方案,能使所有目标都达到最优,绝大部分的多准则决策问题的各个备选方案,在各目标之间存在某种矛盾,即如果采用一种方案去改进某一目标的表现,很可能会使另一目标下的表现变坏。

由于这种决策目标之间的矛盾性和不可公度性,使得不能把多个目标简单地归并单个目标,因此不能用求解单一目标决策问题的方法来求解多

---

* 更详细内容参考:

[1] 岳超源. 决策理论与方法 [M]. 北京:科学出版社,2003.

[2] 徐泽水. 不确定多属性决策方法及应用 [M]. 北京:清华大学出版社,2004.

准则决策问题。

按照决策问题中备选方案的数量，常见的多准则决策问题可以划分为多属性决策（multi-attribute decision making, MADM）问题和多目标决策（multi-objective decision making, MODM）问题两类。多属性决策问题中决策变量是离散的，即备选方案的数量为有限个，因此有时也称之为有限方案多准则决策问题，这类问题的求解核心是对各备选方案进行评价后，排定各方案的优劣次序再从中择优。而多目标决策问题中的决策变量是连续的，即存在无限多个备选方案，因此也称之为无限度案多准则决策问题，这类问题的求解关键是向量优化，即多目标规划（multi-objective programming, MOP）。多目标规划通常作为多目标决策的等价代名词，在不引起混淆的情况下，文献和本书中多准则决策通常指代多属性决策。

1.1 多准则决策及其特点

1.1.1 多准则决策的求解过程

用规范化的方法求解一个多准则决策问题的全过程，包括了图 1-1 中所示的五个步骤。第一步是提出问题，这时对面临问题的认识是主观而含糊的，所提出的目标也是高度概括的。第二步是阐明问题，这时要使目标具体化，要确定衡量一个目标达到程度的标准，即准则以及准则值的可获得性，并且要清楚地说明问题的边界与环境。第三步是构造模型，要选择决策模型的形式，确定关键变量以及这些变量之间的逻辑关系，估计各种参数，并在上述工作的基础上产生各种备选方案。第四步是分析评价，要利用模型，并根据主观判断，采集或标定一个备选方案的准则值，并根据决策规则进行排序或优化。第五步是根据上述评价结果，择优付诸实施。以上各步骤的顺序进行，只是一种理想的多准则决策流程，从第三步开始，就有可能需要返回前面的某步骤进行必要的调整，甚至从头开始。决策问题越复杂，反复的可能性就越大，重复的次数也就越多。

1 多准则决策预备知识

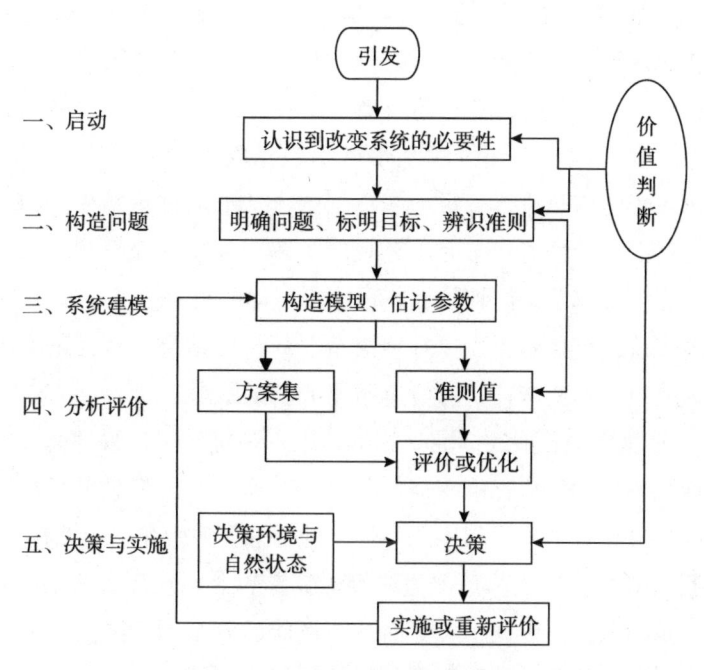

图 1-1 多准则决策的求解步骤

1.1.2 多准则评价

从上述分析可知，评价是多准则决策中的重要步骤，或者说是关键性环节，评价的结果用作最终决策的依据。因此，这一部分行为，通常也可以作为独立的活动而存在，与最终的决策不发生直接的关联，可称为多准则评价。

这种评价过程，大致可分为两类。一类是对现存的已有系统或被评价对象进行，根据一定标准去测量和判定被评对象的性能和质量。这种评价的出发点是：第一，存在有效的标准，可以根据这一标准，收集系统的有关资料，确定系统实际存在的性能和质量状况；第二，可以将系统实际的性能和质量与某个规定的标准进行比较，判断系统性能是否合格或优劣。另一类评价是针对待建系统的评价，通常是对某个项目或拟开发系统的若干不同的设计方案进行分析和评价，典型的多准则决策的求解步骤中的评价更切合这一类问题。第一类评价问题，以获取评价结果作为目的，结果可以作为决策的依据，但是不必与决策发生直接的联系。第二类评价问题，以获取最终的系统为目的，评价只是获取系统的决策依据。从广义上看，无论对哪一类问题，要进行有效的评价，必定会包含多准则决策流程图中的第一到第四步。评价的基本过程包括确定评价标准、收集相关资料、对所收集的信息进行分析、用适当的方法形成评价结果。因此，评价的目的是对系统的性能状态有一客观的了解，为主管部门或决策人制定决策提供依据，没有正确的评估就不可能有正确的决策。

一般来说，评价是为了更好地决策，评价的结果，直接影响决策的正确性，因此组织和实施评价时应遵循如下基本原则。

（1）科学性：评价的标准（指标体系）应能真实而科学地反映系统的全面特性，并注意评价标准的规范化；同时所采集的信息要可靠准确，评价所用的方法要科学化、程序化，信息的管理要集中化、系统化。

（2）客观性：应当尽量避免评价实施者的个人倾向或偏见，造成评价结果的主观随意性。因此，一方面系统性能的测定和判断应该有比较客观的标准，注意评价标准的可测性，尽量采用定量化的标准；另一方面，评价过程的组织工作要公正公开，注意评价实施者的客观性与代表性，对那些难以量化的指标做价值判断时最好有公众参与，并保证参与者在符合一定的社会原则下，有充分发表各种意见的自由。

（3）可比性：在确定评价对象和评价标准时，还应该注意只有在相类似的条件或基础上才能进行相互间的比较。

（4）有效性：评价，尤其是对复杂系统如大型工程或社会经济系统的评价，十分费时费力，因此评价时要力争用最少的成本取得尽可能好的结果。

（5）动态性：动态性指是被评价的对象的属性往往是动态的，不能用静止的观点来考察它，既要评价它的现状，也要评价其发展潜力和趋势。

从理论上讲，评价应该分为两个阶段进行。首先要搞清已有系统的实际性能和质量状况，或待建系统可达到的性能和质量状况；其次是把这些性能和质量状况与规定的标准相比较，对系统的性能和质量做出判断。对一个具体的系统进行评价，虽然从概念上看很简单，但实施起来却非常复杂。如，如何规定评价准则？例如，如何评价一所大学？是学生人数、学生成绩这些可以计量的数字指标，还是应该包含身体素质、思想品德状况等反映学校质量的其他因素呢？如果包括，具体的标准，又该怎么确定？更为复杂的是，由于在一些基本的问题上各方面的意见并不一致，进一步增加了这种准则确定的复杂性。例如，教育的目的是传授知识还是技能？是为了促进科技进步，还是为了获得经济利益，或是出于社会的需要？是出于国家的考虑，还是包括个人的需要？是为了保存传统文化，还是为了社会的变革？更进一步，如果说教育的目标应该是上述各种意见或倾向的综合体，那么，在这个综合体中，各种意见或倾向分别占多大比重呢？要在这些问题上获得比较一致的意见、做出统一的回答实在是太困难了。

1.1.3 价值判断

作为评价对象的准则可分为两类，一类是事实准则（factual criteria），其准则表现可以用科学手段借助仪器仪表检测，或通过变换成为可以检测的数据；另一类是价值准则（value criteria），评价对象在这类准则下的表现无法用任何科学手段或仪器来检测或处理，决策中需要通过定性的方法进行价值判断，并将其转化为定量的信息。

在多准则决策中，主要涉及的价值判断有：

（1）在构造问题的时候，决策人的需要、企图等主观因素对所辨识问题的界限、决策问题环境、确定决策问题的目标及相应准则有重要影响；

（2）在系统建模这一步，选择决策模型的形式、确定模型的关键变量也不可避免地涉及决策人的价值判断；

（3）在进行分析评价时，要选择适当的决策规则，并由决策分析人员根据决策人的偏好结构及价值观来进行分析和评价。

在整个多准则评价和多准则决策问题的求解过程中，决策人的价值判断始终在起作用，而决策人的偏好结构对最终结果的影响最为关键。许多学科的研究人员对决策过程中的价值判断有着浓厚的兴趣，但它们的侧重点各不相同，实验心理学与行为科学家关心进行价值判断时决策人的心理状态，而管理科学关心决策人做判断的指导原则。

1.2 多准则决策问题的要素

任何一个多准则决策问题都包含决策单元（decision-making unit）、目标集（set of objectives）或称准则体系（criteria system）、属性集（set of attributes）、决策形势（decision situation）、决策规则（decision rule）五个要素，最终的输出为非劣的（non-inferior）最佳调和解（best compromise solution）。

1.2.1 决策单元和决策人

决策人是有能力改变系统的人，这里的能力指进行这种变化的责任与权利。决策人是某个人或由一些个人组成的群体，他们直接或间接地提供最终的价值判断，具体可以排定备选方案的优劣。决策单元则是由决策人、分析人员和作为信息处理器的人机系统构成。决策单元的功能是接受输入信息、产生内部信息、形成系统知识、提供价值判断、做决定。

1.2.2 目标集（准则体系）及其递阶结构

目标是决策人希望达到的状态，为了清楚地阐明目标，可以将目标表示成层次结构，最高层目标是促使人们研究该问题的原动力，但是它过于笼统，不便计算，需要分解为具体而便于运算的下层目标。例如，某流域水资源项目的目标层次结构如图1-2所示。

这一项目的总目标（准则）是提高流域中人民生活水平，而这一总目标是通过促进地区经济发展和改善流域环境质量这两个分目标来实现，这两个分目标进一步细化为第三层次的目标：充分利用水利资源、增加农业产品、发展航运、改进水质、发展旅游、生态保护、防止洪涝灾害。

1.2.3 属性集和代用属性

属性（底层准则）是对达到目标程度的直接度量，每一个目标都可以用一个或几个属性来描述其达到程度。上图中的椭圆中标注的就是属性。

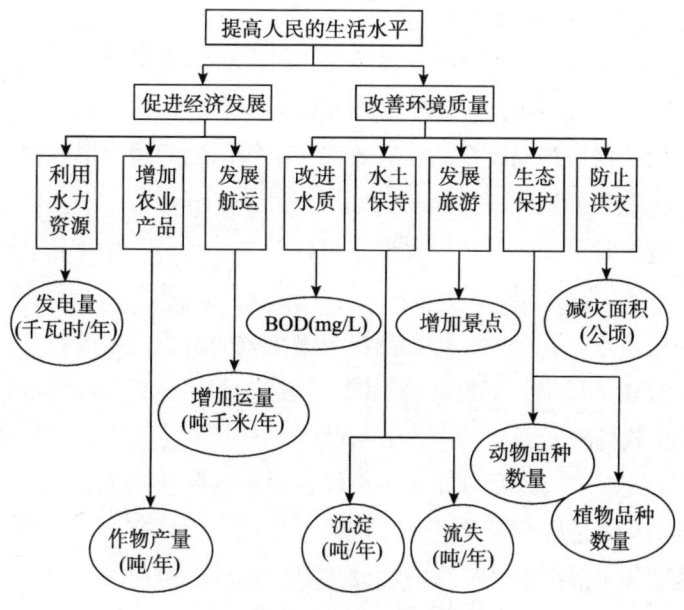

```
                    ┌─────────────────┐
                    │ 提高人民的生活水平 │
                    └─────────────────┘
                      ↓              ↓
              ┌──────────┐    ┌──────────┐
              │ 促进经济发展 │    │ 改善环境质量 │
              └──────────┘    └──────────┘
```

图 1-2 目标的递阶结构

例如充分利用水利资源这一目标的达到程度，可以用发电量来度量，发电量就是属性。当目标无法用某个属性直接度量时，用以衡量目标达到程度的间接量称为代用属性，例如无法直接测量的生态保护目标，可以用野生动植物品种数量、鱼类的洄游数量增减等间接衡量生态保护的效果。

有些属性本身就有计量单位，是用所谓的比例标度来测量的，对这类属性值进行数学运算或其他处理时有充分的自由，无须担心因处理不当而破坏或扭曲这些属性值所包含的信息。因此往往有一种倾向，即使是心理、伦理道德行为目标，也从建模阶段就人为地设立一些使用比例标注的属性，并建立一套人为的规则来测量，其目的是希望能够在随后的分析中利用现存的复杂分析工具。这种做法的初衷是想使得代理属性能够准确反映总体目标所达到的水平，但是很可能同时卷入强烈的主观性，由此造成的不准确性和不确定性会使人们对最终结论产生更大的怀疑。实际上，属性并不是非用比例标度不可，虽然用其他标度度量的属性在使用某些现有的分析方法时会受到限制，但是仍然有一些方法可以使用，而且由于没有人为的强制性条件，这种属性常常具有某种实际意义，决策人可以与经验和直觉联系，更容易进行主观判断。

对衡量目标达到程度的单个属性要求可测性与可理解性，而对描述整个多准则决策问题的理想的属性集的要求是：

(1) 属性集应该是完全的，它反映了决策问题的所有重要方面；

(2) 应该是可运算的，能有效地用于进一步分析；

(3) 应该是可分解的，即属性集可以分成几部分，使下一步的分析评价简化；

(4) 应该是非冗余的，即问题没有哪个方面被重复考虑；

(5) 应该是最小的，也就是说同一问题，找不到另一个完全的属性集比它有更少数目的元素。

虽然上述要求应该尽可能满足，但是由于实际决策问题的复杂性，通常不可能完全满足所有要求。尤其是可运算性，往往有些目标找不到可以运算的属性，非得用不能运算或难以运算的属性。有时非冗余性和最小化也难保证，而且并不一定必要。实际上，评价准则体系和属性集的建立是一个主观的选择过程，需要决策者经过仔细讨论才能构造出来，但并不存在某种简单的标准流程能够从决策者的讨论中直接获得构造这一体系的所有信息，这一过程往往是由决策分析人员来推动。

1.2.4　决策形势

一个多准则决策问题的基础是决策形势，它说明决策问题的结构和决策环境。为了说明决策形势，必须清楚识别决策问题的边界和基本组成，尤其是要详细说明决策问题所需的输入类型和数量，以及其中哪些是可获得的；说明决策变量值和属性值以及它们的测量标度，决策变量之间、决策变量与属性之间的因果关系；详细说明方案集和决策环境的状态。

而决策形势的范围和所需的输入主要取决于问题的性质，其最小范围仅包括可以明确列表的备选方案集、用作决策变量的准则集、关于自然状态的说明。这时所需的输入是能够用计算的每个备选方案在给定的自然状态下的各种属性值，决策单元中仅有决策人。而复杂的决策形势则非常复杂，通常有下列特点：第一，有大量决策变量，这些决策变量之间有复杂的因果关系；第二，决策变量与属性和目标之间有复杂的手段—结果关系；第三，备选方案集中的方案有无限多个，无法明确列成表格，必须因果、手段—结果关系隐式给出。通常还需要大量的原始输入数据以标定整个系统，决策单元包括决策人和涉及整个决策过程的人机系统。

这种方式描述决策形势的好处是容易与不同的多准则决策方法进行对照，各种方法都是为特定的决策形势所设计的，因此，要为特定的多准则决策问题寻找适当的求解方法，首先要找出决策问题最适配的决策形势。尽管决策形势的性质决定了多准则决策方法的选择，但是并没有有效的指导原则可以用来为特定的决策问题选择适配的决策形势。决策形势的确定与决策问题的性质和所有相关人员，包括决策人和决策分析人的经验、创造力、判断有关。

从根本上说，决策形势主要包括：

(1) 方案集 X，它是 n 维决策变量 x 的集合，说明了决策变量 x 的值也就完整地说明了方案。当方案集中的方案数量有限时，即狭义的多准则决策问题（多属性决策问题），X 的表达是显式的 $X = \{x_1, x_2, \cdots, x_m\}$；当方案集中的方案数量无限时，即多目标规划问题，$X$ 的表达是隐式的

$$X = \{x \mid g_k(x) \leq 0, k = 1, 2, \cdots, x \in R^n\}$$

其中，x 是 n 维欧几里得空间总的向量，$g_k(x)$，$i = 1, 2, \cdots$ 是实值函数，定了 x 的取值范围。

(2) 准则函数集，$c_1(x)$，$c_2(x)$，$\cdots$，$c_n(x)$，用来计算给定方案 x 在给定准则 c_j 下的准则值 $c_j(x)$。

(3) 对决策环境的说明。

1.2.5 决策规则

在做决策时，决策人力图选择"最好的"可行方案，这就需要对方案根据其所有属性值排列优劣次序（或定级），而对方案排序或定级的依据称作决策规则。有时目标的阐述包含了决策规则，例如工商企业的经典决策目标——获得最大利润，衡量一个备选方案优劣的属性是用货币计量的纯利润，隐含的决策规则就是选择一个能够产生最大利润的备选方案。有

时需要在目标之外另加说明，例如选择改善水质的方案使得流域的水质达到Ⅱ类，决策规则就是使水中的化学需氧量（COD）低于 10 mg/L（国家规定的Ⅱ类水标准）。

决策规则可分为两大类，一类是最优化（optimizing）规则，要求把方案集中所有备选方案排成完全序，而根据规则所蕴含的准则，在完全序中总存在一个最好方案；另一类是满意（satisfying）规则，为了使分析简化、节约时间、降低费用而牺牲最优性，把方案集划分成容易处理的几个有序子集，比如可接受与不可接受两个子集，好、中、差三个子集，不同子集里的两个方案间的优劣是显而易见的，而对同一子集中的方案无法或难以分辨优劣。

1.2.6 非劣解与最佳调和解

多准则决策问题的实质可以看作向量优化问题，这类问题通常很难找到最优解（optimal solution），即很难有一个方案在每一个准则下的表现均比别的方案更优，而是存在一个非劣解（non-inferior solution）的集合。非劣解又称非控解（non-dominance solution）、有效解（efficient solution）、帕累托最优解（Pareto-optimal solution）。如果方案 A 为非劣解，则在可行解集中再也找不到这样一个方案 B，其准则函数值都不劣于 A 的相应准则函数值，而且至少有一个比 A 更优。

定义 1-1 $c(x)$ 为多准则决策问题向量准则函数，其分量 $c_j(x)$ $j=1,2,\cdots,n$ 均越大越优，对 $x^* \in X$，若在 X 中不存在 x 使 $c_j(x) \geq c_j(x^*)$ 对 $j=1,2,\cdots,n$，且至少对一个 j 严格不等式成立，则称 x^* 为向量优化问题的非劣解。

根据决策人的偏好结构从非劣解集中选出的决策人最满意的解叫最佳调和解，也称为偏好解、偏爱解。

1.3 多准则决策的准备工作

本节介绍一些多准则决策（多属性决策）问题的前期准备工作，包括决策问题的描述、相关信息的采集（即形成决策矩阵）、决策数据的预处理、方案初选等几个部分。

1.3.1 决策矩阵

具有 n 个决策准则 $\{c_1, c_2, \cdots, c_n\}$ 的多准则决策问题的方案集 $X = \{x_1, x_2, \cdots, x_m\}$ 为 n 维决策变量 x 的集合，其中用 $x_i = \{x_{i1}, x_{i2}, \cdots, x_{in}\}$ 表示方案 x_i 的 n 个准则值，各方案的准则值可列为矩阵或表格形式：

表 1 – 1 决策矩阵

	c_1	$\cdots$	c_j	$\cdots$	c_n
x_1	x_{11}	$\cdots$	x_{1j}	$\cdots$	x_{1n}
$\cdots$	$\cdots$	$\cdots$	$\cdots$	$\cdots$	$\cdots$
x_i	x_{i1}	$\cdots$	x_{ij}	$\cdots$	x_{in}
$\cdots$	$\cdots$	$\cdots$	$\cdots$	$\cdots$	$\cdots$
x_m	x_{m1}	$\cdots$	x_{mj}	$\cdots$	x_{mn}

例 1 – 1 学校扩建问题，某地区现有六所学校，由于无法完全容纳该地区的适龄儿童，需要扩建其中的一所，在扩建时既要满足学生就近入学的要求，又要扩建的费用尽可能小，经过调研，获得如表 1 – 2 所示的决策矩阵。

表 1 – 2 学校扩建问题的决策矩阵

学校序号	费用（万元）	平均就读距离（km）
1	60	1.0
2	50	0.8
3	44	1.2
4	36	2.0
5	44	1.5
6	30	2.4

例 1 – 2 研究生院试评估。为了客观地评价我国研究生教育的实际状况和各个研究生院的教学质量，国务院学位委员会办公室组织过一次研究生院试评估。为了取得经验，先选取 5 所研究生院，收集有关数据资料进

行了试评估。表1-3中所给出的数据是为了介绍各种数据预处理方法而选取的几种典型属性和经过调整的数据。

表 1-3 研究生院试评估的部分原始数据

	人均专著（本/人）	生师比	科研经费（万元/年）	逾期毕业率（%）
1	0.1	5	5000	4.7
2	0.2	7	4000	2.2
3	0.6	10	1260	3.0
4	0.3	4	3000	3.9
5	2.8	2	284	1.2

1.3.2 数据预处理

数据的预处理（又称规范化）主要有如下三种作用：

首先，准则有多种类型。有些准则的指标值越大越好，如科研成果数、科研经费等，称为效益型；有些准则的指标值越小越好，称作成本型。另有一些准则既非效益型又非成本型，例如研究生院的生师比，一个指导教师指导4至6名研究生既可保证教师满工作量，也能使导师有充分的科研时间和对研究生的指导时间，生师比值过高，学生的培养质量难以保证；比值过低，教师的工作量不饱满。这几类属性放在同一表中不便于直接从数值大小来判断方案的优劣，因此需要对属性表中的数据进行预处理，使表中任一属性下性能越优的值在变换后的属性表中的值越大。

其次是非量纲化。多目标评估的困难之一是指标间不可公度，即在属性值表中的每一列数具有不同的单位（量纲）。即使对同一属性，采用不同的计量单位，表中的数值也就不同。在用各种多目标评估方法进行评价时，需要排除量纲的选用对评估结果的影响，这就是非量纲化，亦即设法消去（而不是简单删去）量纲，仅用数值的大小来反映属性值的优劣。

最后是归一化。原属性值表中不同指标的属性值的数值大小差别很大，如总经费即使以万元为单位，其数量级往往在千、万，而生均在学期间发表的论文、专著的数量、生均获奖成果的数量级在个位或小数之间，为了直观，更为了便于采用各种多目标评估方法进行比较，需要把属性值表中的数值归一化，即把表中数均变换到 [0，1] 区间上。

此外，还可在数据预处理时用非线性变换或其他办法来解决或部分解决某些目标的达到程度与准则值之间的非线性关系，以及目标间的不完全补偿性。

常用的数据预处理方法有下列几种：

(1) 线性变换

原始决策矩阵为 $X = [x_{ij}]_{m \times n}$，变换后的决策矩阵记为 $Z = [z_{ij}]_{m \times n}$。设 $x_j^{\max}$ 是决策矩阵第 j 列中的最大值，$x_j^{\min}$ 是决策矩阵第 j 列中的最小值。若 c_j 为效益型准则，

$$z_{ij} = x_{ij}/x_j^{\max}$$

采用上式进行数据预处理时，变换后的准则值最差不一定为 0，最佳为 1。

若 c_j 为成本型准则，

$$z_{ij} = 1 - x_{ij}/x_j^{\max}$$

采用上式进行数据预处理时，变换后的准则值最差为 0，最佳不一定为 1。成本型准则也可进行如下变换

$$z_{ij}' = x_j^{\min}/x_{ij}$$

变换后的属性值最差不为 0，最佳为 1，但是为非线性变换。表 1-4 是表 1-3 经过线性变换后所得准则值表（不包含准则 2），准则 2 下的变化稍后另行讨论。

表 1-4 表 1-3 经线性变换后的准则值表

	z_1	z_3	z_4	z_5'
1	0.0357	1.0000	0.0000	0.2553
2	0.0714	0.8000	0.5319	0.5455
3	0.2143	0.2520	0.3617	0.4000
4	0.1071	0.6000	0.1702	0.3077
5	1.0000	0.0568	0.7447	1.0000

(2) 标准 0-1 变换

线性变换后，若准则 c_j 下的最优值为 1，最差值一般不等于 0；若最差值为 0，最优值往往不为 1。为了使每个属性变换后的最优值为 1 且最差值为 0，可以进行标准 0-1 变化。对效益型属性 c_j，令

$$z_{ij} = \frac{x_{ij} - x_j^{\min}}{x_j^{\max} - x_j^{\min}}$$

c_j 为成本型时

$$z_{ij} = \frac{x_j^{\max} - x_{ij}}{x_j^{\max} - x_j^{\min}}$$

表 1-5 是表 1-3 经标准 0-1 变换后得到的准则值表，其中每一属性的最佳值为 1，最差值为 0，且这种变换是线性的。

表 1-5 表 1-3 经标准 0-1 变换后的准则值表

	z_1	z_3	z_4
1	0.0000	1.0000	0.0000
2	0.0370	0.7880	0.7142
3	0.1852	0.2070	0.4857
4	0.0741	0.5759	0.2286
5	1.0000	0.0000	1.0000

(3) 最优值为给定区间时的变换

有些准则既非效益型又非成本型，比如生师比。就不能够采用前面所说的两种方法处理。

设给定的最优属性区间为 $[x_j^0, x_j^*]$，x'_j 为无法容忍的下限，x''_j 为无法容忍的上限，则

$$z_{ij} = \begin{cases} 1 - (x_j^0 - x_{ij})/(x_j^0 - x'_j), & \text{if } x'_j < x_{ij} \leq x_j^0 \\ 1, & \text{if } x_j^0 < x_{ij} \leq x_j^* \\ 1 - (x_{ij} - x_j^*)/(x''_j - x_j^*), & \text{if } x_j^* < x_{ij} \leq x''_j \\ 0, & \text{otherwise} \end{cases}$$

变换后的准则值与原准则值之间的函数图形一般为梯形。如，设研究生院的生师比最佳区间为 $[5,6]$，$x'_j=2$，$x''_j=12$，则函数图像如图 1-3 所示。

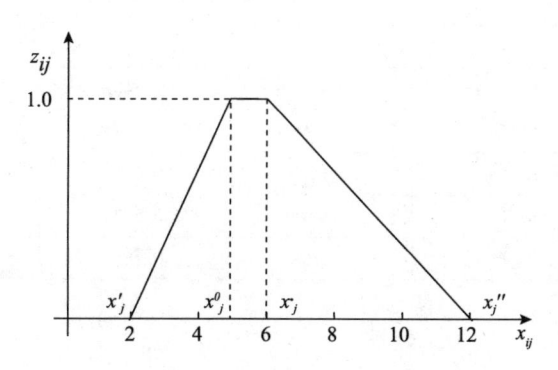

图 1-3　最优属性值为区间时的数据处理

表 1-3 中准则 2 下的数据经过变换后的结果见表 1-6。

表 1-6　表 1-3 之准则 2 的数据处理

	x_2	z_2
1	5	1.0000
2	7	0.8333
3	10	0.3333
4	4	0.6666
5	2	0.0000

（4）向量规范化

无论成本型准则还是效益型准则，向量规范化均用下式进行变换

$$z_{ij} = x_{ij} \bigg/ \sqrt{\sum_{i=1}^{m} x_{ij}^2}$$

这种变换也是非线性的，其特点是规范化后，各方案的同一准则下的准则值平方和为 1；无论成本型或效益型，从准则值的大小上无法分辨优劣。常用于计算各方案与某种虚拟方案（如理想点或负理想点）的欧氏距离的场合。

表 1-7 中是表 1-3 中各准则值向量规范化后的结果，最右一列是表 1-6 中 x_2 变换后的值再向量规范化的结果。

表 1-7　表 1-3 经向量规范化后的结果

	z_1	z_3	z_4	zz_2
1	0.0346	0.6956	0.6482	0.6666
2	0.0693	0.5565	0.3034	0.5555
3	0.2078	0.1753	0.4137	0.2222
4	0.1039	0.4174	0.5378	0.4444
5	0.9695	0.0398	0.1655	0.0000

(5) 原始数据的统计处理

有些时候某个准则的各方案属性值往往相差极大，或者由于某种特殊的原因有某个方案特别突出。如果按照一般的方法对这些数据进行预处理，该准则在评价中的作用将被不适当地夸大。如例 1-2 中的评估问题，方案 5 的第一个准则值远大于其他方案，若不做适当处理，会使整个评估结果发生严重的扭曲。为此可以采用类似于评分法的统计平均方法。具体做法有多种方式，其中之一是设定一个百分制平均值 M，将方案集 X 中各方案该属性的均值定位于 M，再用下式进行变换：

$$z_{ij} = \frac{x_{ij} - \bar{x}_j}{x_j^{\max} - \bar{x}_j}(1.0 - M) + M$$

其中 $\bar{x}_j = \frac{1}{m}\sum_{i=1}^{m} x_{ij}$ 是各方案在准则 c_j 下的均值，M 的取值可在 0.5 ~ 0.75 之间。上式可以有多种变形，例如

$$z_{ij} = 0.1(x_{ij} - \bar{x}_j)/\sigma_j + 0.75$$

其中，σ_j 为各方案在准则 c_j 下准则值的标准差，当高端均方差大于 $2.5\sigma_j$ 时变换后的值均为 1。这种变换的结果与专家打分的结果比较吻合。表 1-8 是表 1-3 中准则 1 下的数据采用线性变换和上述两种方法处理后的结果。显然，这两种变换的结果使得方案间规范化后的准则值之间的差距远小于线性变换。

表1-8 表1-3的准则1用不同方法处理的结果比较

	人均专著	线性变换	$M=0.7$	用 σ_j
1	0.1	0.0357	0.5950	0.6625
2	0.2	0.0714	0.6100	0.6750
3	0.6	0.2143	0.6700	0.7250
4	0.3	0.1071	0.6250	0.6875
5	2.8	1.0000	1.0000	1.0000

1.3.3 方案筛选

当备选方案数量太多时,在使用多准则决策方法进行正式评价之前,应当尽可能删除一些性能较差的方案,以减少评价的工作量,常用的方案筛选方法有如下三种:

(1) 优选法 (Dominance)

又称优势法,是利用非劣解的概念(即优势原则)去淘汰一批劣解:若方案 A 与方案 B 相比,方案 A 至少有一个准则值严格优于方案 B,而且其余所有准则值均不劣于方案 B,则称方案 B 相对于方案 A 处于劣势,处于劣势的方案可从备选方案集中删除。当从大批方案中选择少量方案时,可以先用优选法淘汰掉全部的劣势方案。

用优选法淘汰劣势方案时,不必在各准则间进行权衡,也不同对各方案的准则进行预处理,也不必考虑各准则的权重。

(2) 满意值法 (conjunctive)

又称逻辑乘法。这种方法对每个准则下的表现均设定一个能够被接受的最低值,称为切除值,只有当方案的各准则值表现不低于相应的切除值时,方案才被保留;只要有一个准则表现低于切除值,方案即被淘汰。

这种方案筛选方法的用途很广泛,使用该方法的关键在于切除值的确定,切除值太高,可能被淘汰的方案太多;切除值太低,又会保留太多的方案。主要的缺点是属性之间完全不能补偿,一个方案的某个准则表现只要稍稍低于切除值，其他准则下的表现再好，也会被删除。

(3) 逻辑和法

逻辑和法（disjunctive）与满意值法的思路正好相反，它为每个准则规定一个阈值，方案只要有一个准则的表现优于阈值就被保留。显然，这种方法不利于各准则都不错但没有特长的方案，但可以用来保留某个方面特别出色的方案。因此，它可以作为满意值法的补充，两者结合使用。例如先用满意值法删除一批方案，再在被删除的方案中用逻辑和法挑选出若干方案参加综合评价。

上述这些方法可以用于初始方案的预选，但不能用于方案排序，因为它们都无法量化方案的优先程度。

1.4 权重及其设定

多准则决策问题的特点，也是求解的难点，在准则间的矛盾性和各准则值的不可公度，其中不可公度性可通过准则矩阵的规范化得到部分解决，但这些规范化方法无法反映准则的重要性。解决各准则之间的矛盾性靠的是引入权（weight）的概念。权是准则重要性的度量，即衡量准则重要性的手段，它包括并反映下列几个重因素：第一，决策人对准则的重视程度；第二，各准则下准则值的差异程度；第三，各准则值的可靠程度。权应当综合反映三种因素的作用，而且通过权，可以利用各种方法将多准则决策问题加以简化。

1.4.1 主观赋权法

在准则较多时，决策者往往难于直接确定每个准则的权重，当权重主要反映准则的重要性时，由于这种判断是决策者的一种主观行为，因此这种权重属于一种"主观权重"。通常的做法是让决策者首先把各个准则的重要性做成对比较，这种比较可能不准确，也可能不一致，因此需要用一定的方法把准则间的成对比较结果聚合起来，常用的方法有两种。

（1）最小二乘法

让决策者首先把各个准则的重要性做成对比较，设有 n 个准则，则需比较 $C_n^2 = \frac{1}{2}n(n-1)$ 次。把第 i 个准则对第 j 个准则的相对重要性记为 b_{ij}，并认为这就是准则 c_i 的权重 w_i 和准则 c_j 的权重 w_j 之比的近似值，即 $b_{ij} \approx w_i/w_j$，n 个准则成对比较的结果记为矩阵

$$\boldsymbol{B} = \begin{bmatrix} b_{11} & b_{12} & \cdots & b_{1n} \\ b_{21} & b_{22} & \cdots & b_{2n} \\ \vdots & \vdots & \ddots & \vdots \\ b_{n1} & b_{n2} & \cdots & b_{nn} \end{bmatrix} \approx \begin{bmatrix} w_1/w_1 & w_1/w_2 & \cdots & w_1/w_n \\ w_2/w_1 & w_2/w_2 & \cdots & w_2/w_n \\ \vdots & \vdots & \ddots & \vdots \\ w_n/w_1 & w_n/w_2 & \cdots & w_n/w_n \end{bmatrix}$$

若决策者能准确估计 b_{ij}（$i,j \in J$），则有：

$$\begin{cases} b_{ij} = 1/b_{ji} \\ b_{ij} = b_{ik} \cdot b_{kj}, \forall i,j,k \in J \\ b_{ii} = 1 \end{cases}$$

且

$$\sum_{i=1}^{n} b_{ij} = \frac{\sum_{i=1}^{n} w_i}{w_j}$$

当 $\sum_{i=1}^{n} w_i = 1$ 时，$\sum_{i=1}^{n} b_{ij} = \frac{1}{w_j}$，则

$$w_j = \frac{1}{\sum_{i=1}^{n} b_{ij}}$$

若决策者对 b_{ij} 的估计不准确，则上列各式中的等号应为近似相等，这时可用最小二乘法求 w，即解

$$\min \left[\sum_{i=1}^{n}\sum_{j=1}^{n} (b_{ij}w_j - w_i)^2 \right]$$

s. t.

$$\sum_{i=1}^{n} w_i = 1$$

$w_i > 0$, $i = 1, 2, \cdots, n$

用拉格朗日乘子法解这一有约束优化问题，则拉格朗日函数为

$$L = \sum_{i=1}^{n} \sum_{j=1}^{n} (b_{ij}w_j - w_i)^2 + 2\lambda \left(\sum_{i=1}^{n} w_i - 1 \right)$$

对 $w_l(l = 1,2,\cdots,n)$ 分别求偏导数令其为 0，并联立 $\sum_{i=1}^{n} w_i = 1$ 得到方程组

$$\begin{cases} \sum_{i=1}^{n} (b_{il}w_l - w_i) - \sum_{j=1}^{n} (b_{lj}w_j - w_l) + \lambda = 0, l = 1,2,\cdots,n \\ \sum_{i=1}^{n} w_i = 1 \end{cases}$$

解上述 $n+1$ 元一次方程组，从而可求得权重向量 $\mathbf{W} = [w_1, w_2, \cdots, w_n]^T$。

(2) 特征向量法

由两两比较矩阵 $\mathbf{B}$ 出发，如果估计完全准确，可得

$$\mathbf{BW} = \begin{bmatrix} w_1/w_1 & w_1/w_2 & \cdots & w_1/w_n \\ w_2/w_1 & w_2/w_2 & \cdots & w_2/w_n \\ \vdots & \vdots & \ddots & \vdots \\ w_n/w_1 & w_n/w_2 & \cdots & w_n/w_n \end{bmatrix} \begin{bmatrix} w_1 \\ w_2 \\ \vdots \\ w_n \end{bmatrix} = n \begin{bmatrix} w_1 \\ w_2 \\ \vdots \\ w_n \end{bmatrix}$$

显然 n 为矩阵 $\mathbf{B}$ 的特征值，$\mathbf{W}$ 为 $\mathbf{B}$ 的特征向量。因此，估计 $\mathbf{B}$ 时矩阵中元素的微小摄动直接体现在其最大特征向量 λ_{max} 对 n 的微小偏离，则当 λ_{max} 与 n 之间的偏离足够小时，我们可以认为对 $\mathbf{B}$ 的估计足够精确，其特征向量近似等于 $\mathbf{W} = [w_1, w_2, \cdots, w_n]^T$，这种方法称为特征向量法，这也是 Saaty 的层次分析法（analytic hierarchy process，AHP）中的核心技术。

为了便于比较各个准则间的相对重要性，即给出比较矩阵 $\mathbf{B}$ 中的值，Saaty 同时在 AHP 方法中也介绍了一种根据一般人的认知习惯和判断力给出的相对重要性等级表（表1-9），该方法在理论上尽管受到了较多的争论，但是在实际使用中取得了较好的效果。

表1-9 比较矩阵相对重要性取值

相对重要性值	定义	描述
1	同等重要	两个对象同样重要
3	略微重要	根据经验或判断，一个目标比另一个略微重要
5	相当重要	根据经验或判断，一个目标比另一个重要
7	明显重要	深感一个目标比另外一个重要，且有实践证明
9	绝对重要	强烈的感觉到一个目标比另外一个目标重要得多
2，4，6，8	两个相领判断中间值	需要折中时采用

为了确定 λ_{max} 对 n 对偏离程度的大小，引入一致性指标（consistence index, CI）：

$$CI = \frac{\lambda_{max} - n}{n - 1}$$

CI 与同阶矩阵的随机指标（random index, RI）之比称为一致性比率（consistence rate, CR），即

$$CR = CI/RI$$

若 CR > 0.1 说明 **B** 中元素估计的一致性太差，应重新估计；若 CR < 0.1，则可认为估计基本一致，可以用此时的矩阵 **B** 的特征向量作为权重向量。

表1-10 阶矩阵的随机指标 RI

n	3	4	5	6	7	8	9	10
RI	0.58	0.9	1.12	1.24	1.32	1.41	1.45	1.49

矩阵的最大特征值和特征向量能够方便地采用计算机求解，若在手工计算的情况下，Saaty 给出了一种精度相当高的近似计算方法：

步骤1：**B** 中每行元素连乘并开 n 次方

$$w_i^* = \left(\prod_{j=1}^n b_{ij}\right)^{1/n}, i = 1, 2, \cdots, n$$

步骤2：权重

$$w_i = w_i^* \Big/ \sum_{i=1}^n w_i^*, i = 1, 2, \cdots, n$$

步骤3：B 中每列元素求和

$$S_j = \sum_{i=1}^{n} b_{ij}, j = 1, 2, \cdots, n$$

步骤4：计算最大特征向量

$$\lambda_{\max} = \sum_{i=1}^{n} w_i S_i$$

例1-3 某单位计划选出一名中层管理人员，候选人用健康状况（c_1）、业务知识（c_2）、书面表达能力（c_3）、口才（c_4）、道德水平（c_5）、工作态度（c_6）六个指标进行评测。关于这六个准则的相对重要性，有关部门设定的比较矩阵 B 为

$$B = \begin{bmatrix} 1 & 1 & 1 & 4 & 1 & 1/2 \\ 1 & 1 & 2 & 4 & 1 & 1/2 \\ 1 & 1/2 & 1 & 5 & 3 & 1/2 \\ 1/4 & 1/4 & 1/5 & 1 & 1/3 & 1/3 \\ 1 & 1 & 1/3 & 3 & 1 & 1 \\ 2 & 2 & 2 & 3 & 1 & 1 \end{bmatrix}$$

利用上述算法，得到 $\lambda_{\max} = 6.453$，从而有

$$CI = \frac{\lambda_{\max} - n}{n - 1} = \frac{6.453 - 6}{6 - 1} = 0.0906$$

由表1-10可知6阶矩阵的 RI 为 1.24，故

$$CR = CI/RI = 0.0906/1.24 = 0.0731 < 0.1$$

通过一致性检验，可以利用此时对应的特征向量作为权重向量的估计，即

$$W = [0.1685, 0.1891, 0.1871, 0.0501, 0.1501, 0.2550]^T$$

1.4.2 客观赋权法

从另外一个角度来看，对于某个准则，若所有方案在该准则下的差异越小，说明该准则对方案决策排序所起的作用越小；反之，如果其能使所有方案的表现有较大的差异，说明其对方案决策与排序将起到更重要的作用。因此，方案准则值偏差越大的准则（无论其本身重要性如

何）应该赋予较大的权重，方案准则值偏差越小的准则应该赋予越小的权重。特别地，若所有的方案在某准则下的表现无差异，无论该准则多重要，也不会对方案的排序产生影响，其权重可为 0。基于这种角度的权重由于独立于决策者的主观判断，而仅与方案间的客观表现的差异有关，所得出的权重为"客观权重"，下面介绍两种常见的客观权重赋权方法。

（1）离差最大法

假设经过数据规范化以后得到的规范化决策矩阵为 $\mathbf{Z} = [z_{ij}]_{m \times n}$，准则权重向量 $\mathbf{W} = [w_1, w_2, \cdots, w_n]$ 中 $w_j \geq 0$ 且满足单位化约束条件

$$\sum_{j=1}^{n} w_j^2 = 1$$

当利用加权和法计算方案的综合表现时，方案的综合评价值可定义为

$$z_i = \sum_{j=1}^{n} w_j z_{ij}, i = 1, 2, \cdots, m$$

对于准则 c_j，用 d_{ij} 表示方案 x_i 和其他所有方案之间在该准则下的离差，则可定义

$$d_{ij} = \sum_{k=1}^{m} w_j |z_{ij} - z_{kj}|, i = 1, 2, \cdots, m$$

于是

$$d_j = \sum_{i=1}^{m} d_{ij} = \sum_{i=1}^{m} \sum_{k=1}^{m} w_j |z_{ij} - z_{kj}|$$

可用来表示对准则 c_j 而言，方案间的总离差。根据前述分析，加权向量的选择应该使得所有准则对所有方案的总离差最大。因此，可构造如下优化模型

$$\max \sum_{j=1}^{n} d_j = \sum_{j=1}^{n} \sum_{i=1}^{m} d_{ij} = \sum_{j=1}^{n} \sum_{i=1}^{m} \sum_{k=1}^{m} w_j |z_{ij} - z_{kj}|$$

s.t.

$$\sum_{j=1}^{n} w_j^2 = 1$$

$$w_j \geq 0, j = 1, 2, \cdots, n$$

解此最优化模型，建立拉格朗日函数

$$L = \sum_{j=1}^{n} \sum_{i=1}^{m} \sum_{k=1}^{m} w_j |z_{ij} - z_{kj}| + \frac{1}{2}\lambda \left(\sum_{j=1}^{n} w_j^2 - 1\right)$$

对 w_j 求偏导数并令其为 0，联立条件 $\sum_{j=1}^{n} w_j^2 = 1$，得

$$\begin{cases} \dfrac{\partial L}{\partial w_j} = \sum_{i=1}^{m}\sum_{k=1}^{m} |z_{ij} - z_{kj}| + \lambda w_j = 0, \quad j = 1, 2, \cdots, n \\ \sum_{j=1}^{n} w_j^2 = 1 \end{cases}$$

从而可求得最优解

$$w_j^* = \frac{\sum_{i=1}^{m}\sum_{k=1}^{m} |z_{ij} - z_{kj}|}{\sqrt{\sum_{j=1}^{n} \left(\sum_{i=1}^{m}\sum_{k=1}^{m} |z_{ij} - z_{kj}|\right)^2}}, \quad j = 1, 2, \cdots, n$$

由于传统的权向量一般都满足归一化约束条件而不是单位化约束条件，因此在得到单位化权重 w_j^* 后，为了与习惯用法一致，可以对其进行归一化处理，即令

$$\hat{w}_j = \frac{w_j^*}{\sum_{j=1}^{n} w_j^*}$$

由此得到归一化权重

$$\hat{w}_j = \frac{\sum_{i=1}^{m}\sum_{k=1}^{m} |z_{ij} - z_{kj}|}{\sum_{j=1}^{n}\sum_{i=1}^{m}\sum_{k=1}^{m} |z_{ij} - z_{kj}|}, \quad j = 1, 2, \cdots, n$$

满足归一化条件 $\sum_{j=1}^{n} \hat{w}_j = 1$。

（2）熵权法

"熵"的概念最初产生于热力学，后来在信息论中用来表示信息中所含信息量的多少。按照熵的思想，在决策中所获得的信息的数量和质量，是影响决策精度和可靠性的决定因素，可通过熵来度量所获取的不同准则下的数据中所提供的有用信息量，熵越小，提供信息量越大的准则应该被

赋予更高的权重。

从经过数据规范化以后得到的规范化决策矩阵 $\mathbf{Z} = [z_{ij}]_{m \times n}$ 出发，准则 c_j 的熵被定义为

$$H_j = -k \sum_{i=1}^{m} f_{ij} \ln f_{ij}, j = 1, 2, \cdots, n$$

式中

$$f_{ij} = \frac{z_{ij}}{\sum_{i=1}^{m} z_{ij}}$$

$$k = \frac{1}{\ln m}$$

并假定当 $f_{ij} = 0$ 时，$f_{ij} \ln f_{ij} = 0$。

于是，准则 c_j 的熵权为

$$w_j = \frac{1 - H_j}{n - \sum_{j=1}^{n} H_j}$$

作为一种客观权重，当各方案在准则上的准则值完全相同时，熵值达到最大值1，熵权为0，意味着该准则下的数据没有向决策者提供任何有用信息；反之，当各方案在某准则上的值差异较大时、熵值较小、熵权较大，该准则向决策者提供了有用的信息。它并不是主观意义上的相对重要性系数，而是在给定备选方案的各种评价信息的情况下，各准则在竞争意义上的相对激烈程度。

2 基于级别高关系的双语言多准则决策方法

当运用传统语言变量表达评价结果时,实际上意味着评价结果隶属于该语言评价的隶属度为1,不能表达出决策者对其判断的信心水平。在实践中,决策者的信心水平通常可通过隶属函数加以描述,然而,这种运用一个精确的数字来描述信心水平的尝试是相当困难的,更为方便的是同样利用语言变量来刻画它。所以,本章引入了双语言集(DL set, duplex linguistic set)的概念。双语言集中的每个元素包含了一对语言项,其中第一个语言项用以描述某准则下的评价结果,而另外一个语言项则用来描述决策者对这一评价结果的信心水平。

本章在给出双语言集以及一些相关定义的基础上,首先介绍一种基于级别高关系(outranking relation)的双语言多准则决策方法,随后在该方法之上扩展得到一种多准则分组评级决策方法以满足备选方案较大并需要对各方案分组评级时的决策要求。这两个方法由于仅需要利用语言标度中各语言项间被公认的序关系信息,从而避免了语言信息间的基数运算,而这种运算也正是现有文献中在利用语言信息时的争论焦点所在。

所介绍的方法借鉴了经典级别高方法[175]中的ELECTRE方法的思路,定义了一种新的级别高关系,而在此关系中,双语言集之间的优势关系(dominance relation)扮演了关键性的角色。在此基础上,采用类似ELECTRE Ⅰ和ELECTRE Ⅱ的方法来对方案加以排序。实际上,在众多的级别高方法中,ELECTRE Ⅰ方法[117]以及在它的基础上所衍生出来的一组方法[176]占有突出的地位。它们已经被成功地运用于许多领域,如土木与环境工程[177]、分布式能源系统的优化[178]、电力项目选择[179]、经济绩效评估[180]、能源规划[181]、材料选择[182]、固体废弃物管理[183]等。

同所有的级别高方法一样，本章所介绍的方法也同样允许方案间存在不可比性和非传递性偏好[116]，同时也可利用不完整的偏好信息（此处为仅知序偏好信息）。实际上，级别高方法的一个重要的优点就在于它们不需要将序偏好信息转化为一个抽象的数学区间内的基数值[184]。另外，方法中所设置的一些阈值可以用来表达决策中的妥协与权衡[185]。

就方法上而言，在本章中通过系统地比较在各准则下方案的表现，主要利用级别高关系矩阵来确定决策者对方案集的偏好序。

2.1 双语言变量及其相关概念

2.1.1 语言变量

在许多实际决策中，利用语言信息更加便利，此时，通常的利用语言信息的方法为模糊方法[12]，即利用模糊集理论[7]来处理信息的不确定性。Zadeh[12]首先提出了语言变量的概念，所谓的语言变量指的是以自然语言或人工语言中的句子或词作为变量，而不是以数字作为变量。尽管语言值没有数字精确，但是它更加接近人类的认知过程，从而能够更好地表征那些复杂或定义不完善而又无法通过通常的精确术语进行描述的对象。

下面给出语言变量的定义。

定义 2-1[12]　一个语言变量被定义为一个五元体

$$(X, T(X), U, G, M)$$

X——语言变量的名称；

$T(X)$（或者简单表示为 T）——语言变量语言项集合；

U——论域，$T(X)$ 中的所有语言项所对应模糊变量横跨整个论域；

G——语法规则，用以产生 $T(X)$ 中的语言项名称；

M——语义规则，将 $T(X)$ 中的语言项与论域 U 中的模糊子集相联系。

例如，在图 2-1 中，对某方案的"效用"为语言变量 X，论域取 $U=$

[0，1]，"效用"语言变量的原子单词有"好、中、差"，对这些原子单词利用语气语法规则 T（效用）施加变化，便产生图 2-1 中的语言项名称"很好""好""中""差""很差"，可采用语义规则 M 将这些语言项映射为模糊子集。

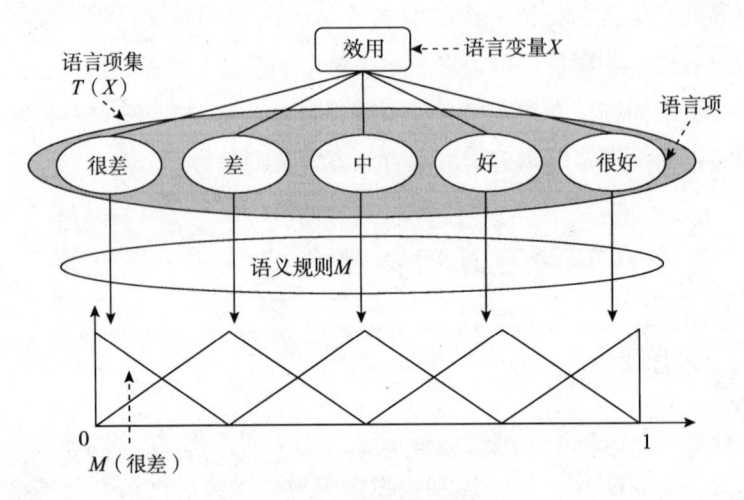

图 2-1 语言变量"效用"

当采用序结构方法产生语言值的名称和定义语义时，决策者利用一个序结构来定义语言项，这些语言项排列为一个预先定义了完全序的语言标度，被称为"有序语言标度"。

定义 2-2 有序语言标度 $S=\{s_1,\cdots,s_g\}$ 是一个具有 g 个有序语言项的集合（g 通常为奇数），并且具有以下性质[22,186]：

(1) 有序性：$s_a < s_b$ 当且仅当 $a < b$，$a, b \in \{1,\cdots,g\}$；

(2) 可逆性：存在唯一的变反操作符 n，使 $n(s_k)=s_{g-k+1}$，其中 $s_k \in S$；

(3) 极值运算：当 $a<b$，$\max(s_a, s_b)=s_b$，$\min(s_a, s_b)=s_a$，其中 $s_a, s_b \in S$。

2.1.2 双语言变量及其占优关系

双语言变量中的语言项来自两个预先给定的有序语言标度。

定义 2-3 有限论域 X 中的一个双语言集 $\tilde{B}$ 被定义为：

$$\tilde{B} = \{(x, \langle s_{\theta(x)}, h_{\sigma(x)} \rangle) \mid x \in X\}$$

其中，

$s_\theta: X \to S, \ x \mapsto s_{\theta(x)} \in S$

$h_\sigma: X \to H, \ x \mapsto h_{\sigma(x)} \in H$

S 和 H 为两个有序语言标度，$h_{\sigma(x)}$ 是元素 $x \in X$ 对其语言评价 $s_{\theta(x)}$ 的语言形式的隶属度。双语言集 $\tilde{B}$ 也可被表示为：

$$\tilde{B} = \{\langle s_{\theta(x)}, h_{\sigma(x)} \rangle \mid x \in X\}$$

当其中只有一个元素时，也可被简记为 $\tilde{B} = \langle s_{\theta(x)}, h_{\sigma(x)} \rangle$。

在本书中，为了方便起见，在不做特别说明时，均采用如下的两个 5 项有序语言标度作为 S 和 H：

$S = \{s_1: \text{VeryPoor}, s_2: \text{Poor}, s_3: \text{Fair}, s_4: \text{Good}, s_5: \text{VeryGood}\}$

$H = \{h_1: \text{VeryLow}, h_2: \text{Low}, h_3: \text{Medium}, h_4: \text{High}, h_5: \text{VeryHigh}\}$

例 2-1 假设某专家以双语言集的形式给出方案的某项评价值为 $\langle \text{VeryGood}, \text{Medium} \rangle$，该值意味着此专家认为方案的表现"非常好"，但是他对自己的这一判断仅有"中等"信心水平。

应该注意到这种简化后的双语言集的形式与二维语言数[47,48]相当类似，但根据二维语言数的定义，从理论的角度看，其本质应是通过纯语言信息来表达模糊且具有随机特征的信息，而双语言集中的后一个语言变量则体现一种严格的语言型的隶属信息。因此，理论上，二者应该具有不同的信息操作方式。

定义 2-4 对任意两双语言集 $\tilde{a} = \langle s_{\theta(a)}, h_{\sigma(a)} \rangle$，$\tilde{b} = \langle s_{\theta(b)}, h_{\sigma(b)} \rangle$，定义如下二元关系：

(1) **(强占优)** 如果 $s_{\theta(a)} < s_{\theta(b)}$，$h_{\sigma(a)} \leq h_{\sigma(b)}$，则 $\tilde{b}$ 强占优于 $\tilde{a}$（$\tilde{a}$ 被 $\tilde{b}$ 强占优），记为 $\tilde{b} >_s \tilde{a}$ 或 $\tilde{a} <_s \tilde{b}$；

(2) **(弱占优)** 如果 $s_{\theta(a)} < s_{\theta(b)}$，$0 < \sigma(a) - \sigma(b) \leq \delta$，其中 δ 为否决阈值，或 $s_{\theta(a)} = s_{\theta(b)}$，$h_{\sigma(a)} < h_{\sigma(b)}$，那么 $\tilde{b}$ 弱占优于 $\tilde{a}$（$\tilde{a}$ 被 $\tilde{b}$ 弱占

优),记为 $\tilde{b} >_w \tilde{a}$ 或 $\tilde{a} <_w \tilde{b}$;

(3)(无差别)如果 $s_{\theta(a)} = s_{\theta(b)}$,$h_{\sigma(a)} = h_{\sigma(b)}$,那么 $\tilde{b}$ 和 $\tilde{a}$ 无差别,记为 $\tilde{b} \sim \tilde{a}$;

(4)(不可比)如果 $\tilde{b}$ 和 $\tilde{a}$ 间不存在上述任何关系,那么 $\tilde{b}$ 和 $\tilde{a}$ 不可比,记为 $\tilde{b} \perp \tilde{a}$。

实际上,比较语言信息非常困难,上述定义合理之处在于它符合人类的两点认知习惯,即对效益型准则而言,给出任意一对选项,应有

(1)(效用递增)评价更高的对象对应更强的偏好;

(2)(不确定厌恶)评价的确定性更高的对象通常对应更强的偏好。

因此,如果某方案的评价高于另一选项,而且这种评价的信心又不低于后者,那么该方案必然严格优于后者。自然而然地,两个评价与评价的信心水平均相同的方案必然对应相同的偏好。然而,如果被更高评价的方案却对应稍低的信心水平,那么两方案间的偏好就变得模糊了,于是设定否决阈值 δ。在前述情况发生时,如果两方案评价的信心水平之间的差别超过这一阈值,则认为决策者难以确认两方案间的这种偏好,两者间具有不可比性;反之,当这种信心水平的差别不足以否决它时,认为被更高评价的方案比另一方案具有"弱"的优势。

此外,当两方案被给出同等评价,对其中之一的这一评价的信心更高时,上述定义中也将其归类为弱占优。这是由于尽管大部分的人都是不确定厌恶的,然而也有部分人并非如此(甚至有小部分人群是不确定偏好的),即对他们而言,对方案的偏好仅基于评价本身就可以了。因此,两方案中对评价的信心水平更高这种优势就不再那么肯定了,从而这种情况也归类于弱占优。

应注意到定义 2-4 中的占优关系并不是一个公理化的关系,它仅用来表达对一对双语言集的偏好。

例 2-2 $S = \{s_1, \cdots, s_7\}$ 和 $H = \{h_1, \cdots, h_5\}$ 为两个有序语言标度,$\tilde{a} = \langle s_1, h_1 \rangle$,$\tilde{b} = \langle s_2, h_2 \rangle$,$\tilde{c} = \langle s_1, h_3 \rangle$ 为三个双语言集。根据定义 2-4,如果 $\delta = 1$,则 $\tilde{b} >_s \tilde{a}$,$\tilde{c} >_w \tilde{a}$,$\tilde{b} >_w \tilde{c}$。

性质 2-1 对任意三个双语言集 $\tilde{a}$,$\tilde{b}$,$\tilde{c}$,

(1) 强占优关系具有：

(非自反性) $\forall \tilde{a} \in \{\tilde{B}\}$，$\tilde{a} \not>_s \tilde{a}$；

(不对称性) $\forall \tilde{a}, \tilde{b} \in \{\tilde{B}\}$，$\tilde{a} >_s \tilde{b} \Rightarrow \tilde{b} \not>_s \tilde{a}$；

(传递性) $\forall \tilde{a}, \tilde{b}, \tilde{c} \in \{\tilde{B}\}$，$\tilde{a} >_s \tilde{b}$，$\tilde{b} >_s \tilde{c} \Rightarrow \tilde{a} >_s \tilde{c}$。

(2) 弱占优关系具有：

(非自反性) $\forall \tilde{a} \in \{\tilde{B}\}$，$\tilde{a} \not>_w \tilde{a}$；

(不对称性) $\forall \tilde{a}, \tilde{b} \in \{\tilde{B}\}$，$\tilde{a} >_w \tilde{b} \Rightarrow \tilde{b} \not>_w \tilde{a}$；

(非传递性) $\forall \tilde{a}, \tilde{b}, \tilde{c} \in \{\tilde{B}\}$，$\tilde{a} >_w \tilde{b}$，$\tilde{b} >_w \tilde{c} \not\Rightarrow \tilde{a} >_w \tilde{c}$。

(3) 无差别关系具有：

(自反性) $\forall \tilde{a} \in \{\tilde{B}\}$，$\tilde{a} \sim \tilde{a}$；

(对称性) $\forall \tilde{a}, \tilde{b} \in \{\tilde{B}\}$，$\tilde{a} \sim \tilde{b} \Rightarrow \tilde{b} \sim \tilde{a}$；

(传递性) $\forall \tilde{a}, \tilde{B}, \tilde{c} \in \{\tilde{B}\}$，$\tilde{a} \sim \tilde{b}$，$\tilde{b} \sim \tilde{c} \Rightarrow \tilde{a} \sim \tilde{c}$

(4) 不可比关系具有：

(非自反性) $\forall \tilde{a} \in \{\tilde{B}\}$，$\tilde{a} \perp \tilde{a}$；

(对称性) $\forall \tilde{a}, \tilde{b} \in \{\tilde{B}\}$，$\tilde{a} \perp \tilde{b} \Rightarrow \tilde{b} \perp \tilde{a}$；

(非传递性) $\forall \tilde{a}, \tilde{b}, \tilde{c} \in \{\tilde{B}\}$，$\tilde{a} \perp \tilde{b}$，$\tilde{b} \perp \tilde{c} \not\Rightarrow \tilde{a} \perp \tilde{c}$。

2.2　基于级别高关系的双语言多准则决策方法

双语言多准则决策问题可以表示为：

有 m 个方案的 $\{a_1, a_2, \cdots, a_m\}$ 决策问题，n 个决策准则 $\{c_1, c_2, \cdots, c_n\}$ 对应的准则权重分别为 $\{w_1, w_2, \cdots, w_n\}$，决策者所给出的方案 a_i 在准则 c_j 下的评价结果 $\tilde{a}_{ij}$ 以双语言集形式给出，试选择最优或满意方案（集）。

该问题可用矩阵形式表示：

$$\tilde{A} = \begin{bmatrix} \tilde{a}_{11} & \tilde{a}_{12} & \cdots & \tilde{a}_{1n} \\ \tilde{a}_{21} & \tilde{a}_{22} & \cdots & \tilde{a}_{2n} \\ \vdots & \vdots & & \vdots \\ \tilde{a}_{m1} & \tilde{a}_{m2} & \cdots & \tilde{a}_{mn} \end{bmatrix}$$

$$W = \begin{bmatrix} w_1 & w_2 & \cdots & w_n \end{bmatrix}$$

其中，决策矩阵 $\tilde{A}$ 中的元素 $\tilde{a}_{ij} = \langle s_{\theta_{ij}}, h_{\sigma_{ij}} \rangle$ 表示了方案 a_i 在准则 c_j 下的以双语言集形式所给出的准则值，w_j 是准则 c_j 的权重值。

2.2.1 双语言信息下的级别高关系

定义 2-5 所有准则下标的集合 $J = \{j \mid j = 1, 2, 3, \cdots, n\}$。根据方案 a_i 和 a_k 间的准则值间的优势关系，定义

(1) 满足条件 $\tilde{a}_{ij} >_s \tilde{a}_{kj}$ 的准则下标集合

$$J_s^+(a_i, a_k) = \{j \mid 1 \leq j \leq n, \tilde{a}_{ij} >_s \tilde{a}_{kj}\}$$

(2) 满足条件 $\tilde{a}_{ij} >_w \tilde{a}_{kj}$ 的准则下标集合

$$J_w^+(a_i, a_k) = \{j \mid 1 \leq j \leq n, \tilde{a}_{ij} >_w \tilde{a}_{kj}\}$$

(3) 满足条件 $\tilde{a}_{ij} \sim \tilde{a}_{kj}$ 的准则下标集合

$$J^=(a_i, a_k) = \{j \mid 1 \leq j \leq n, \tilde{a}_{ij} \sim \tilde{a}_{kj}\}$$

定义 2-6 级别高关系是定义在方案集上的二元关系，用以表示一方案对另外一方案的优势度[187]。通过定义级别高关系，可以表示一种"至少一样好"的偏好。类似于 ELECTRE Ⅰ 方法中的级别高关系，对方案 a_i 和 a_k，a_i 级别高于 a_k 表示为 $a_i \rightarrow a_k$，且：

(1) （强级别高关系）

令

$$I_{ik}^s = \begin{cases} 1, \text{if} \sum_{j \in J_s^+(a_i, a_k) \cup J^=(a_i, a_k)} w_j \Big/ \sum_{j=1}^n w_j > \alpha \\ 0, \text{else} \end{cases}$$

$$\hat{I}_{ik}^s = \begin{cases} 1, \text{if} \sum_{j \in J_s^+(a_i, a_k)} w_j - \sum_{j \in J_s^+(a_k, a_i)} w_j > 0 \\ 0, \text{else} \end{cases}$$

如果 $\hat{I}^s_{ik} \cdot I^s_{ik} > 0$，那么 a_i 强级别高于 a_k，记为 $a_i \xrightarrow{s} a_k$。

其中 $\alpha \in [0,1]$ 为由决策者提供的肯定阈值。该值表示，如果要确认方案 a_i 强级别高于 a_k，需要保证 $\tilde{a}_{ij}$ 强占优或无差别于 $\tilde{a}_{kj}$ 所对应准则的权重之和大于 α。因此，越大的 α 意味着要确认两方案间的强级别高关系所需满足的条件越严格。

（2）（弱级别高关系）

令

$$I^w_{ik} = \begin{cases} 1, \text{if} \sum_{j \in J^+_s(a_i,a_k) \cup J^+_w(a_i,a_k) \cup J^=(a_i,a_k)} w_j \bigg/ \sum_{j=1}^n w_j > \beta \\ 0, \text{else} \end{cases}$$

$$\hat{I}^w_{ik} = \begin{cases} 1, \text{if} \sum_{j \in J^+_s(a_i,a_k) \cup J^+_w(a_i,a_k)} w_j - \sum_{j \in J^+_s(a_k,a_i) \cup J^+_w(a_k,a_i)} w_j > 0 \\ 0, \text{else} \end{cases}$$

如果不存在 $a_i \xrightarrow{s} a_k$，且 $\hat{I}^w_{ik} \cdot I^w_{ik} > 0$，即意味着 $\hat{I}^w_{ik} \cdot I^w_{ik} - \hat{I}^s_{ik} \cdot I^s_{ik} > 0$，那么 a_i 弱级别高 a_k，记为 $a_i \xrightarrow{w} a_k$。其中，$\beta \in [0,1]$ 为由决策者提供的肯定阈值，它与强级别高关系中的 α 具有类似的意义：如果 $\tilde{a}_{ij}$ 强占优、弱占优或无差别于 $\tilde{a}_{kj}$ 所对应的准则的权重之和大于 β，那么我们相信 a_i 弱级别高 a_k。之所以将其称为"弱级别高"是因为在这种情况下，由于具有更多的不确定性，因此决策者对确认这一关系的信心水平比不上其对强级别高关系的判。所以，有理由使 $\beta \geq \alpha$ 使得以更加严格的条件确认弱级别高关系，因为决策者在这种情况下需要承担更多的由于不确定性带来的风险。

性质 2-2 对于两方案 a_i 和 a_k，可能存在以下四种关系：

（1）$a_i \to a_k$ 且无 $a_k \to a_i$；

（2）$a_k \to a_i$ 且无 $a_i \to a_k$；

（3）$a_i \to a_k$ 且 $a_k \to a_i$（即 a_i 和 a_k 无差别）；

（4）既无 $a_i \to a_k$ 也无 $a_k \to a_i$（即 a_i 和 a_k 不可比）。

应该注意到，偏好不可比是一种非常有用的关系，这是因为在复杂的现实条件中，很多情况下决策者都不能或者无法以足够的信心水平来确认两方案间的偏好，通过"偏好不可比"这一关系则可较好地模拟这一情况。

2.2.2 双语言多准则决策步骤

在前述定义的基础之上，本节所介绍的双语言级别高多准则决策方法具体的决策步骤如下。

步骤1：设定准则权重。

准则权重 w_j 反映了准则在确认方案间级别高关系时的"投票"实力。正确地设定这一组参数是一个非常复杂的问题，但由于针对其已经有了许多的研究[182,188-190]，而且也并不是本章研究的重点，因此不予赘述。

步骤2：构造决策矩阵。

决策矩阵中的元素是 $\tilde{a}_{ij} = \langle s_{\theta_{ij}}, h_{\sigma_{ij}} \rangle$，其中 $s_{\theta_{ij}}$ 和 $h_{\sigma_{ij}}$ 来自两个事先给定的有序语言标度中的语言项。其中 $s_{\theta_{ij}}$ 表示由决策者给出的 a_i 在准则 c_j 下的基本评价值，$h_{\sigma_{ij}}$ 则用以描述决策者对这一评价的信心水平。

步骤3：成对比较任意两方案间的级别高关系。

利用定义2-4，计算得出矩阵

$$I^s = \begin{bmatrix} I^s_{11} & \cdots & I^s_{1m} \\ \vdots & & \vdots \\ I^s_{m1} & \cdots & I^s_{mm} \end{bmatrix}, \quad \hat{I}^s = \begin{bmatrix} \hat{I}^s_{11} & \cdots & \hat{I}^s_{1m} \\ \vdots & & \vdots \\ \hat{I}^s_{m1} & \cdots & \hat{I}^s_{mm} \end{bmatrix}$$

$$I^w = \begin{bmatrix} I^w_{11} & \cdots & I^w_{1m} \\ \vdots & & \vdots \\ I^w_{m1} & \cdots & I^w_{mm} \end{bmatrix}, \quad \hat{I}^w = \begin{bmatrix} \hat{I}^w_{11} & \cdots & \hat{I}^w_{1m} \\ \vdots & & \vdots \\ \hat{I}^w_{m1} & \cdots & \hat{I}^w_{mm} \end{bmatrix}$$

从而，强级别高关系矩阵为

$$P = \begin{bmatrix} p_{11} & \cdots & p_{1m} \\ \vdots & & \vdots \\ p_{m1} & \cdots & p_{mm} \end{bmatrix}$$

其中元素 $p_{ik} = \hat{I}^s_{ik} \cdot I^s_{ik}$

弱级别高关系矩阵为

$$Q = \begin{bmatrix} q_{11} & \cdots & q_{1m} \\ \vdots & & \vdots \\ q_{m1} & \cdots & q_{mm} \end{bmatrix}$$

其中元素 $q_{ik} = \max\ (\hat{I}_{ik}^w \cdot I_{ik}^w - \hat{I}_{ik}^s \cdot I_{ik}^s,\ 0)$

步骤 4：正向排序。

1）令 $P^{(1)} = P$，且各方案的正向排序值 $v_i' = 1$，$i = 1, 2, \cdots, m$；

2）在 $P^{(1)}$ 中，如果与某方案所对应的第 l 列的每个元素均等于 0，那么在矩阵 $P^{(1)}$ 中删去第 l 列和第 l 行，剩下的矩阵被记为 $P^{(2)}$；

重复第 2）步，得到 $P^{(2)}$，$P^{(3)}$，$P^{(4)}$……直到再无法通过上述步骤删减为止。也就是说，我们从原始的矩阵 P 中一步一步删除了所有可能的行和列，这些行列均与特定的方案相对应。如果方案 a_i 所对应的那一列直到 $P^{(t)}$ 中才被删除（即不再存在于 $P^{(t+1)}$ 中），那么其正向排序值被修改为 $v_i' = t$，而剩余未被删除的方案的正向排序值则被置为 $t+1$。有更小正向排序值 v_i' 的方案具有更高的排序。

步骤 5：反向排序。

对 P 的转置矩阵 P^T 利用第 4 步中的方法，得到排序值 v_i^0，然而，由于具有较小 v_i^0 的方案对应更低的排序，因此为了使该值具有和正向排序值 v_i' 类似的意义，我们定义

$$v^* = \max v_i^0$$

从而，反向排序值

$$v_i'' = 1\ +\ v^* - v_i^0$$

步骤 6：获得主排序。

方案的主排序值为

$$v_i = (v_i' + v_i'')/2$$

可利用 v_i 将方案归于不同的等级之中，具有更小 v_i 的方案具有更高的等级，决策者也更为偏好处于更高等级中的方案。

利用取大运算代替平均值运算来集结 v_i'' 和 v_i' 也是合理的，即
$$v_i = \max\ (v_i',\ v_i'')$$

这是因为级别高关系是建立在决策者愿意承担因为判断失误而导致的风险这一基础之上的。如果决策者对方案的等级有什么疑问，也没有更多的级别高关系帮助他进一步分析，这就意味着决策者尚不愿承担判断失误风险。所以，保守地来看，应该更倾向于将方案置于较低的等级中，即赋予更大的排序值。

同样，也可以用取小运算来集结 v_i'' 和 v_i'，在这种情况下，意味着承认所有的备选方案都是潜在的最优方案，只有在有确切的证据认为它比别的方案更"差"的时候，才会将其置于更低的等级中，这种方式更加适合于在由决策分析人员为决策者提供决策支持时选用，从而能为决策者保留更多的决策灵活性。此时
$$v_i = \min\ (v_i',\ v_i'')$$

步骤 7：对处于同一主等级中的方案加以排序。

采用步骤 4~6 中的类似方法，可以进一步利用弱级别高关系分析处于同一主等级中（具有同样的 v_i）的方案间的排序。此时，我们采用弱级别高关系矩阵 $\boldsymbol{Q}_z$ 来代替上述步骤中的 $\boldsymbol{P}$，它通过将矩阵 $\boldsymbol{Q}$ 删除掉处于其他主级别中的方案所对应的行和列而得到。

这一步的动机在于，对于同一主级别中的方案，仅通过强级别高关系再也无法进一步分析方案间的偏好。如果决策者试图进一步做这种分析，他就需要知道更多的级别高关系。因此，决策者不得不降低他在确认级别高关系时的限制条件，然后建立起"弱级别高关系"加以分析来实现这一目的。

步骤 8：整体排序。

将步骤 6、7 中的等级信息集结到一起，则可得出方案的最终整体等级（排序）。

2.2.3 算例

本节算例改编自文献［191］，用以说明本节所介绍的双语言级别高方

法。在本例中，一个跨国 IT 企业的分部打算雇用新的首席信息官（Chief Information Officer，CIO）。作为决策者的首席执行官（Chief Executive Officer，CEO）打算从 7 名候选人中挑选出合适的人选。决策分析人员在与这位 CEO 沟通后，他认为作为 CIO 需要两类技能，即"软"技能和技术能力。这一需求可以通过 11 个准则加以评价，图 2-2 列出了所对应的准则：

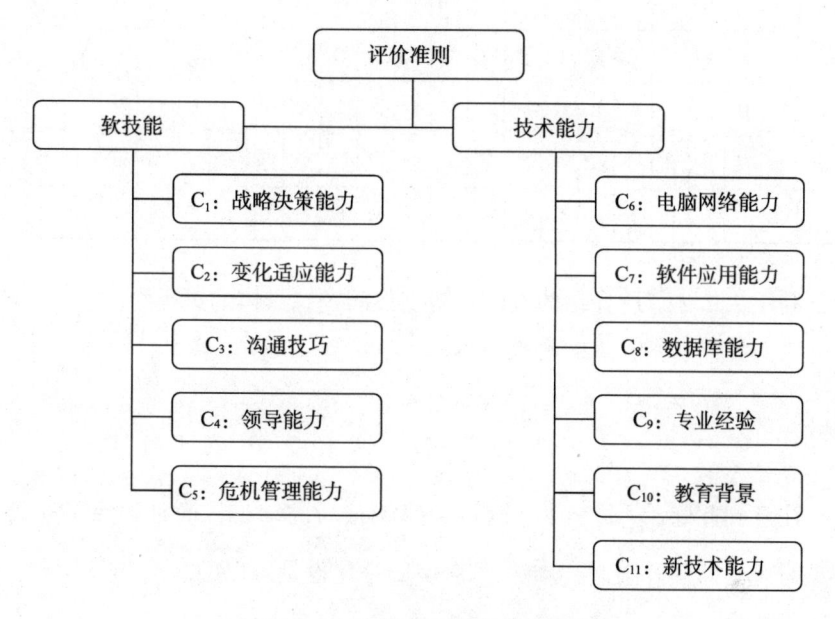

评价准则

软技能
- C_1：战略决策能力
- C_2：变化适应能力
- C_3：沟通技巧
- C_4：领导能力
- C_5：危机管理能力

技术能力
- C_6：电脑网络能力
- C_7：软件应用能力
- C_8：数据库能力
- C_9：专业经验
- C_{10}：教育背景
- C_{11}：新技术能力

图 2-2　评价准则层次结构图

由决策者提供的各准则所对应的准则权重如表 2-1 所示。

表 2-1　由决策者提供的准则重要性权重

	c_1	c_2	c_3	c_4	c_5	c_6	c_7	c_8	c_9	c_{10}	c_{11}
权重	3	3	2.5	2.5	1.5	2.5	3	3	2.5	1.5	2

各方案在准则下的准则值通过双语言集表示，见表 2-2。

表 2-2 由决策者提供的方案双语言评价信息

	c_1		c_2		c_3		c_4		c_5		c_6		c_7		c_8		c_9		c_{10}		c_{11}	
	s	h	s	h	s	h	s	h	s	h	s	h	s	h	s	h	s	h	s	h	s	h
a_1	VG	VL	F	M	G	H	F	M	G	L	G	L	G	H	G	L	G	H	G	M	G	L
a_2	F	M	G	VH	VG	M	VG	L	F	L	VG	VL	F	H	G	M	G	H	G	H	F	L
a_3	G	H	G	M	P	L	F	L	G	VH	P	M	VG	M	F	L	P	VL	VG	M	VG	H
a_4	G	H	G	H	F	M	F	M	VG	M	VG	VL	G	VL	G	M	F	L	F	M	VG	L
a_5	P	H	VG	L	G	L	G	M	F	M	G	M	P	M	P	H	G	VL	P	L	P	H
a_6	F	H	G	H	G	VH	VG	M	F	M	P	VL	G	VL	VG	H	F	M	VP	M	P	M
a_7	VG	L	P	H	F	M	G	H	VG	M	VP	M	G	M	G	L	F	M	G	H	P	L

利用 2.2.2 节所介绍的方法求解上述问题，具体的过程为：

第 1 步：准则权重向量被表示为

$$W = \begin{bmatrix} w_1 & w_2 & \cdots & w_{11} \end{bmatrix}$$
$$= \begin{bmatrix} 3 & 3 & 2.5 & 2.5 & 1.5 & 2.5 & 3 & 3 & 2.5 & 1.5 & 2 \end{bmatrix}$$

注意到此处 $\sum_{j=1}^{11} w_j \neq 1$，这不会影响最后的结果，而且解除了在设定权重时对其的额外限制，当然，将 W 归一化也是可以的。

第 2 步：决策矩阵为

$$\bar{A} = \begin{bmatrix} \langle s_5, h_1 \rangle & \langle s_3, h_3 \rangle & \langle s_4, h_4 \rangle & \langle s_3, h_3 \rangle & \langle s_4, h_2 \rangle & \langle s_4, h_2 \rangle & \langle s_4, h_4 \rangle \\ \langle s_3, h_3 \rangle & \langle s_4, h_5 \rangle & \langle s_5, h_3 \rangle & \langle s_5, h_2 \rangle & \langle s_3, h_2 \rangle & \langle s_5, h_1 \rangle & \langle s_3, h_4 \rangle \\ \langle s_4, h_4 \rangle & \langle s_4, h_3 \rangle & \langle s_2, h_2 \rangle & \langle s_3, h_2 \rangle & \langle s_4, h_5 \rangle & \langle s_2, h_3 \rangle & \langle s_5, h_3 \rangle \\ \langle s_4, h_4 \rangle & \langle s_4, h_4 \rangle & \langle s_3, h_3 \rangle & \langle s_3, h_3 \rangle & \langle s_5, h_3 \rangle & \langle s_5, h_1 \rangle & \langle s_4, h_1 \rangle \\ \langle s_2, h_4 \rangle & \langle s_5, h_2 \rangle & \langle s_4, h_2 \rangle & \langle s_4, h_3 \rangle & \langle s_3, h_3 \rangle & \langle s_4, h_3 \rangle & \langle s_2, h_3 \rangle \\ \langle s_3, h_4 \rangle & \langle s_4, h_3 \rangle & \langle s_4, h_5 \rangle & \langle s_5, h_3 \rangle & \langle s_3, h_3 \rangle & \langle s_2, h_1 \rangle & \langle s_4, h_1 \rangle \\ \langle s_5, h_2 \rangle & \langle s_2, h_3 \rangle & \langle s_3, h_3 \rangle & \langle s_4, h_4 \rangle & \langle s_5, h_3 \rangle & \langle s_1, h_3 \rangle & \langle s_4, h_3 \rangle \end{bmatrix} \rightarrow$$

$$\rightarrow \begin{bmatrix} \langle s_4, h_2\rangle & \langle s_4, h_4\rangle & \langle s_4, h_3\rangle & \langle s_4, h_2\rangle \\ \langle s_4, h_3\rangle & \langle s_4, h_4\rangle & \langle s_4, h_4\rangle & \langle s_3, h_2\rangle \\ \langle s_3, h_2\rangle & \langle s_2, h_1\rangle & \langle s_5, h_3\rangle & \langle s_5, h_4\rangle \\ \langle s_4, h_3\rangle & \langle s_3, h_2\rangle & \langle s_3, h_3\rangle & \langle s_5, h_2\rangle \\ \langle s_2, h_4\rangle & \langle s_4, h_1\rangle & \langle s_2, h_2\rangle & \langle s_2, h_4\rangle \\ \langle s_5, h_4\rangle & \langle s_3, h_3\rangle & \langle s_1, h_3\rangle & \langle s_2, h_3\rangle \\ \langle s_4, h_2\rangle & \langle s_3, h_5\rangle & \langle s_4, h_4\rangle & \langle s_2, h_2\rangle \end{bmatrix} \rangle$$

第3步：在理解了 α、β 的意义后，若此处设定肯定阈值 $\alpha = \beta = 0.499$，则

$$\because J_s^+(a_1, a_2) = \{j \mid 1 \leqslant j \leqslant n, \tilde{a}_{1j} >_s \tilde{a}_{2j}\} = \{5, 7, 11\}$$

$$J_s^+(a_2, a_1) = \{j \mid 1 \leqslant j \leqslant n, \tilde{a}_{2j} >_s \tilde{a}_{1j}\} = \{2\}$$

$$J^=(a_1, a_2) = \{j \mid 1 \leqslant j \leqslant n, \tilde{a}_{1j} \sim \tilde{a}_{2j}\} = \{9\}$$

$$\sum_{j \in J_s^+(a_1,a_2) \cup J^=(a_1,a_2)} w_j \Big/ \sum_{j=1}^n w_j = (w_5 + w_7 + w_9 + w_{11}) \Big/ \sum_{j=1}^n w_j = 9/27 = 0.333 < 0.499$$

$$\therefore I_{12}^s = 0$$

且

$$\because \sum_{j \in J_s^+(a_1,a_2)} w_j - \sum_{j \in J_s^+(a_2,a_1)} w_j = (w_5 + w_7 + w_{11}) - w_2 = 6.5 - 3 = 3.5 > 0$$

$$\therefore \hat{I}_{12}^s = 1$$

类似地，也能求出其他 I_{ik}^s 和 $\hat{I}_{ik}^s$ 并存储于矩阵中

$$I^s = \begin{bmatrix} 1 & 0 & 0 & 0 & 0 & 0 & 0 \\ 0 & 1 & 0 & 0 & 0 & 0 & 0 \\ 0 & 0 & 1 & 0 & 1 & 1 & 0 \\ 0 & 0 & 0 & 1 & 0 & 0 & 0 \\ 0 & 0 & 0 & 0 & 1 & 0 & 0 \\ 0 & 0 & 1 & 0 & 0 & 1 & 0 \\ 0 & 0 & 0 & 0 & 0 & 0 & 1 \end{bmatrix}, \quad \hat{I}^s = \begin{bmatrix} 0 & 1 & 1 & 0 & 1 & 0 & 1 \\ 0 & 0 & 1 & 1 & 1 & 1 & 1 \\ 0 & 0 & 0 & 0 & 1 & 1 & 0 \\ 0 & 0 & 1 & 0 & 1 & 1 & 1 \\ 0 & 0 & 0 & 0 & 0 & 0 & 0 \\ 1 & 0 & 0 & 0 & 1 & 0 & 1 \\ 0 & 0 & 0 & 0 & 1 & 0 & 0 \end{bmatrix}$$

从而可得到强级别高关系矩阵

$$P = \begin{bmatrix} 0 & 0 & 0 & 0 & 0 & 0 & 0 \\ 0 & 0 & 0 & 0 & 0 & 0 & 0 \\ 0 & 0 & 0 & 0 & 1 & 1 & 0 \\ 0 & 0 & 0 & 0 & 0 & 0 & 0 \\ 0 & 0 & 0 & 0 & 0 & 0 & 0 \\ 0 & 0 & 0 & 0 & 0 & 0 & 0 \\ 0 & 0 & 0 & 0 & 0 & 0 & 0 \end{bmatrix}$$

此处矩阵中元素 $p_{ik} = \hat{I}^s_{ik} \cdot I^s_{ik}$。实际上，如果 I^s 或 $\hat{I}^s$ 中任意一个元素等于 0，那么，在 P 中与该元素相对应的值也必为 0，这一特点能够帮助简化计算过程，即如果能先计算出 $\hat{I}^s$（它比 I^s 更容易计算），那么在计算 I^s_{ik} 时便只需要计算那些 $\hat{I}^s_{ik} = 1$ 的元素了，而剩余的其他的 P 中元素由于与 $\hat{I}^s_{ik} = 0$ 对应，则必然等于 0。

在本例中，我们设定否决权重 $\delta = 1$ 来帮助确认双语言集的弱占优关系，则

$$J_w^+(a_1, a_2) = \{j \mid 1 \leq j \leq n, \tilde{a}_{1j} >_w \tilde{a}_{2j}\} = \varnothing,$$

$$J_w^+(a_2, a_1) = \{j \mid 1 \leq j \leq n, \tilde{a}_{2j} >_w \tilde{a}_{1j}\} = \{1, 3, 4, 6, 8, 10\},$$

$$\therefore \sum_{j \in J_s^+(a_1, a_2) \cup J_w^+(a_1, a_2) \cup J^=(a_1, a_2)} w_j \Big/ \sum_{j=1}^n w_j = (w_5 + w_7 + w_9 + w_{11}) \Big/ \sum_{j=1}^n w_j =$$

$9/27 = 0.333 < 0.499$

$\therefore I_{12}^w = 0$

且

$$\therefore \sum_{j \in J_s^+(a_1, a_2) \cup J_w^+(a_1, a_2)} w_j - \sum_{j \in J_s^+(a_2, a_1) \cup J_w^+(a_2, a_1)} w_j$$

$= (w_5 + w_7 + w_{11}) - (w_1 + w_2 + w_3 + w_4 + w_6 + w_8 + w_{10}) = 6.5 - 18$

$= -11.5 < 0$

$\therefore \hat{I}_{12}^w = 0$

类似地，其他 I_{ik}^w 和 $\hat{I}_{ik}^w$ 也能被算出

2 基于级别高关系的双语言多准则决策方法

$$\boldsymbol{I}^w = \begin{bmatrix} 1 & 0 & 0 & 0 & 1 & 0 & 1 \\ 1 & 1 & 1 & 1 & 1 & 1 & 1 \\ 0 & 0 & 1 & 0 & 1 & 1 & 0 \\ 1 & 0 & 1 & 1 & 0 & 1 & 0 \\ 0 & 0 & 0 & 0 & 1 & 0 & 0 \\ 0 & 0 & 1 & 1 & 1 & 1 & 0 \\ 0 & 0 & 0 & 1 & 0 & 0 & 1 \end{bmatrix}, \quad \hat{\boldsymbol{I}}^w = \begin{bmatrix} 0 & 0 & 1 & 0 & 1 & 1 & 1 \\ 1 & 0 & 1 & 1 & 1 & 1 & 1 \\ 0 & 0 & 0 & 0 & 1 & 1 & 1 \\ 1 & 0 & 1 & 0 & 1 & 1 & 0 \\ 0 & 0 & 0 & 0 & 0 & 0 & 1 \\ 0 & 0 & 0 & 0 & 1 & 0 & 1 \\ 0 & 0 & 0 & 1 & 0 & 0 & 0 \end{bmatrix},$$

并得到弱级别高关系矩阵

$$\boldsymbol{Q} = \begin{bmatrix} 0 & 0 & 0 & 0 & 1 & 0 & 1 \\ 1 & 0 & 1 & 1 & 1 & 1 & 1 \\ 0 & 0 & 0 & 0 & 0 & 0 & 0 \\ 1 & 0 & 1 & 0 & 0 & 1 & 0 \\ 0 & 0 & 0 & 0 & 0 & 0 & 0 \\ 0 & 0 & 0 & 0 & 1 & 0 & 0 \\ 0 & 0 & 0 & 1 & 0 & 0 & 0 \end{bmatrix},$$

此处, $q_{ik} = \max\,(\hat{I}_{ik}^w \cdot I_{ik}^w - \hat{I}_{ik}^s \cdot I_{ik}^s,\ 0)$.

第4步：正向排序。

1）令 $\boldsymbol{P}^{(1)} = \boldsymbol{P}$。在 $\boldsymbol{P}^{(1)}$ 中，由于第 l 列（$l = 1, 2, 3, 4, 7$）（分别对应方案 a_1, a_2, a_3, a_4, a_7）所有的元素均等于 0，所以 $\boldsymbol{P}^{(1)}$ 中的第 l 列和第 l 行均被删除，剩余矩阵记为

$$\boldsymbol{P}^{(2)} = \begin{bmatrix} 0 & 0 \\ 0 & 0 \end{bmatrix}$$

同时，设定 $v_1' = v_2' = v_3' = v_4' = v_7' = 1$。

2）在 $\boldsymbol{P}^{(2)}$ 中，第 l 列（$l = 1, 2$）（分别对应方案 a_5, a_6）所有元素均等于 0，所以 $\boldsymbol{P}^{(2)}$ 中第 l 列和第 l 行均被删除，并设定

$$v_5' = v_6' = 2$$

由于剩余矩阵 $\boldsymbol{P}^{(3)}$ 成为了一个空矩阵，不能再被删减，正向排序结束。

第 5 步：反向排序。

1) 转置 P 得

$$P^T = \begin{bmatrix} 0 & 0 & 0 & 0 & 0 & 0 & 0 \\ 0 & 0 & 0 & 0 & 0 & 0 & 0 \\ 0 & 0 & 0 & 0 & 0 & 0 & 0 \\ 0 & 0 & 0 & 0 & 0 & 0 & 0 \\ 0 & 0 & 1 & 0 & 0 & 0 & 0 \\ 0 & 0 & 1 & 0 & 0 & 0 & 0 \\ 0 & 0 & 0 & 0 & 0 & 0 & 0 \end{bmatrix}$$

2) 令 $P^{(1)} = P^T$，$P^{(1)}$ 中第 l 列（$l = 1, 2, 4, 5, 6, 7$）（对应方案 a_1，a_2，a_4，a_5，a_6，a_7）所有元素均为 0，对应删除 $P^{(1)}$ 中第 l 列和第 l 行。剩余矩阵为

$$P^{(2)} = [0]$$

并设定 $v_1^0 = v_2^0 = v_4^0 = v_5^0 = v_6^0 = v_7^0 = 1$。

3) 在 $P^{(2)}$ 中，第 l 列（$l = 1$）（对应方案 a_3）所有元素均为 0，对应删除 $P^{(2)}$ 中的第 l 列和第 l 行，并令

$$v_3^0 = 2$$

由于剩余矩阵 $P^{(3)}$ 变为一个空矩阵，所以反向迭代过程完成。

4) 令

$$v^* = \max v_i^0 = 2$$

且

$$v_i'' = 1 + v^* - v_i^0$$

则

$$v_3'' = 1, \quad v_1'' = v_2'' = v_4'' = v_5'' = v_6'' = v_7'' = 2$$

反向排序完成。

第 6 步：作为决策支持，此处选用取小算符得 $v_i = \min(v_i', v_i'')$

即

$$v_1 = v_2 = v_3 = v_4 = v_7 = 1, \quad v_5 = v_6 = 2$$

于是，所有的方案能够被分入两个主级别中，记为

$$(a_1, a_2, a_3, a_4, a_7) \rightarrow (a_5, a_6)$$

然而，处于同一主级别中的方案间的偏好都仍未得出，即 $(a_1, a_2, a_3, a_4, a_7)$ 间的偏好还未知。

第7步：处于同一主级别中的方案加以排序。

1) 对方案 a_5 和 a_6，删除 Q 中其他方案所对应的行和列，则

$$Q_z = \begin{bmatrix} 0 & 0 \\ 1 & 0 \end{bmatrix}$$

对 Q_z 应用上述第 4~6 步中同样的过程，能得到

$$a_6 \rightarrow a_5$$

2) 类似地，对方案 $(a_1, a_2, a_3, a_4, a_7)$，得到

$$Q_z = \begin{bmatrix} 0 & 0 & 0 & 0 & 1 \\ 1 & 0 & 1 & 1 & 1 \\ 0 & 0 & 0 & 0 & 0 \\ 1 & 0 & 1 & 0 & 0 \\ 0 & 0 & 0 & 1 & 0 \end{bmatrix}$$

应用上述第 4~6 步中同样的过程，可得

$$a_2 \rightarrow (a_1, a_3, a_4, a_7)$$

进一步，如果要试图确定方案 (a_1, a_3, a_4, a_7) 间的偏好，我们需要更进一步的信息，或者尝试降低在确认级别高关系时的限制条件后再重新建立级别高关系。然而，在本例的背景下不需要这样做。

第8步：最终所得出的总体排序可表示为

$$[a_2 \rightarrow (a_1, a_3, a_4, a_7)] \rightarrow [a_6 \rightarrow a_5]$$

即对该决策者而言，最满意方案应该在方案 $(a_1, a_2, a_3, a_4, a_7)$ 中选择，而在这些方案中，a_2 又相对而言具有优势。

2.3 级别高关系下的双语言多准则分组评级决策方法

在许多情况下，常常会遇到备选方案很多，决策者希望能从大量的备

选方案中挑选一组较好的备选方案，或者对所有的备选方案按照偏好进行评级的多准则决策问题，如果采用上节所介绍的方法，则随着准则和方案的增加，模型的计算量会迅速增加，不便于实际使用。因此，在上节所介绍的方法基础上，本节将其扩展为基于级别高关系的双语言分组评级决策方法，该方法通过确定待评级方案与一组作为分组指标的虚拟参考方案间的级别高关系来决定方案的分组，而不需要与其他的方案加以相互比较，从而减小了计算量。

定义 2 - 7 给定任意两个双语言集 $\tilde{a} = \langle s_{\theta(a)}, h_{\sigma(a)} \rangle$，$\tilde{b} = \langle s_{\theta(b)}, h_{\sigma(b)} \rangle$，如果将上一节中的强占优与弱占优不做区分，则可简单定义

(1) 占优关系：如果 $s_{\theta(a)} < s_{\theta(b)}$，$0 < \sigma(a) - \sigma(b) \leq \delta$，其中 δ 为否决阈值，则 $\tilde{b}$ 占优于 $\tilde{a}$（$\tilde{a}$ 被 $\tilde{b}$ 占优），记为 $\tilde{b} > \tilde{a}$ 或 $\tilde{a} < \tilde{b}$；

(2) 无差别关系：如果 $s_{\theta(a)} = s_{\theta(b)}$，$|\sigma(a) - \sigma(b)| \leq \delta$，那么 $\tilde{b}$ 与 $\tilde{a}$ 无差别，记为 $\tilde{b} \sim \tilde{a}$；

(3) 不可比关系：如果 $\tilde{a}$、$\tilde{b}$ 间不存在上述两种关系，则 $\tilde{a}$ 与 $\tilde{b}$ 不可比，记为 $\tilde{b} \perp \tilde{a}$。

例 2 - 3 如果

$\tilde{a} = \langle s_5: \text{VeryGood}, h_1: \text{Low} \rangle$，

$\tilde{b} = \langle s_1: \text{VeryPoor}, h_3: \text{Medium} \rangle$，

$\tilde{c} = \langle s_5: \text{VeryGood}, h_3: \text{VeryLow} \rangle$，

分别为三个双语言集，当 $\delta = 1$ 时，有 $\tilde{a} > \tilde{b}$，$\tilde{c} \sim \tilde{a}$，$\tilde{b} \perp \tilde{c}$。

2.3.1 双语言多准则分组评级步骤

将上节的方法加以扩展用以对备选方案进行分组评级，以处理当备选方案较多时的多准则决策问题。总的来说，该方法首先人工定义一组具有序关系的组别，然后通过比较方案与作为分组界标的虚拟参考方案（virtual reference alternatives）的关系，将方案分置于不同的组别内。

本方法的另外一个特征在于，一旦虚拟参考方案和准则权重被设定下

来,仅仅需要少数的几个双语言评价值就能够用来对某种特定方案加以分组评级,而在实际应用中,其中的计算过程能够通过一个简单的程序来实现。更为重要的是,方案的分组结果并不依赖于其他方案的评价结果,所以,该方法具有方案无关性的特点,即增加或者删除某个方案对于其他方案的评价结果不会产生影响,这一特性使得它尤其适用于评价工作是分批开展时,即所有的方案不在同一时间内加以评价。

所介绍的方法总的来说具有 4 步。

步骤 1:挑选评价准则并加以赋权。

步骤 2:设定一组虚拟参考方案序列并建立评价矩阵。

为了评价方案,建立矩阵

$$\tilde{A}_i = \begin{matrix} a_1 \\ \vdots \\ a_g \\ a_i \end{matrix} \begin{bmatrix} c_1 & c_2 & \cdots & c_n \\ \tilde{a}_{11} & \tilde{a}_{12} & \cdots & \tilde{a}_{1n} \\ \vdots & \vdots & & \vdots \\ \tilde{a}_{g1} & \tilde{a}_{g2} & \cdots & \tilde{a}_{gn} \\ \tilde{a}_{i1} & \tilde{a}_{i2} & \cdots & \tilde{a}_{in} \end{bmatrix}$$

其中 $\tilde{a}_{ij} = \langle s_{\theta_{ij}}, h_{\sigma_{ij}} \rangle$($j = 1, 2, \cdots, n$)是由决策者给出的 a_i 在准则 c_j 下的双语言评价信息。与上节中方法相同,$s_{\theta_{ij}}$ 和 $h_{\sigma_{ij}}$ 分别来自有序语言标度 S 和 H。其中 $s_{\theta_{ij}}$ 代表 a_i 在准则 c_j 下的基础评价值,$h_{\sigma_{ij}}$ 则描述了决策者对评价 $s_{\theta_{ij}}$ 的信心水平。

而矩阵中的 a_1 到 a_g 分别代表 g 个用以确定分组的虚拟参考变量。在实际使用中,我们可以简便地将其设定为 $a_k = (\langle s_k, h_3 : \text{Medium} \rangle)_{1 \times n}$,$k = 1, 2, \cdots, g$,即意味着其中的某个虚拟参考变量在任意准则下都被评价 s_k,并具有足够的信心水平。

当然,作为一个评级时所采用的标准,由决策者设定其他的虚拟参考标准也是可行的,但是,这些虚拟参考变量之间需要存在接下来的步骤中所定义的级别高关系。

步骤 3:判断方案 a_i 和所有虚拟参考变量 a_k($k = 1, 2, \cdots, g$)之间的级别高关系。

与上节中区分强、弱级别高关系不同,此处同样忽略二者的区别,而直接将级别高关系加以定义。

给定方案 a_i 和 a_k，满足条件 $\tilde{a}_{ij} > \tilde{a}_{kj}$ 和 $\tilde{a}_{ij} \sim \tilde{a}_{kj}$ 的准则下标集被分别为

$$J^+(a_i, a_k) = \{j \mid 1 \leq j \leq n, \tilde{a}_{ij} > \tilde{a}_{kj}\}$$

$$J^=(a_i, a_k) = \{j \mid 1 \leq j \leq n, \tilde{a}_{ij} \sim \tilde{a}_{kj}\}$$

两方案间的级别高关系被定义为：

令

$$I_{ik} = \begin{cases} 1, & \text{if } \sum_{j \in J^+(a_i,a_k) \cup J^=(a_i,a_k)} w_j \Big/ \sum_{j=1}^n w_j > \alpha \\ 0, & \text{else} \end{cases}$$

$$\hat{I}_{ik} = \begin{cases} 1, & \text{if } \sum_{j \in J^+(a_i,a_k)} w_j - \sum_{j \in J^+(a_k,a_i)} w_j > 0 \\ 0, & \text{else} \end{cases}$$

如果 $\hat{I}_{ik} \cdot I_{ik} > 0$，那么方案 a_i 级别高于 a_k，记为 $a_i \to a_k$。它表示决策者相信方案 a_i 比 a_k 更好，这是因为方案 a_i，在足够多的准则下相比起方案 a_k 而言评价会"好于或至少一样好"，而且没有足够的反面证据来否决这一偏好。

$\alpha \in [0, 1]$ 为级别高关系肯定阈值，其含义与上节中相同。

从上述定义容易看到，对于所有的虚拟参考变量而言，一定有 $a_{k+\varepsilon} \to a_k$，此处 $(k+\varepsilon, k \in (1, 2, \cdots, g), \varepsilon > 0)$。

定义向量

$$\boldsymbol{I}_i = [I_{i1} \cdots I_{ig}], \quad \hat{\boldsymbol{I}}_i = [\hat{I}_{i1} \cdots \hat{I}_{ig}]$$

则 a_i 的级别高向量被定义为

$$\boldsymbol{R}_i = [r_{i1} \cdots r_{ig}]$$

式中 $r_{ik} = \hat{I}_{ik} \cdot I_{ik}$ ($k = 1, 2, \cdots, g$)。

步骤4：将所有的方案加以分组评级。

如果 $r_{ik} = 1$ 且 $r_{i(k+1)} = 0$，($k = 1, 2, \cdots, g$)，那么我们将方案 a_i 分进第 k 组。显然，分入组号更大的组的方案更为决策者所偏好。特别地，如果对所有的 $k = 1, 2, \cdots, g$，$r_{ik} = 0$，也即仅从现有的信息出发，所有的虚拟参考变量均级别高于或者不可比与，那么我们将该方案保守地划入第

0组。

根据上述讨论可见，a_i所属组的组号必然可表示为$\sum_{k=1}^{g} r_{ik}$。

2.3.2 实例分析

本节将上节的方案分组评级决策方法用于城市景观绿化树种分组评级决策问题中。

(1) 问题背景

城市绿地给城市地区提供生态功能并影响城市的景观表达，在追求生态文明的今天正受到城市内居民越来越多的重视。然而，复杂的高压力环境经常使得城市绿地衰退。这些压力由城市内的生物与非生物因素的相互影响而引起[192-195]。

因此，城市绿化树不但需要适应在城市森林或公园内有利的生长条件[196]，更需要适应城市内的其他恶劣的生长条件，如作为夹道树。选择合适的绿化树种能够提高城市森林的质量并降低培植和维护成本[197-200]。

与传统的林业管理不同，城市树种选择主要关注其耐压性、生态适应性、生态功能和景观美学功能[194]。

同时，在选择城市绿化树种中还追求更高的生物多样性，更加广泛的遗传多样性被认为能够带来更大的城市美学多样性，同时也给予城市绿地更高的城市病虫害抵抗能力[201]。然而在传统城市林业中，仅有少数的绿化树种被采用。Pauleit等[202]指出在欧洲城市地区，尤其作为行道树这一特征尤为明显。

为了鼓励城市森林管理者尝试在城市中选用更为广泛的树种，需要有一种工具帮助他们评估并选择非传统的城市适应型树种。多准则决策方法是处理这一问题的有效工具。

通过运用多准则决策方法，所有的备选树种能按照其适应度加以分组评级，而其评估信息主要来源于如下几种信息源[203]：

1) 本地的培植经验。

2) 参考其他类似城市的经验。

3) 参考已有的城市绿化植物。

4) 参考城市气候土壤环境种类。

然而，经典的多准则分析方法难以直接运用于城市绿化树种评价中，这主要是由于以下两个原因。

首先，经典的多准则分析技术需要备选方案通过数字加以精确地评价[5,6]，然而用以评价城市树种的信息缺是定性的不确定信息，来自不同信息源的信息具有不同程度可信度。例如，根据某城市规划者的经验，某树种针对该城市具有很高的生态适应性，然而，该树种在其他城市里的表现就不确定了。

其次，评价城市树种需要考虑不同的准则。而这些准则也能包含子准则，但是增加评价准则数量将会显著地提升评价的工作量，尤其是当有许多的备选方案需要被加以评价时。增加评价准则的数量同样会影响准则间的相互独立性，而这种独立性却恰恰是大多数的多准则分析方法的先决条件[2]。所以，保留一个较小的评价准则集更好。但是，对于这样的一个准则集中的某项准则，却可能难以找到对应的可度量属性来度量方案在该准则下的表现。

为了解决上述困难，本章所介绍的双语言多准则分析方法适合于处理该问题。我们将其运用于长沙市区绿化树种评估问题中。

(2) 步骤与结论

1) 概况

湖南省会长沙市位于湘江河谷下部，南岭以北（28°19′N，112°98′E）。截至 2012 年，其市区面积约 360 km^2，具有大约 300 万城市居民。该市属于潮湿的亚热带气候，年均气温 17.5 ℃，1 月平均温度 4.6 ℃，7 月平均温度 29.0 ℃。年均降水 1357 mm，年无霜期 275 天。该市四季分明：春季非常潮湿；夏季漫长炎热，常伴有暴雨；秋季舒适且阳光充足；冬季相对干燥（但也有点潮湿和阴沉）且持续时间短，当寒流出现时偶见零度以下气温。

2012 年，中南林业科技大学在一项研究基金的资助下，对长沙市城市绿化树种选择进行了一个小规模的试探性研究，研究中采用了本节中所介绍的分组评级方法。

2）评价准则选择及权重设定

在调查相关文献并咨询城市绿化管理专家，选择 4 项准则对树种的适宜性加以评价，这 4 项准则列于表 2-3 中。根据前述讨论，在这些准则下并没有添加更多的子准则从而保持了一个较小的准则集。

表 2-3 城市绿化树种评价准则

准则	定义
生态适应性（c_1）	对受光线、水、空气、气候、土壤和其他多种因素影响的城市生态环境的适应性
应激耐受力（c_2）	对由生物与非生物因素，诸如有毒气体污染和虫灾等，相互影响而形成的复杂强应激的耐受力
生态功能（c_3）	提升城市生态环境的价值与功能，包括吸收温室气体排放等
景观美学作用（c_4）	提升城市景观美学和景观多样性的价值与功能

通过利用反向 Simos 过程（revised Simos' procedure）[190]，从中南林业科技大学 7 名相关领域专家调研获取数据，设定准则权重

$$W = [w_1 \quad w_2 \quad \cdots \quad w_n] = [0.3, 0.3, 0.2, 0.2]$$

3）评价分组

用以评价的参数被设定为 $\delta = 1$，$\alpha = 0.49$。各树种的评价信息同样收集自中南林业科技大学相关专家，由于不同专家具有不同的意见，因此在评价中采用这些意见中最为保守的评价结果。例如，当有 4 名专家根据自己的经验给出某种树种的"生态适应性"评价意见分别为："好，具有高信心（Good with high confidence）""一般，具有高信心（Fair with high confidence）""很好，具有中等信心（Very good with medium confidence）""一般，具有中等信心（Fair with medium confidence）"。该树种的"生态适应性"则被评价为"一般，中等（Fair, Medium）"。

利用 2.3.1 节介绍的分组评级方法，备选的树种被各自分组于 6 个有序的组别中，这 6 个组分别被标以第 0 组至第 5 组，被分进更高组别中的树种相对长沙市而言具有更高的适应性，表 2-4 中列出了 22 种被评估树种的评价和分组结果。

表 2-4　长沙市区城市绿化树种评价分组结果

编号	树种	生态适应性（c_1）	应急耐受度（c_2）	生态功能（c_3）	景观美学功能（c_4）	组别
1	银杏 Ginkgo biloba	G, H	VG, H	G, H	G, H	4
2	樟树 Cinnamomum camphora（L.）Presl.	G, F	VG, H	VG, F	VG, F	4
3	木芙蓉 Cottonrose Hibiscus	G, M	F, M	VG, H	VG, H	4
4	泡桐 Paulownia fortunei（Seem.）Hemsl	F, H	F, M	VG, H	VG, H	3
5	国槐 Sophora japonica Linn	G, H	VP, H	VG, F	G, H	3
6	糖枫 Acer saccharum Marsh	F, M	VG, M	F, M	G, H	3
7	桂花 Osmanthus fragrans	F, H	F, H	G, H	G, H	3
8	白玉兰 Magnolia denudata	F, F	VG, H	F, H	G, H	3
9	蓝果树 Nyssa sinensis	VG, M	F, M	F, M	G, H	3
10	黄杨 Buxus Sinica（Rehd. et Wils.）Cheng	F, M	F, M	VG, M	F, H	3
11	木槿 Hibiscus syriacus	G, M	F, H	G, H	F, H	3
12	光皮树 Swida wilsoniana	F, M	F, H	F, M	G, H	3
13	青檀 Pteroceltis tatarinowii	F, H	F, M	F, H	G, H	3
14	香果树 Emmenopterys Henryi Oliv	G, M	F, H	F, H	G, H	3
15	宝塔松 Cedrus deodara（Roxb.）Loud	G, M	F, H	P, H	F, H	3
16	杜鹃 Rhododendron	G, H	F, F	F, M	F, H	3
17	线叶池杉 Taxodium Ascendens	F, L	F, H	F, H	G, H	3
18	喜树 Camptotheca acuminata	P, M	F, M	F, H	VG, M	2
19	樱桃花 Cerasus pseudocerasus	F, M	F, M	P, H	G, H	2
20	柔毛油杉 Keteleeria pubescens	F, L	F, H	F, H	F, H	2
21	含笑 Michelia figo	P, M	F, M	F, H	F, H	2
22	鹅掌楸 Liriodendron chinensis（Hemsl.）Sarg	P, H	P, H	F, M	F, H	2

具体的计算过程通过一个简单的电子表格程序完成。为了说明这一具体的过程，此处对评价中的第 5 号树种，"国槐 Sophora japonica Linn"的分组过程中的几个主要步骤加以手工演算如下：

由于备选方案

$$a_{No.5} = [\langle G, H \rangle, \langle VP, H \rangle, \langle VG, F \rangle, \langle G, H \rangle]$$

相对虚拟参考变量

$$a_2 = [\langle P, M \rangle, \langle P, M \rangle, \langle P, M \rangle, \langle P, M \rangle]$$

而言

$$J^+(a_{No.5}, a_2) = \{1, 3, 4\}, J^=(a_{No.5}, a_2) = \varnothing, J^+(a_2, a_{No.5}) = \{2\}$$

又因为

$$\sum_{j \in J^+(a_{No.5}, a_2) \cup J^=(a_{No.5}, a_2)} w_j \Big/ \sum_{j=1}^{n} w_j = (w_1 + w_3 + w_4)/1 = 0.7 > (\alpha = 0.49)$$

且

$$\sum_{j \in J^+(a_{No.5}, a_2)} w_j - \sum_{j \in J^+(a_2, a_{No.5})} w_j = (w_1 + w_3 + w_4) - w_2 = 0.5 > 0$$

所以 $I_{(No.5)2} = 1$，$\hat{I}_{(No.5)2} = 1$，则

$$r_{(No.5)2} = I_{(No.5)2} \hat{I}_{(No.5)2} = 1$$

类似的，与其他的虚拟参考变量相比较，可得

$$\boldsymbol{R}_{No.5} = [1, 1, 1, 0, 0]$$

因为 $\sum_{k=1}^{5} r_{(No.5)k} = 3$，所以，备选树种"国槐 Sophora japonica Linn."被分至第 3 组。

从这一过程我们注意到，对于某一特定树种的评价是与其他树种的评价结果无关的。

2.4 本章小节与讨论

本章提供了两种双语言环境下的级别高多准则决策分析方法，并通两个例子说明了前述章节中所介绍的方法，这两个方法的过程类似于经典的 ELECTRE 方法中的分析步骤。

此处并没有把所介绍的方法和现有的语言多准则决策方法加以比较，除了所介绍的双语言集的概念是全新的之外，这种方法间的比较可能也缺少意义，这是由于对于同样的多准则决策问题运用不同的多准则决策方法可能产生不一致的结果[204]。Zanakis 等[205]解释了这种不一致性可能产生的原因在于：①不同的方法采用了不同的加权技术；②在选择"最优"方案时采用的算法不相同；③许多算法都尝试对决策目标加以度量，而这种度量方式往往是不同的；④一些算法引入了额外的参数，这些参数的选择将会对最终的求解产生影响。不过，也有不少的研究者持有相反的观点，认为应该在不同的方法间加以比较[206-208]。

我们认为对于一个给定的多准则决策问题，不存在最优的决策方法，而且仅仅做数字上的比较通常可能无法确定哪一个方法是最合适的，然而，在本文定义的双语言模糊决策环境下，本章所介绍的方法具有一个主要的特点，正如 Deng 和 Wibowo[209]对 ELECTRE 方法所做的评论，本方法的目标在"选择"而不是"排序"，也就是说，本章所介绍的方法尝试选择一个"好的"方案集，从而有可能挑选出一个单一的"好的"备选方案。与之相对，"排序"导向的方法则是试图得到各方案间的完全序或部分序。从这一点而言，这种"选择"导向的方法应该尤其适用于模糊决策环境，因为决策者的模糊偏好往往会阻碍决策分析人员得出这样的完全序或部分序，通过本章所介绍的方法，能够避免一些有争议的词计算过程。

3 基于语义占优的双语言多准则决策方法

在双语言多准则决策问题中，如直接利用传统的多准则决策模型，往往需要得到各方案的完全序，这就要求所有准则下对方案的偏好信息都是完全的。然而，这一条件在双语言环境下很难实现，因为利用语言所表达的偏好信息是一种模糊的不完全信息。第二章所介绍的级别高方法仅仅利用了语言标度的序特征，然而由于其完全忽略了语言变量的语义特征，使得信息利用不充分。为了处理上述困难，本章介绍了语义占优（semantic dominance）技术，并详细讨论了五种不同类型语义结构下语义占优的规则，随后运用其求解双语言多准则决策问题。

语义占优这一技术由风险决策中的随机占优（stochastic dominance）的基本思想[210]所启发，而随机占优是一组处理风险决策问题中的不确定性和部分偏好的规则[211-213]。类似于随机占优的思想[214]，在双语言多准则决策问题中，通过利用双语言形式偏好信息将所有的方案归于具有优劣关系的互斥集合中，即有效集、无效集与待定集，从而得到一个方案的部分序。这时，对于任何处于"无效集"中的方案，则必然在"有效集"中会存在一个方案对决策者而言更为适合。尤其重要的是，对现有的部分偏好信息加以补充也不会改变已经存在的这种方案间的优劣关系，所以，决策者绝不会选择处于无效集中的方案，所得出的结果具有较强的稳定性。而对划归于"待定集"中的方案，则是由所给决策信息的模糊性所导致的直接结果，决策者需要对其归属做进一步的权衡，体现了模糊决策的特点。最后，对处于有效集中的方案间的优劣，则无法通过现有的部分偏好信息得出，很好地包容了不确定情况下方案间的不可比性。

通过本章方法，当利用双语言决策信息进行多准则决策分析时，双语言偏好信息的模糊性和不完全性能被较好地处理，从而避免了对语言信息所做的许多有争议的运算。

3.1 基础概念

双语言多准则决策问题从 m 个可能方案的集合 $A = \{a_1, a_2, \cdots, a_m\}$ 中，根据权重分别为 $\{w_1, w_2, \cdots, w_n\}$ 的 n 个决策准则 $\{c_1, c_2, \cdots, c_n\}$（$w_j$ 是准则 c_j 的权重值且 $\sum_{j=1}^{n} w_j = 1$）挑选满意方案，决策者以双语言集的形式给出方案 a_i 在准则 c_j 下的评价值 $a_{ij} = \langle s_{\theta_{ij}}, h_{\sigma_{ij}} \rangle$。

定义 3-1 决策者对方案的偏好最终可以通过联合评量（conjoint measurement）加以表示[215,216]，当各准则间相互独立时，方案 $a_i \in A$ 存在可加的评价函数，使得其综合基础评价值可表示为

$$V(a_i) = \sum_{j=1}^{n} w_j u(s_{\theta_{ij}})$$

其中 $u(s_{\theta_{ij}})$ 则反映了决策者在准则 c_j 下，由方案的基础评价信息评价 $s_{\theta_{ij}}$ 来反映的对方案 a_i 的偏好强度。

类似的，对这一基础评价的信心水平相应可表示为

$$C(a_i) = \sum_{j=1}^{n} w_j \varphi(h_{\sigma_{ij}})$$

其中 $\varphi(h_{\sigma_{ij}})$ 则反映了由信息 $h_{\sigma_{ij}}$ 所表示的对 $s_{\theta_{ij}}$ 所给出信息的信心水平（隶属度）。

显然，函数 u，φ 独立于准则和准则的权重之外，这是由于在决策中，当通过多个准则来比较方案时，决策者对这些准则的偏好信息通过权重加以表示，因此，对方案加以评价时，准则值中不需要也不应该重复包含这一部分信息。

定义 3-2（语义值与语义函数）令

$$u: S \to [0, 1], \quad \varphi: H \to [0, 1]$$

可以看到，当 $s_k \in S$、$h_k \in H$ 时，$u(s_k)$ 和 $\varphi(h_k)$ 实际上反映了决策者

使用语言变量对方案进行评价时所用语言项 s_k 与 h_k 的语义,因此被分别称为语言变量 s_k、h_k 的语义值,$u(\cdot)$ 和 $\varphi(\cdot)$ 则被称为语义函数。

由于 $C(a_i)$ 与 $V(a_i)$ 具有完全相同的形式,后续的内容我们仅对基础评价 s_k 部分进行详细讨论,讨论过程可相应地扩展于 h_k 部分,因此对其不加以详述。

首先,将 $V(a_i)$ 变形为如下形式

$$V(a_i) = \sum_{j=1}^{n} w_j u(a_{ij})$$
$$= \sum_{j \in J_{i1}} w_j u(s_1) + \cdots + \sum_{j \in J_{ig}} w_j u(s_g) \quad (3-1)$$
$$= \sum_{k=1}^{g} \omega_{ik} u(s_k)$$

其中 $J_{ik} = \{j \mid s_{\theta_{ij}} = s_k, j=1, \cdots, n\}$,$\omega_{ik} = \sum_{j \in J_{ik}} w_j$,$(k=1, 2, \cdots, g)$,为对方案 a_i 的所有基础评价值为 s_k 的准则权重之和。

同理,

$$C(a_i) = \sum_{k=1}^{g'} \omega'_{ik} \varphi(h_k) \quad (3-2)$$

其中 $\omega'_{ik} = \sum_{j \in J'_{ik}} w_j J'_{ik} = \{j \mid h_{\sigma_{ij}} = h_k, j=1, \cdots, n\}$ $(k=1, 2, \cdots, g')$,为对方案 a_i 的所有基础评价值的信心水平为 h_k 的准则权重之和。

进而可定义有序语言标度 S 与 H 上的累积权重函数(cumulative weight function)。

定义 3-3 (累积权重函数)有序语言标度 S 上的累积权重函数 F 被定义为,方案 a_i 在语言项 s_k 上对应的累积权重

$$F_{ik} = \sum_{l=1}^{k} \omega_{il} = \sum_{j \in J_{i1} \cup \cdots \cup J_{ik}} w_j \quad (3-3)$$

它表示对 a_i 的所有评价值中,基础语言评价值小于等于 s_k 的准则权重之和。所以,必然有 $F_{ig}=1$,特殊的,定义 $F_{i0}=0$,从而有

$$\omega_{ik} = F_{ik} - F_{i(k-1)}, \quad k=1, 2, \cdots, g$$

所以,价值函数可变形为

$$V(a_i) = \sum_{k=1}^{g} \omega_{ik} u(s_k) = \sum_{k=1}^{g} [F_{ik} - F_{i(k-1)}] u(s_k) \qquad (3-4)$$

同样，对有序语言标度 H，方案 a_i 在语言项 h_k 上对应的累积权重 F' 被定义为

$$F'_{ik} = \sum_{l=1}^{k} \omega'_{il} = \sum_{j \in J'_{i1} \cup \cdots \cup J'_{ik}} w_j \qquad (3-5)$$

它表示对 a_i 的所有评价值中，评价信心水平小于等于 h_k 的准则权重之和。同样，必然有 $F'_{ig} = 1$，并定义 $F'_{i0} = 0$，从而有

$$\omega'_{ik} = F'_{ik} - F'_{i(k-1)}, \quad k = 1, 2, \cdots, g'$$

所以，可得

$$\begin{cases} V(a_i) = \sum_{k=1}^{g} \omega_{ik} u(s_k) = \sum_{k=1}^{g} (F_{ik} - F_{i(k-1)}) u(s_k) \\ C(a_i) = \sum_{k=1}^{g'} \omega'_{ik} \varphi(h_k) = \sum_{k=1}^{g'} (F'_{ik} - F'_{i(k-1)}) \varphi(h_k) \end{cases} \qquad (3-6)$$

如果利用语言变量所表达的偏好信息是完全的，即能够确切地知道语义函数的形式从而获得各语言变量的语义值，那么通过上式简单的计算，则可得出 $V(a_i)$ 与 $C(a_i)$，并根据 $V(a_i)$ 与 $C(a_i)$ 的大小对方案进行排序。

然而，由于语言信息的内在模糊性，我们仅能知道语言信息的部分偏好，即我们通常仅能知道语义函数满足一些特定的限制条件，而不知道其完整形式，从而无法得到某个具体的语言变量所对应的语义值，因此，在判断两方案间的优劣关系时，便无法采用直接计算 $V(a_i)$ 与 $C(a_i)$ 的方法进行比较。

为了解决上述困难，我们把满足某种特定限制条件的所有可能的语义函数的集合称为"某语义函数集"，并定义如下三类五种常见的语义函数集。

定义 3-4 （序语义函数集 Set of ordered semanteme functions）当选择有序语言标度 S 时，唯一没有任何疑问的偏好信息在于语言变量的有序性，即 $s_k < s_{k+1}$，$s_k, s_{k+1} \in S$ 它实际上至少意味着

$$\forall s_k \in S, \ u(s_{k+1}) \geq u(s_k)$$

3 基于语义占优的双语言多准则决策方法

明显的,任何定义在标度 S 上的单调的非减函数均能满足上述限制。我们将所有的满足上述条件的语义函数的集合记为 U_S,即若 $u(s_{k+1}) \geq u(s_k)$,则 $u \in U_S$。

就 H 而言,也必然存在这样的满足条件 $\forall h_k \in H$,$\varphi(h_{k+1}) \geq \varphi(h_k)$ 的所有语义函数集合 Φ_H,这种定义在某个特定语言标度上,类似 U_S,Φ_H 这样的语义函数的集合被称为该语言标度所对应的"序语义函数集"。

进一步,为了方便起见,记

$$\begin{cases} D_k = u(s_{k+1}) - u(s_k) & s_k, s_{k+1} \in S \\ D'_k = \varphi(h_{k+1}) - \varphi(h_k) & h_k, h_{k+1} \in H \end{cases}$$

定义 3-5 (负/正偏心序语义函数集)除开序特征外,如果某决策者比较严苛,倾向于利用语言标度中的一些相对较"低"的语言评价值来表达他的偏好,那么对他而言,将评价值在相邻的两个低位于语言项间改变,比起在两高位语言项间改变所需要的偏好强度的变化更大,即低位两相邻语言项之间的差别比高位的两相邻语言项间的差别更大。具有这种特征的语义函数集被称为负偏心序语义函数集,就语言标度 S 与 H 而言,记为 U_{S-},Φ_{H-},即:

如果 $D_k \geq 0$ 且 $D_k \geq D_{k+1}$,$k \in \{1, \cdots, g-1\}$,则有 $u \in U_{S-}$;

如果 $D'_k \geq 0$ 且 $D'_k \geq D'_{k+1}$,$k \in \{1, \cdots, g'-1\}$,则有 $\varphi \in \Phi_{H-}$。

反之,如果决策者比较宽容,习惯于利用语言标度中的一些相对"高"的语言评价值来表达他的偏好,那我们可定义这时所对应的语义函数集合为正偏心序语义函数集,就语言标度 S 与 H 而言,记为 U_{S+},Φ_{H+},即:

如果 $D_k \geq 0$ 且 $D_k \leq D_{k+1}$,$k \in \{1, \cdots, g-1\}$,则有 $u \in U_{S+}$;

如果 $D'_k \geq 0$ 且 $D'_k \leq D'_{k+1}$,$k \in \{1, \cdots, g'-1\}$,则有 $\varphi \in \Phi_{H+}$。

定义 3-6 (向/离心序语义函数集)除开序特征外,如果某决策者倾向于利用语言标度中的一些中间语言项来表达他的偏好,那么其评价值将在相邻的两个位于标度中部的语言项间改变,比起在标度边沿的两语言项间改变所需要的偏好强度的变化更大。也就是说,中部的两相邻语言项之间的差别比边沿的两相邻语言项间的差别更大。具有这种特征的语义函数集被称为向心序语义函数集,就语言标度 S 与 H 而言,分别记为 U_{PS}, Φ_{PH}。即:

如果 $D_k \geq 0$ 且 $\begin{cases} D_k \geq D_{k+1}, & \text{if } k \geq \dfrac{(g+1)}{2} \\ D_k \geq D_{k-1}, & \text{else} \end{cases}$,则有 $u \in U_{PS}$;

如果 $D'_k \geq 0$ 且 $\begin{cases} D'_k \geq D'_{k+1}, & \text{if } k \geq \dfrac{(g'+1)}{2} \\ D'_k \geq D'_{k-1}, & \text{else} \end{cases}$,则有 $\varphi \in \Phi_{PH}$。

反之,如果决策者习惯于利用语言标度中的一些极端语言项来表达他的偏好,那我们可定义这时所对应的语义函数集合为离心序语义函数集,记为 U_{FS}, Φ_{FH},即:

如果 $D_k \geq 0$ 且 $\begin{cases} D_k \leq D_{k+1}, & \text{if } k \geq \dfrac{(g+1)}{2} \\ D_k \leq D_{k-1}, & \text{else} \end{cases}$,则有 $u \in U_{FS}$;

如果 $D'_k \geq 0$ 且 $\begin{cases} D'_k \leq D'_{k+1}, & \text{if } k \geq \dfrac{(g'+1)}{2} \\ D'_k \leq D'_{k-1}, & \text{else} \end{cases}$,则有 $\varphi \in \Phi_{FH}$。

例 3 – 1 当利用语言表达偏好时,有的决策者可能会喜欢使用比较温和的词,如"Fair"(一般),"Not bad"(不错);而有的人则可能会喜欢用一些极端的词,如"Perfect"(完美),"Terrible"(可怕)等。前一种决策者我们认为其具有向心序语义函数,而后一种决策者则有离心序语义函数。

如表 3 – 1 所示,四位教授($P_1 \sim P_4$)被要求通过一次 10 分制的数学测验成绩对学生的数学技巧给出一个简要的评述,这种评述从下列语言标度中挑选相应语言项获得。

表 3 – 1 根据分数给出的语言评价

	\multicolumn{11}{c}{分数}
	0	1	2	3	4	5	6	7	8	9	10
P_1	VP	P	P	P	P	F	F	F	G	G	VG
P_2	VP	P	P	P	F	F	F	G	G	G	VG

续表

	分数										
	0	1	2	3	4	5	6	7	8	9	10
P_3	VP	VP	VP	VP	P	P	P	F	G	VG	VG
P_4	VP	VP	VP	P	P	F	G	G	VG	VG	VG

$S = \{s_1: \text{VeryPoor}, s_2: \text{Poor}, s_3: \text{Fair}, s_4: \text{Good}, s_5: \text{VeryGood}\}$

由表中数据，根据定义，我们认为教授 P_1，P_2 具有向心序语义函数，而 P_3，P_4 则具有离心序语义函数，即 u_1，$u_2 \in U_{PH}$，u_3，$u_4 \in U_{FH}$。此外，可以发现如果仅知道某人的语言函数属于上述的某种类型，也无法获知其语义函数的确切形式，即利用语言变量所表示的偏好是不完全的。

多准则语义占优技术正是尝试利用决策者通过语言变量表示的部分偏好信息得出方案的部分序。

定义 3-7 （关于 U_θ 的语义占优）当语言多准则决策问题中的各方案均存在可加评价函数时，如果对于所有的 $u \in U_\theta$，$\theta \in \{S, S+, S-, PS, FS\}$ 均有 $V(a_i) \geqslant V(a_e)$，且至少有一个不等式严格成立，我们称方案 a_i 关于语义函数集 U_θ 语义占优于方案 a_e，记为 $a_i >_\theta a_e$。

如果 a_i 和 a_e 均相对于对方关于 U_θ 不占优。即，必然会存在一个语义函数 $u_x \in U_\theta$，$\theta \in \{S, S+, S-, PS, FS\}$ 使得

$$\left[(V(a_i) = \sum_{k=1}^{g} \omega_{ik} u_\tau(s_k)\right] > \left[V(a_e) = \sum_{k=1}^{g} \omega_{ek} u_\tau(s_k)\right]$$

且必然存在另一个语义函数 $u_\sigma \in U_\theta$ 使得

$$\left[V(a_i) = \sum_{k=1}^{g} \omega_{ik} u_\sigma(s_k)\right] < \left[V(a_e) = \sum_{k=1}^{g} \omega_{ek} u_\sigma(s_k)\right]$$

也就是说，并不是对任何可能的 U_θ 中的语义函数而言，a_i 或 a_e 中的某个必然会比另一个"更好"。

类似地，可以定义关于 $\Phi_{\theta'}$，$\theta' \in \{H, H+, H-, PH, FH\}$ 的语义占优，记为 $a_i >_{\theta'} a_e$，此时对于所有的 $\varphi \in \Phi_{\theta'}$，$\theta' \in \{H, H+, H-, PH, FH\}$ 均有 $C(a_i) \geqslant C(a_e)$，且至少有一个不等式严格成立。

进一步，在利用双语言决策信息的语言多准则决策问题中，给出如下定义。

定义 3-8　如果方案 a_i 既关于语义函数集 U_θ 语义占优于方案 a_e，又关于语义函数集 $\Phi_{\theta'}$ 语义占优于方案 a_e，则称方案 a_i 关于 $\langle U_\theta, \Phi_{\theta'} \rangle$ 双语义占优于方案 a_e。

说明： 类似定义 2-4 中的强占优关系，对于任意 $u \in U_\theta, \varphi \in \Phi_{\theta'}$ 时，如可以确认方案 a_i 的综合基础评价值与评价的确信水平均优于方案 a_e，则必然可以确信在这样的语义函数背景下，方案 a_i 是严格优于 a_e 的。

基于上述定义，双语言多准则语义占优规则从双语言变量表示的部分偏好信息出发得出方案的部分序。所有方案的集合被称为可行集（FS），整个可行集划分为互斥的三个集合：有效集（ES）、待定集（WS）和无效集（IS），即

$$FS = ES \cup WS \cup IS$$

定义 3-9　（关于 $\langle U_\theta, \Phi_{\theta'} \rangle$ 的无效集与准有效集）在双语言多准则决策问题中，对某方案 a_i 而言，若有任意其他的可行集中的方案关于 $\langle U_\theta, \Phi_{\theta'} \rangle$ 双语义占优于它，则该方案 a_i 归属于关于 $\langle U_\theta, \Phi_{\theta'} \rangle$ 的无效集（$IS_{\langle U_\theta, \Phi_{\theta'} \rangle}$），而无效集则为所有的此类被其他方案双语义占优的方案集合。无效集之外的其他备选方案的集合称为关于 $\langle U_\theta, \Phi_{\theta'} \rangle$ 的准有效集（$QES_{\langle U_\theta, \Phi_{\theta'} \rangle}$）。

上述定义的逻辑在于，如果某个方案 a_i 与另外的任意某个方案 a_e 相比，其综合基础评价水平更低，而且评价确定性水平也更低，那么决策者必然会认为方案 a_e 比 a_i 更优，也就是说，他绝不会选择 a_i 而至少会选择 a_e 作为一个更好的替代方案，所以，决策者会将方案 a_i 淘汰，所有这些被淘汰的方案集合便构成了无效集。

对于无效集外的某方案，根据现有的信息无法得出其必然劣于其他方案的结论，因此最优方案一定在这些无效集之外的方案中产生，故把无效集外的方案集合称为准有效集。

定义 3-10　（关于 $\langle U_\theta, \Phi_{\theta'} \rangle$ 的有效集与待定集）在双语言多准则决策问题中，对处于准有效集的某方案 a_i 而言，若有任意其他的可行集中

3 基于语义占优的双语言多准则决策方法

的方案关于 U_θ 占优于它,则该方案 a_i 归属于关于 $\langle U_\theta, \Phi_{\theta'} \rangle$ 的待定集 ($WS_{\langle U_\theta, \Phi_{\theta'} \rangle}$)。准有效集中待定集外的其余方案的集合被称为有效集 ($ES_{\langle U_\theta, \Phi_{\theta'} \rangle}$)。

相比起无效集中的方案,待定集中的方案与其区别在于,现有的信息仅能判定其基础评价信息会劣于其他的某个方案,而确信度信息却无法对这一判断提供进一步的支持,即无法明确地认定这种劣势,因此,这些方案被称为待定方案,待定方案的集合为待定集。

之所以在排除待定方案时考虑了 U_θ 之后不再考虑 $\Phi_{\theta'}$,是由于待定集中的方案一定不会被其余的任意方案所双语义占优,因为一旦如此,该方案就应当是被划入无效集而不会存在于准有效集之内。也就是说,就算待定集中的某方案 a_i 关于 U_θ 被任意方案 a_e 所占优,也必然不会关于 $\Phi_{\theta'}$ 被 a_e 所占优。

这样,排除了无效方案和待定方案的其余可行方案的集合被称为关于 $[U_\theta, \Phi_{\theta'}]$ 的有效集。由于关于 U_θ 被占优的方案要么被划归于无效集中,要么被划归于待定集,因此有效集中的方案不会关于 U_θ 被其他方案占优,即仅在综合基础评价部分就没有足够的信息来判断这些方案是否会一定劣于别的某方案,所以,对有效集的方案间,我们无法确定是否存在确切的优劣关系。

上述定义中各集合的关系如图 3-1 所示:

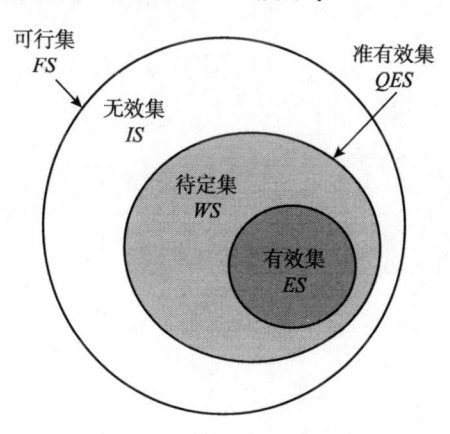

图 3-1 各集合间关系图

即有

$$FS = QES_{\langle U_\theta, \Phi_{\theta'} \rangle} \cup IS_{\langle U_\theta, \Phi_{\theta'} \rangle} = (ES_{\langle U_\theta, \Phi_{\theta'} \rangle} \cup WS_{\langle U_\theta, \Phi_{\theta'} \rangle}) \cup IS_{\langle U_\theta, \Phi_{\theta'} \rangle}$$

3.2 多准则语义占优规则

假设决策者试图比较两方案 a_i 和 a_e 的双语言评价值，两者的对应 S 累积权重函数分别为 F_i 和 F_e，H 上的累积权重函数分别为 F'_i 和 F'_e，多准则语义占优准则能告诉我们当仅知道信息 $u \in U_\theta$，$\theta \in \{S, S+, S-, PS, FS\}$，$\varphi \in \Phi_{\theta'}$，$\theta' \in \{H, H+, H-, PH, FH\}$ 时，某方案是否会比另外一个方案占优。

3.2.1 关于序语义函数集的多准则语义占优规则

定理 3-1 令 F_i 和 F_e 分别为两方案 a_i 和 a_e 在 S 上的累积权重函数，则方案 a_i 对所有的 $u \in U_S$ 而言均占优于 a_e（记作 $a_i \succ_S a_e$），当且仅当 $\forall s_k \in S$，$F_{ik} \leq F_{ek}$，且 $\exists s_k \in S$ 时上述不等式严格成立。该定理也可表示为：

$$\forall s_k \in S, F_{ik} \leq F_{ek}, \exists s_k \in S, F_{ik} < F_{ek} \Leftrightarrow$$
$$\forall u \in U_S, V(a_i) \geq V(a_e), \exists u \in U_S, V(a_i) > V(a_e)$$

证明：我们需要分别证明该定理的充分性与必要性。

(1) 充分性

1) 给出 $\forall s_k \in S$，$F_{ik} \leq F_{ek}$，我们需要证明 $\forall u \in U_S$，$V(a_i) \geq V(a_e)$。根据价值函数的定义，我们有：

$$\Delta \equiv V(a_i) - V(a_e) = \sum_{k=1}^{g} \omega_{ik} u(s_k) - \sum_{k=1}^{g} \omega_{ek} u(s_k)$$
$$= \sum_{k=1}^{g} (\omega_{ik} - \omega_{ek}) u(s_k)$$

因为

$$\sum_{k=1}^{g} \omega_{ik} u(s_k) = \sum_{k=1}^{g} (F_{ik} - F_{i(k-1)}) u(s_k)$$
$$= F_{ig} u(s_g) + F_{i(g-1)} u(s_{g-1}) + F_{i(g-2)} u(s_{g-2}) + \cdots + F_{i1} u(s_1)$$

3 基于语义占优的双语言多准则决策方法

$$-F_{i(g-1)}u(s_g) - F_{i(g-2)}u(s_{g-1}) - \cdots - F_{i1}u(s_2) - F_{i0}u(s_1)$$

$$= [F_{ig}u(s_g) - F_{i0}u(s_1)] - \sum_{k=1}^{g-1} F_{ik}[u(s_{k+1}) - u(s_k)]$$

类似地

$$\sum_{k=1}^{g} \omega_{ek}u(s_k) = [F_{eg}u(s_g) - F_{e0}u(s_1)] - \sum_{k=1}^{g-1} F_{ek}[u(s_{k+1}) - u(s_k)]$$

所以

$$\Delta = V(a_i) - V(a_e) = \sum_{k=1}^{g} \omega_{ik}u(s_k) - \sum_{k=1}^{g} \omega_{ek}u(s_k)$$

$$= [F_{ig}u(s_g) - F_{eg}u(s_g)] - [F_{i0}u(s_1) - F_{e0}u(s_1)]$$

$$- \left\{ \sum_{k=1}^{g-1} F_{ik}[u(s_{k+1}) - u(s_k)] + \sum_{k=1}^{g-1} F_{ek}[u(s_{k+1}) - u(s_k)] \right\}$$

$$= (F_{ig} - F_{eg})u(s_g) - (F_{i0} - F_{e0})u(s_1)$$

$$+ \sum_{k=1}^{g-1} (F_{ek} - F_{ik})[u(s_{k+1}) - u(s_k)]$$

上式右边的第一项和第二项必等于 0,因为

$$F_{ig} = F_{eg} = 1 \text{ 且 } F_{i0} = F_{e0} = 0$$

所以

$$\Delta = \sum_{k=1}^{g-1} (F_{ek} - F_{ik})[u(s_{k+1}) - u(s_k)] \tag{3-7}$$

根据所给出条件 $\forall s_k \in S$,$F_{ik} \leq F_{ek}$。因为 $u \in U_S$,即 $u(s_{k+1}) \geq u(s_k)$,所以我们能得出 $\Delta \geq 0$,所以

$$\forall u \in U_S, V(a_i) \geq V(a_e)$$

2) 为了确认方案 a_i 占优于 a_e,即避免所有的 $u \in U_S$ 的情况下均有 $\Delta = 0$,需要找到至少一个 $u_0 \in U_S$,使得当至少有一个 s_k 使 $F_{ik} < F_{ek}$ 时,不等式 $V(a_i) > V(a_e)$ 成立。不失一般性,假设当 $k = t$,$t \in \{1, 2, \cdots, g-1\}$(注意 $F_{ig} = F_{eg} = 1$)时有 $F_{it} < F_{et}$。考虑如下语义函数

$$u_0(s_k) = \begin{cases} t, & k \leq t \\ t+1, & k \geq t+1 \end{cases}$$

显然 $u_0 \in U_S$,此时

$$\Delta = \sum_{k=1}^{g-1} (F_{ek} - F_{ik})[u_0(s_{k+1}) - u_0(s_k)]$$

$$= (F_{et} - F_{it})[u_0(s_{t+1}) - u_0(s_t)]$$
$$= (F_{et} - F_{it}) > 0$$

也就是说，$V(a_i) > V(a_e)$，从而找到了一个这样的语义函数（但并不是唯一的一个）。

3) 所以，我们证明了如果 $\forall s_k \in S, F_{ik} \leq F_{ek}, \exists s_k \in S, F_{ik} < F_{ek}$，那么 $\forall u \in U_S, V(a_i) \geq V(a_e), \exists u \in U_S, V(a_i) > V(a_e)$，所以 $a_i >_s a_e$。

(2) 必要性

1) 需要证明

$$\forall u \in U_S, V(a_i) \geq V(a_e) \Rightarrow \forall s_k \in S, F_{ik} \leq F_{ek}$$

反证法：（思路为，假设除了对 s_t 外所有 s_k 确有 $F_{ik} \leq F_{ek}$，也就是 $F_{it} > F_{et}$，我们将发现必然会出现存在语义函数 $u_c \in U_S$ 使 $V(a_i) < V(a_e)$，这将与条件 $\forall u \in U_S, V(a_i) \geq V(a_e)$ 相违背，即假设 $F_{it} > F_{et}$ 不成立，从而在所给条件下必然对所有 s_k 均有 $F_{ik} \leq F_{ek}$。）

假设对 s_t，有 $F_{it} > F_{et}$。考虑语义函数 $u_c(s_k) = \begin{cases} t, & k \leq t \\ t+1, & k \geq t+1 \end{cases}$，会得到

$$\Delta = \sum_{k=1}^{g-1}(F_{ek} - F_{ik})[u_c(s_{k+1}) - u_c(s_k)]$$
$$= (F_{et} - F_{it})[u_c(s_{t+1}) - u_c(s_t)]$$
$$= (F_{et} - F_{it}) < 0$$

即 $V(a_i) < V(a_e)$

因此，如果违反了多准则语义占优条件（即 $F_{it} > F_{et}$），我们就找到了一个语义函数 $u_c \in U_S$ 使 $V(a_i) < V(a_e)$，或者说 a_e 在这样的语义函数条件下会比 a_i 占优。所以，如果给出 $\forall u \in U_S, V(a_i) \geq V(a_e)$，这一结论将是不被允许的，也就是说，所假设的违反语义占优的前提不应成立。从而证明了

$$\forall u \in U_S, V(a_i) \geq V(a_e) \Rightarrow \forall s_k \in S, F_{ik} \leq F_{ek}$$

2) 进一步，如果对某些语义函数 u_0 会有 $V(a_i) > V(a_e)$，即

$$\Delta = \sum_{k=1}^{g-1}(F_{ek} - F_{ik})[u_0(s_{k+1}) - u_0(s_k)] > 0$$

因为 $(F_{ek} - F_{ik})$ 和 $[u_0(s_{k+1}) - u_0(s_k)]$ 都是非负的，因此，必然存在至少一个 s_k，使不等式 $F_{ik} < F_{ek}$ 严格成立以保证上式的严格不等性。

3) 所以，我们证明了如果 $a_i >_S a_e$ 即 $\forall u \in U_S$，$V(a_i) \geq V(a_e)$，$\exists u \in U_S$，$V(a_i) > V(a_e)$，那么 $\forall s_k \in S$，$F_{ik} \leq F_{ek}$，$\exists s_k \in S$，$F_{ik} < F_{ek}$，证毕。

解释说明：实际上，我们在上述的语义占优中只对决策者的偏好作出了最弱的假设，因为我们仅假定决策者更加偏好评价值更高的方案。条件 $\forall s_k \in S$，$F_{ik} \leq F_{ek}$ 能改写为：

$$\forall s_k \in S,\ 1 - F_{ik} \geq 1 - F_{ek}$$

因为 $F_{ik} = \sum_{l=1}^{k} \omega_{il}$，所以 $1 - F_{ik} = 1 - \sum_{l=1}^{k} \omega_{il}$ 表示所有评价值高于 s_k 的准则权重之和。所以，如果 $a_i >_S a_e$，那么语义占优的规则表明对方案 a_i 于任何 s_k 而言，评价值超过 s_k 的准则的权重之和必然会至少不低于方案 a_e。而无论语义函数的具体形式如何，决策者当然期望这样的权重之和越大越好，这解释了为什么 a_i 占优于 a_e。

同理，可得以下定理。

定理 3-2 令 F'_i 和 F'_e 分别为两方案 a_i 和 a_e 在 H 上的累积权重函数，则方案 a_i 对所有的 $\varphi \in \Phi_H$ 而言均占优于 a_e（记作 $a_i >_H a_e$），当且仅当 $\forall h_k \in H$，$F'_{ik} \leq F'_{ek}$，且 $\exists h_k \in H$ 上述不等式严格成立。也可表示为：

$$\forall h_k \in H,\ F'_{ik} \leq F'_{ek},\ \exists h_k \in H,\ F'_{ik} < F'_{ek} \Leftrightarrow$$
$$\forall \varphi \in \Phi_H,\ C(a_i) \geq C(a_e),\ \exists \varphi \in \Phi_H,\ C(a_i) > C(a_e)$$

3.2.2 关于负偏心语义函数集的多准则语义占优规则

定理 3-3 令 F_i 和 F_e 分别为两方案 a_i 和 a_e 在 S 上的累积权重函数，则对所有 $u \in U_{S-}$，a_i 语义占优于 a_e（记为 $a_i >_{S-} a_e$）当且仅当 $\forall s_k \in S$，$\sum_{l=1}^{k} F_{il} \leq \sum_{l=1}^{k} F_{el}$ ($k = 1, 2, \cdots, g$)，同时上述不等式中至少有一个不等号严格成立。也可表示为

$$\forall s_k \in S, \sum_{l=1}^{k} F_{il} \leq \sum_{l=1}^{k} F_{el}, k \in \{1, \cdots, g\},\ \exists s_k \in S,\ \text{不等号严格成立}$$
$$\Leftrightarrow \forall u \in U_{S-},\ V(a_i) \geq V(a_e),\ \exists u \in U_{S-},\ V(a_i) > V(a_e)$$

证明：（1）充分性

1）利用公式（3-7），有

$$\Delta = \sum_{k=1}^{g-1}(F_{ek} - F_{ik})[u(s_{k+1}) - u(s_k)]$$

$$= \sum_{k=1}^{g-1} F_{ek}[u(s_{k+1}) - u(s_k)] - \sum_{k=1}^{g-1} F_{ik}[u(s_{k+1}) - u(s_k)]$$

因为 $F_{ik} = \begin{cases} \sum_{l=t}^{k} F_{il} - \sum_{l=t}^{k-1} F_{il}, t \leq k-1 \\ \sum_{l=t}^{k} F_{il}, t = k \end{cases}$ 如果定义 $\sum_{l=k}^{k-1} F_{il} = 0$（因为该求和中没有任何被求和项），那么上述等式被表示为通式 $F_{ik} = \sum_{l=t}^{k} F_{il} - \sum_{l=t}^{k-1} F_{il}, t \leq k$，

而 $D_k = [u(s_{k+1}) - u(s_k)]$，那么

$$\sum_{k=1}^{g-1} F_{ik}[u(s_{k+1}) - u(s_k)] = \sum_{k=1}^{g-1} F_{ik} D_k = \sum_{k=1}^{g-1}\left(\sum_{l=1}^{k} F_{il} - \sum_{l=1}^{k-1} F_{il}\right) D_k$$

$$= D_{g-1}\sum_{l=1}^{g-1} F_{il} + D_{g-2}\sum_{l=1}^{g-2} F_{il} + D_{g-3}\sum_{l=1}^{g-3} F_{il} + \cdots + D_1 \sum_{l=1}^{1} F_{il}$$

$$- D_{g-1}\sum_{l=1}^{g-2} F_{il} - D_{g-2}\sum_{l=1}^{g-3} F_{il} - \cdots - D_2 \sum_{l=1}^{1} F_{il} - D_1 \sum_{l=1}^{0} F_{il}$$

$$= D_{g-1}\sum_{l=1}^{g-1} F_{il} - \sum_{k=1}^{g-2}\left[(D_{k+1} - D_k)\sum_{l=1}^{k} F_{il}\right] - D_1 \sum_{l=1}^{0} F_{il}$$

$$= D_{g-1}\sum_{l=1}^{g-1} F_{il} - \sum_{k=1}^{g-2}\left[(D_{k+1} - D_k)\sum_{l=1}^{k} F_{il}\right]$$

类似地，我们也可拆分 $\sum_{k=1}^{g-1} F_{ek}[u(s_{k+1}) - u(s_k)]$。于是可得，

$$\Delta = \sum_{k=1}^{g-1}(F_{ek} - F_{ik})[u(s_{k+1}) - u(s_k)]$$

$$= D_{g-1}\sum_{l=1}^{g-1}(F_{el} - F_{il}) - \sum_{k=1}^{g-2}\left[(D_{k+1} - D_k)\sum_{l=1}^{k}(F_{el} - F_{il})\right] \quad (3-8)$$

3 基于语义占优的双语言多准则决策方法

根据定理的假设 $\forall s_k \in S, \sum_{l=1}^{k} F_{il} \leq \sum_{l=1}^{k} F_{el}, k \in \{1,\cdots,g\}$，又因为 $u \in U_{S-}$，即 $D_k \geq 0$ 且 $D_k \geq D_{k+1}$，所以能够得出式（3-8）中的每一项均为非负，即 $\Delta \geq 0$，所以

$$\forall u \in U_{S-}, \quad V(a_i) \geq V(a_e)$$

2）为了保证 a_i 严格占优于 a_e，需要找到至少一个 $u_0 \in U_{S-}$ 当对至少一个 s_k 而言 $\sum_{l=1}^{k} F_{il} < \sum_{l=1}^{k} F_{el}$（如 $k=t, t \in \{1, \cdots, g\}$ 时），使得 $V(a_i) > V(a_e)$。为了找到这一语义函数，考虑

$$u_0(s_k) = \begin{cases} t+1, & k > t \\ k, & k \leq t \end{cases}$$

明显的，$u_0 \in U_{S-}$，此时 $D_{t+1}=0$ 且 $D_t=1$，而

$$\Delta = -(D_{t+1}-D_t)\sum_{l=1}^{t}(F_{el}-F_{il}) + R = \sum_{l=1}^{t}(F_{el}-F_{il}) + R$$

此处 R 是式（3-8）变形后所余的其他非负项。由于 $\sum_{l=1}^{t} F_{il} < \sum_{l=1}^{t} F_{el}$，所以 $\Delta > 0$。

也就是说，当定理条件中所给出的严格不等式成立时，我们能找到这样一个语义函数，使 $V(a_i) > V(a_e)$.

3）由上两步，充分性得证。

（2）必要性

1）需要证明

$$\forall u \in U_{S-}, V(a_i) \geq V(a_e) \Rightarrow \forall s_k \in S, \sum_{l=1}^{k} F_{il} \leq \sum_{l=1}^{k} F_{el}, k \in \{1,\cdots,g\}$$

假设对于语言项 s_t 上述条件不成立。那么，如果 $t \in \{1, \cdots, g-1\}$，考虑下列语义函数

$$u_c(s_k) = \begin{cases} 1, & k > t \\ 0, & k \leq t \end{cases}$$

对于该函数，$D_k = u(s_{k+1}) - u(s_k) = \begin{cases} 1, & \text{if } k=t \\ 0, & \text{else} \end{cases}$

则有

$$\Delta = \sum_{k=1}^{g-1}(F_{ek}-F_{ik})[u(s_{k+1})-u(s_k)]$$

$$= D_{g-1}\sum_{l=1}^{g-1}(F_{el}-F_{il}) - \sum_{k=1}^{g-2}[(D_{k+1}-D_k)\sum_{l=1}^{k}(F_{el}-F_{il})]$$

$$= 0 - [(D_2-D_1)\sum_{l=1}^{1}(F_{el}-F_{il}) + \cdots +$$

$$(D_{t+1}-D_t)\sum_{l=1}^{t}(F_{el}-F_{il}) + \cdots + (D_{g-1}-D_{g-2})\sum_{l=1}^{g-2}(F_{el}-F_{il})]$$

$$= \sum_{l=1}^{t}(F_{el}-F_{il}) < 0$$

所以，如果违反了上述多准则语义占优的条件，我们必然能找到语义函数 $u_e \in U_{S-}$ 使 $V(a_i) < V(a_e)$。所以，假定 $\forall u \in U_{S-}$，$V(a_i) \geq V(a_e)$，那么必然不能出现与上述语义占优条件的违反，即原命题必然成立。

2) 此外，如果存在函数 u_0 使 $V(a_i) > V(a_e)$，即

$$\Delta = \sum_{k=1}^{g-1}(F_{ek}-F_{ik})[u(s_{k+1})-u(s_k)]$$

$$= D_{g-1}\sum_{l=1}^{g-1}(F_{el}-F_{il}) - \sum_{k=1}^{g-2}[(D_{k+1}-D_k)\sum_{l=1}^{k}(F_{el}-F_{il})]$$

$$> 0$$

为了确保这些非负项之和大于 0，则需要保证至少有一个以上的 h_k 使得当 $k \in \{1, \cdots, g-1\}$ 时 $\sum_{l=1}^{k}F_{il} < \sum_{l=1}^{k}F_{el}$。

3) 所以，必要性得证。

证毕。

定理 3-4 F_i' 和 F_e' 分别为两方案 a_i 和 a_e 在 H 上的累积权重函数，则对所有 $\varphi \in \Phi_{H-}$，a_i 语义占优于 a_e（记为 $a_i >_{H-} a_e$）当且仅当 $\forall h_k \in H$，$\sum_{l=1}^{k}F_{il}' \leq \sum_{l=1}^{k}F_{el}'$ ($k=1, \cdots, g'$)，同时上述不等式中至少有一个不等号严格成立。也可表示为

$$\forall h_k \in H, \sum_{l=1}^{k}F_{il}' \leq \sum_{l=1}^{k}F_{el}', k \in \{1,\cdots,g'\}, \exists h_k \in H, 不等号严格成立$$
$$\Leftrightarrow \forall \varphi \in \Phi_{H-}, C(a_i) \geq C(a_e), \exists \varphi \in \Phi_{H-}, C(a_i) > C(a_e)$$

具体证明同定理 3-3。

3.2.3 关于正偏心语义函数集的多准则语义占优规则

定理 3-5 令 F_i 和 F_e 分别为两方案 a_i 和 a_e 在 S 上的累积权重函数,则对所有 $u \in U_{S+}$,方案 a_i 语义占优于 a_e(记为 $a_i \succ_{S+} a_e$)当且仅当 $\forall s_k \in S, \sum_{l=k}^{g-1} F_{il} \leqslant \sum_{l=k}^{g-1} F_{el}, k \in \{1, \cdots, g\}$,同时上述不等式中至少有一个不等号严格成立。也可表示为:

$$\forall s_k \in S, \sum_{l=k}^{g-1} F_{il} \leqslant \sum_{l=k}^{g-1} F_{el}, k \in \{1, \cdots, g\} \; \exists s_k \in S, \text{不等号严格成立}$$
$$\Leftrightarrow \forall u \in U_{S+}, V(a_i) \geqslant V(a_e), \exists u \in U_{S+}, V(a_i) > V(a_e)$$

证明:(1)充分性

1)利用公式(3-7),有

$$\Delta = \sum_{k=1}^{g-1} (F_{ek} - F_{ik})[u(s_{k+1}) - u(s_k)]$$
$$= D_1 \sum_{l=1}^{g-1} (F_{el} - F_{il}) + \sum_{k=1}^{g-2} \left[(D_{k+1} - D_k) \sum_{l=k+1}^{g-1} (F_{el} - F_{il})\right]$$

同样定义 $\sum_{l=k}^{k-1} F_{il} = 0$(因为该求和中没有任何被求和项),那么 $F_{ik} = \sum_{l=t}^{k} F_{il} - \sum_{l=t}^{k-1} F_{il}, t \leqslant k$,而 $D_k = [u(h_{k+1}) - u(h_k)]$,则

$$\sum_{k=1}^{g-1} F_{ik}[u(s_{k+1}) - u(s_k)] = \sum_{k=1}^{g-1} F_{ik} D_k = \sum_{k=1}^{g-1} \left(\sum_{l=0}^{k} F_{il} - \sum_{l=0}^{k-1} F_{il}\right) D_k$$

$$= D_{g-1} \sum_{l=0}^{g-1} F_{il} + D_{g-2} \sum_{l=0}^{g-2} F_{il} + D_{g-3} \sum_{l=0}^{g-3} F_{il} + \cdots + D_1 \sum_{l=0}^{1} F_{il}$$

$$- D_{g-1} \sum_{l=0}^{g-2} F_{il} - D_{g-2} \sum_{l=0}^{g-3} F_{il} - \cdots - D_2 \sum_{l=0}^{1} F_{il} - D_1 \sum_{l=0}^{0} F_{il}$$

$$= D_{g-1} \sum_{l=0}^{g-1} F_{il} - \sum_{k=1}^{g-2} \left[(D_{k+1} - D_k) \sum_{l=0}^{k} F_{il}\right] - D_1 \sum_{l=0}^{0} F_{il}$$

$$= D_{g-1} \sum_{l=0}^{g-1} F_{il} - \sum_{k=1}^{g-2} \left[(D_{k+1} - D_k) \sum_{l=0}^{k} F_{il}\right]$$

上式右边第二项

$$-\sum_{k=1}^{g-2}\left[(D_{k+1}-D_k)\sum_{l=0}^{k}F_{il}\right]=-\sum_{k=1}^{g-2}\left[(D_{k+1}-D_k)\left(\sum_{l=0}^{g-2}F_{il}-\sum_{l=k+1}^{g-2}F_{il}\right)\right]$$

$$=-\sum_{k=1}^{g-2}\left[(D_{k+1}-D_k)\sum_{l=0}^{g-2}F_{il}\right]+\sum_{k=1}^{g-2}\left[(D_{k+1}-D_k)\sum_{l=k+1}^{g-2}F_{il}\right]$$

$$=-\left(\sum_{l=0}^{g-2}F_{il}\right)\sum_{k=1}^{g-2}(D_{k+1}-D_k)+\sum_{k=1}^{g-2}\left[(D_{k+1}-D_k)\sum_{l=k+1}^{g-2}F_{il}\right]$$

$$=-\left(\sum_{l=0}^{g-2}F_{il}\right)(D_{g-1}-D_1)+\sum_{k=1}^{g-2}\left[(D_{k+1}-D_k)\sum_{l=k+1}^{g-2}F_{il}\right]$$

$$=-\left(D_{g-1}\sum_{l=0}^{g-2}F_{il}-D_1\sum_{l=0}^{g-2}F_{il}\right)+\sum_{k=1}^{g-2}\left[(D_{k+1}-D_k)\sum_{l=k+1}^{g-2}F_{il}\right]$$

所以

$$\sum_{k=1}^{g-1}F_{ik}[u(s_{k+1})-u(s_k)]$$

$$=D_{g-1}\sum_{l=0}^{g-2}F_{il}-\sum_{k=1}^{g-2}\left[(D_{k+1}-D_k)\sum_{l=0}^{k}F_{il}\right]$$

$$=D_{g-1}\sum_{l=0}^{g-2}F_{il}-\left(D_{g-1}\sum_{l=0}^{g-2}F_{il}-D_1\sum_{l=0}^{g-2}F_{il}\right)+\sum_{k=1}^{g-2}\left[(D_{k+1}-D_k)\sum_{l=k+1}^{g-2}F_{il}\right]$$

$$=D_{g-1}\left(\sum_{l=0}^{g-1}F_{il}-\sum_{l=0}^{g-2}F_{il}\right)+D_1\sum_{l=0}^{g-2}F_{il}+\sum_{k=1}^{g-2}\left[(D_{k+1}-D_k)\sum_{l=k+1}^{g-2}F_{il}\right]$$

$$=D_{g-1}F_{i(g-1)}+D_1\sum_{l=0}^{g-2}F_{il}+\sum_{k=1}^{g-2}\left[(D_{k+1}-D_k)\sum_{l=k+1}^{g-2}F_{il}\right]$$

$$=D_{g-1}F_{i(g-1)}+D_1\left(\sum_{l=0}^{g-1}F_{il}-F_{i(g-1)}\right)+\sum_{k=1}^{g-2}\left[(D_{k+1}-D_k)\left(\sum_{l=k+1}^{g-1}F_{il}-F_{i(g-1)}\right)\right]$$

$$=(D_{g-1}-D_1)F_{i(g-1)}+D_1\sum_{l=0}^{g-1}F_{il}+\sum_{k=1}^{g-2}\left[(D_{k+1}-D_k)\sum_{l=k+1}^{g-1}F_{il}\right]$$

$$\quad -F_{i(g-1)}\sum_{k=1}^{g-2}(D_{k+1}-D_k)$$

$$=\left[D_{g-1}-D_1-\sum_{k=1}^{g-2}(D_{k+1}-D_k)\right]F_{i(g-1)}+D_1\sum_{l=0}^{g-1}F_{il}$$

$$+ \sum_{k=1}^{g-2} [(D_{k+1} - D_k) \sum_{l=k+1}^{g-1} F_{il}]$$

$$= [D_{g-1} - D_1 - (D_{g-1} - D_1)] F_{i(g-1)} + D_1 \sum_{l=0}^{g-1} F_{il}$$

$$+ \sum_{k=1}^{g-2} [(D_{k+1} - D_k) \sum_{l=k+1}^{g-1} F_{il}]$$

$$= D_1 \sum_{l=0}^{g-1} F_{il} + \sum_{k=1}^{g-2} [(D_{k+1} - D_k) \sum_{l=k+1}^{g-1} F_{il}]$$

类似地,我们也可拆分 $\sum_{k=1}^{g-1} F_{ek}[u(s_{k+1}) - u(s_k)]$。

所以,

$$\Delta = \sum_{k=1}^{g-1} (F_{ek} - F_{ik})[u(s_{k+1}) - u(s_k)]$$

$$= D_1 \sum_{l=0}^{g-1} (F_{el} - F_{il}) + \sum_{k=1}^{g-2} [(D_{k+1} - D_k) \sum_{l=k+1}^{g-1} (F_{el} - F_{il})] \qquad (3-9)$$

根据定理的假设,$\forall s_k \in S, \sum_{l=k}^{g-1} F_{il} \leq \sum_{l=k}^{g-1} F_{el}, k \in \{1, \cdots, g-1\}$,又因为 $u \in U_{S+}$,即 $D_k \geq 0$ 且 $D_k \leq D_{k+1}$,所以能够得出式(3-9)中的每一项均为非负的,即有 $\Delta \geq 0$,所以

$$\forall u \in U_{S+}, \quad V(a_i) \geq V(a_s)$$

2)为了保证 a_i 严格占优于 a_e,需要找到至少一个 $u_0 \in U_{S+}$ 当对至少一个 s_k 而言 $\sum_{l=k}^{g-1} F_{il} > \sum_{l=k}^{g-1} F_{el} (k=t, t \in \{1, \cdots, g-1\}$ 时),使得 $V(a_i) > V(a_e)$。为了找到这一语义函数,如果 $t \in \{1, \cdots, g-1\}$ 考虑函数

$$u_0(s_k) = \begin{cases} k, k \geq t-1 \\ t-1, k < t-1 \end{cases}$$

此时 $u_0 \in U_{S+}$,$D_{t-1} = 0$,$D_t = 1$,

$$\Delta = (D_t - D_{t-1}) \sum_{l=t}^{g-1} (F_{el} - F_{il}) + R = \sum_{l=t}^{g-1} (F_{el} - F_{il}) + R > 0$$

同样,此处 R 是式(3-9)变形后所剩余的其余非负项。也就是说,当定理条件中所给出的严格不等式成立时,我们能找到这样一个语义函

数,使 $V(a_i) > V(a_e)$。

3) 由上两步,充分性得证。

(2) 必要性

1) 需要证明

$$\forall u \in U_{S+}, V(a_i) \geqslant V(a_e) \Rightarrow \forall s_k \in S, \sum_{l=k}^{g-1} F_{il} \leqslant \sum_{l=k}^{g-1} F_{el}, k \in \{1,\cdots,g-1\}$$

假设对于语言项 s_t 上述条件不成立。那么,如果 $t \in \{1,\cdots,g-1\}$,考虑函数

$$u_c(s_k) = \begin{cases} 1, & k \geqslant t \\ 0, & k < t \end{cases}$$

此函数 $D_k = u(s_{k+1}) - u(s_k) = \begin{cases} 1, & \text{if } k = t-1 \\ 0, & \text{else} \end{cases}$,即仅有 $D_{t-1} = 1$

则有

$$\Delta = \sum_{k=1}^{g-1}(F_{ek} - F_{ik})[u(s_{k+1}) - u(s_k)]$$

$$= D_1 \sum_{l=0}^{g-1}(F_{el} - F_{il}) + \sum_{k=1}^{g-2}[(D_{k+1} - D_k)\sum_{l=k+1}^{g-1}(F_{el} - F_{il})]$$

$$= 0 + [(D_2 - D_1)\sum_{l=2}^{g-1}(F_{el} - F_{il}) + \cdots + (D_{t-1} - D_{t-2})\sum_{l=t-1}^{g-1}(F_{el} - F_{il})$$

$$+ \cdots + (D_{g-1} - D_{g-2})\sum_{l=g-1}^{g-1}(F_{el} - F_{il})]$$

$$= \sum_{l=t-1}^{g-1}(F_{el} - F_{il}) < 0$$

所以,如果违反了上述多准则语义占优的条件,我们必然能找到语义函数 $u_c \in U_{S+}$ 使 $V(a_i) < V(a_e)$。所以,假定 $\forall u \in U_{S+}, V(a_i) \geqslant V(a_e)$,那么必然不能出现与上述语义占优条件的违反,即原命题必然成立。

2) 此外,如果存在函数 u_0 使 $V(a_i) > V(a_e)$,即

$$\Delta = \sum_{k=1}^{g-1}(F_{ek} - F_{ik})[u(s_{k+1}) - u(s_k)]$$

$$= D_1 \sum_{l=0}^{g-1}(F_{el} - F_{il}) + \sum_{k=1}^{g-2}[(D_{k+1} - D_k)\sum_{l=k+1}^{g-1}(F_{el} - F_{il})]$$

$$> 0$$

为了确保这些非负项之和大于 0，则需要保证至少有一个以上的 s_k 使得当 $k \in \{1,\cdots,g-1\}$ 时 $\sum_{l=k}^{g-1} F_{il} < \sum_{l=k}^{g-1} F_{el}$ [注意 $\sum_{l=1}^{g-1} F_{il} < \sum_{l=1}^{g-1} F_{el}$ 即 $\sum_{l=0}^{g-1} F_{il} < \sum_{l=0}^{g-1} F_{el}$]。

3) 所以，必要性得证。证毕。

同理可得以下定理。

定理 3-6 令 F'_i 和 F'_e 分别为两方案 a_i 和 a_e 在 H 上的累积权重函数，则对所有 $\varphi \in \Phi_{H+}$，a_i 语义占优于 a_e（记为 $a_i \succ_{H+} a_e$），当且仅当 $\forall h_k \in H$，$\sum_{l=k}^{g'-1} F'_{il} \leqslant \sum_{l=k}^{g'-1} F'_{el}$，$k \in \{1, \cdots, g'\}$，同时上述不等式中至少有一个不等号严格成立。

也可表示为：

$$\forall h_k \in H, \sum_{l=k}^{g'-1} F'_{il} \leqslant \sum_{l=k}^{g'-1} F'_{el}, k \in \{1,\cdots,g'\} \; \exists h_k \in H, \text{不等号严格成立}$$
$$\Leftrightarrow \forall \varphi \in \Phi_{H+},\; C(a_i) \geqslant C(a_e),\; \exists \varphi \in \Phi_{H+},\; C(a_i) > C(a_e)$$

3.2.4 关于向心语义函数集的多准则语义占优规则

定理 3-7 令 F_i 和 F_e 分别为两方案 a_i 和 a_e 在 S 上的累积权重函数，则对所有 $u \in U_{PS}$，a_i 语义占优于 a_e（记为 $a_i \succ_{PS} a_e$）当且仅当 $\forall s_k \in S$，$\sum_{l=(g+1)/2}^{k} F_{il} \leqslant \sum_{l=(g+1)/2}^{k} F_{el}\left(k \geqslant \dfrac{(g+1)}{2}\right)$，且 $\sum_{l=k}^{(g-1)/2} F_{il} \leqslant \sum_{l=k}^{(g-1)/2} F_{el}\left(k \leqslant \dfrac{(g-1)}{2}\right)$，同时上述不等式中至少有一个不等号严格成立。

也可表示为

$$\forall s_k \in S, \begin{cases} \sum\limits_{l=(g+1)/2}^{k} F_{il} \leqslant \sum\limits_{l=(g+1)/2}^{k} F_{el}, k \geqslant \dfrac{(g+1)}{2} \\ \sum\limits_{l=k}^{(g-1)/2} F_{il} \leqslant \sum\limits_{l=k}^{(g-1)/2} F_{el}, k \leqslant \dfrac{(g-1)}{2} \end{cases}, \exists s_k \in S, \text{不等号严格成立}$$

$$\Leftrightarrow \forall u \in U_{PS},\; V(a_i) \geqslant V(a_e),\; \exists u \in U_{PS},\; V(a_i) > V(a_e)$$

证明：(1) 充分性

1) 利用公式 (3-7)，有

$$\Delta = \sum_{k=1}^{g-1} (F_{ek} - F_{ik})[u(s_{k+1}) - u(s_k)]$$

$$= \sum_{k=1}^{g-1} F_{ek}[u(s_{k+1}) - u(s_k)] - \sum_{k=1}^{g-1} F_{ik}[u(s_{k+1}) - u(s_k)]$$

其中

$$\sum_{k=1}^{g-1} F_{ik}[u(s_{k+1}) - u(s_k)] = \sum_{k=1}^{(g-1)/2} F_{ik}[u(s_{k+1}) - u(s_k)]$$

$$+ \sum_{k=(g+1)/2}^{g-1} F_{ik}[u(s_{k+1}) - u(s_k)]$$

同样定义 $\sum_{l=k}^{k-1} F_{il} = 0$（因为该求和中没有任何被求和项），那么 $F_{ik} = \sum_{l=t}^{k} F_{il} - \sum_{l=t}^{k-1} F_{il}, t \leq k$，而 $D_k = [u(h_{k+1}) - u(h_k)]$，则

$$\sum_{k=(g+1)/2}^{g-1} F_{ik}[u(s_{k+1}) - u(s_k)] = \sum_{k=(g+1)/2}^{g-1} F_{ik} D_k$$

$$= \sum_{k=(g+1)/2}^{g-1} \left(\sum_{l=(g+1)/2}^{k} F_{il} - \sum_{l=(g+1)/2}^{k-1} F_{il} \right) D_k$$

$$= D_{g-1} \sum_{l=(g-1)/2}^{g-1} F_{il} + D_{g-2} \sum_{l=(g-1)/2}^{g-2} F_{il} + D_{g-3} \sum_{l=(g-1)/2}^{g-3} F_{il} + \cdots + D_{(g+1)/2} \sum_{l=(g+1)/2}^{(g+1)/2} F_{il}$$

$$- D_{g-1} \sum_{l=(g+1)/2}^{g-2} F_{il} - D_{g-2} \sum_{l=(g+1)/2}^{g-3} F_{il} - \cdots - D_{(g+3)/2} \sum_{l=(g+1)/2}^{(g+1)/2} F_{il}$$

$$- D_{(g+1)/2} \sum_{l=(g+1)/2}^{(g-1)/2} F_{il}$$

$$= D_{g-1} \sum_{l=(g+1)/2}^{g-1} F_{il} - \sum_{k=(g+1)/2}^{g-2} \left[(D_{k+1} - D_k) \sum_{l=(g+1)/2}^{k} F_{il} \right] - D_{(g+1)/2} \sum_{l=(g+1)/2}^{(g-1)/2} F_{il}$$

$$= D_{g-1} \sum_{l=(g+1)/2}^{g-1} F_{il} - \sum_{k=(g+1)/2}^{g-2} \left[(D_{k+1} - D_k) \sum_{l=(g+1)/2}^{k} F_{il} \right]$$

且

$$\sum_{k=1}^{(g-1)/2} F_{ik}[u(s_{k+1}) - u(s_k)] = \sum_{k=1}^{(g-1)/2} F_{ik} D_k = \sum_{k=1}^{(g-1)/2} \left(\sum_{l=0}^{k} F_{il} - \sum_{l=0}^{k-1} F_{il} \right) D_k$$

$$= D_{(g-1)/2} \sum_{l=0}^{(g-1)/2} F_{il} + D_{(g-3)/2} \sum_{l=0}^{(g-3)/2} F_{il} + D_{(g-5)/2} \sum_{l=0}^{(g-5)/2} F_{il} + \cdots + D_1 \sum_{l=0}^{1} F_{il}$$

$$- D_{(g-1)/2} \sum_{l=0}^{(g-3)/2} F_{il} - D_{(g-3)/2} \sum_{l=0}^{(g-5)/2} F_{il} - \cdots - D_2 \sum_{l=0}^{1} F_{il} - D_1 \sum_{l=0}^{0} F_{il}$$

$$= D_{(g-1)/2} \sum_{l=0}^{(g-1)/2} F_{il} - \sum_{k=1}^{(g-3)/2} [(D_{k+1} - D_k) \sum_{l=0}^{k} F_{il}] - D_1 \sum_{l=0}^{0} F_{il}$$

$$= D_{(g-1)/2} \sum_{l=0}^{(g-1)/2} F_{il} - \sum_{k=1}^{(g-3)/2} [(D_{k+1} - D_k) \sum_{l=0}^{k} F_{il}]$$

上式右边第二项

$$-\sum_{k=1}^{(g-3)/2} [(D_{k+1} - D_k) \sum_{l=0}^{k} F_{il}] = -\sum_{k=1}^{(g-3)/2} [(D_{k+1} - D_k)(\sum_{l=0}^{(g-3)/2} F_{il} - \sum_{l=k+1}^{(g-3)/2} F_{il})]$$

$$= -\sum_{k=1}^{(g-3)/2} [(D_{k+1} - D_k) \sum_{l=0}^{(g-3)/2} F_{il}] + \sum_{k=1}^{(g-3)/2} [(D_{k+1} - D_k) \sum_{l=k+1}^{(g-3)/2} F_{il}]$$

$$= -(\sum_{l=0}^{(g-3)/2} F_{il}) \sum_{k=1}^{(g-3)/2} (D_{k+1} - D_k) + \sum_{k=1}^{(g-3)/2} [(D_{k+1} - D_k) \sum_{l=k+1}^{(g-3)/2} F_{il}]$$

$$= -(\sum_{l=0}^{(g-3)/2} F_{il})(D_{(g-1)/2} - D_1) + \sum_{k=1}^{(g-3)/2} [(D_{k+1} - D_k) \sum_{l=k+1}^{(g-3)/2} F_{il}]$$

$$= -(D_{(g-1)/2} \sum_{l=0}^{(g-3)/2} F_{il} - D_1 \sum_{l=0}^{(g-3)/2} F_{il}) + \sum_{k=1}^{(g-3)/2} [(D_{k+1} - D_k) \sum_{l=k+1}^{(g-3)/2} F_{il}]$$

所以

$$\sum_{k=1}^{(g-1)/2} F_{ik} [u(s_{k+1}) - u(s_k)]$$

$$= D_{(g-1)/2} \sum_{l=0}^{(g-1)/2} F_{il} - \sum_{k=1}^{(g-3)/2} [(D_{k+1} - D_k) \sum_{l=0}^{k} F_{il}]$$

$$= D_{(g-1)/2} \sum_{l=0}^{(g-1)/2} F_{il} - (D_{(g-1)/2} \sum_{l=0}^{(g-3)/2} F_{il} - D_1 \sum_{l=0}^{(g-3)/2} F_{il})$$

$$+ \sum_{k=1}^{(g-3)/2} [(D_{k+1} - D_k) \sum_{l=k+1}^{(g-3)/2} F_{il}]$$

$$= D_{(g-1)/2} (\sum_{l=0}^{(g-1)/2} F_{il} - \sum_{l=0}^{(g-3)/2} F_{il}) + D_1 \sum_{l=0}^{(g-3)/2} F_{il} + \sum_{k=1}^{(g-3)/2} [(D_{k+1} - D_k) \sum_{l=k+1}^{(g-3)/2} F_{il}]$$

$$= D_{(g-1)/2} F_{i(g-1)/2} + D_1 \sum_{l=0}^{(g-3)/2} F_{il} + \sum_{k=1}^{(g-3)/2} [(D_{k+1} - D_k) \sum_{l=k+1}^{(g-3)/2} F_{il}]$$

$$= D_{(g-1)/2} F_{i(g-1)/2} + D_1 (\sum_{l=0}^{(g-1)/2} F_{il} - F_{i(g-1)/2})$$

$$+ \sum_{k=1}^{(g-3)/2} [(D_{k+1} - D_k)(\sum_{l=k+1}^{(g-1)/2} F_{il} - F_{i(g-1)/2})]$$

$$= (D_{(g-1)/2} - D_1) F_{i(g-1)/2} + D_1 \sum_{l=0}^{(g-1)/2} F_{il} + \sum_{k=1}^{(g-3)/2} [(D_{k+1} - D_k) \sum_{l=k+1}^{(g-1)/2} F_{il}]$$

$$- F_{i(g-1)/2} \sum_{k=1}^{(g-3)/2} (D_{k+1} - D_k)$$

$$= [D_{(g-1)/2} - D_1 - \sum_{k=1}^{(g-3)/2} (D_{k+1} - D_k)] F_{i(g-1)/2} + D_1 \sum_{l=0}^{(g-1)/2} F_{il}$$

$$+ \sum_{k=1}^{(g-3)/2} [(D_{k+1} - D_k) \sum_{l=k+1}^{(g-1)/2} F_{il}]$$

$$= [D_{(g-1)/2} - D_1 - (D_{(g-1)/2} - D_1)] F_{i(g-1)/2} + D_1 \sum_{l=0}^{(g-1)/2} F_{il}$$

$$+ \sum_{k=1}^{(g-3)/2} [(D_{k+1} - D_k) \sum_{l=k+1}^{(g-1)/2} F_{il}]$$

$$= D_1 \sum_{l=0}^{(g-1)/2} F_{il} + \sum_{k=1}^{(g-3)/2} [(D_{k+1} - D_k) \sum_{l=k+1}^{(g-1)/2} F_{il}]$$

从而有

$$\sum_{k=1}^{g-1} F_{ik} [u(s_{k+1}) - u(s_k)]$$

$$= \sum_{k=1}^{(g-1)/2} F_{ik} [u(s_{k+1}) - u(s_k)] + \sum_{k=(g+1)/2}^{g-1} F_{ik} [u(s_{k+1}) - u(s_k)]$$

$$= D_1 \sum_{l=0}^{(g-1)/2} F_{il} + \sum_{k=1}^{(g-3)/2} [(D_{k+1} - D_k) \sum_{l=k+1}^{(g-1)/2} F_{il}] + D_{g-1} \sum_{l=(g+1)/2}^{g-1} F_{il}$$

$$- \sum_{k=(g+1)/2}^{g-2} [(D_{k+1} - D_k) \sum_{l=(g+1)/2}^{k} F_{il}]$$

类似的，我们也可拆分 $\sum_{k=1}^{g-1} F_{ek}(u(s_{k+1}) - u(s_k))$，于是可得，

$$\Delta = \sum_{k=1}^{g-1} (F_{ek} - F_{ik})(u(s_{k+1}) - u(s_k))$$

$$= D_1 \sum_{l=0}^{(g-1)/2} (F_{el} - F_{il}) + \sum_{k=1}^{(g-3)/2} [(D_{k+1} - D_k) \sum_{l=k+1}^{(g-1)/2} (F_{el} - F_{il})]$$

$$+ D_{g-1} \sum_{l=(g+1)/2}^{g-1} (F_{el} - F_{il}) - \sum_{k=(g+1)/2}^{g-2} \left[(D_{k+1} - D_k) \sum_{l=(g+1)/2}^{k} (F_{el} - F_{il}) \right]$$
$$(3-10)$$

根据定理的假设，$\forall s_k \in S$，$\begin{cases} \sum_{l=(g+1)/2}^{k} F_{il} \leq \sum_{l=(g+1)/2}^{k} F_{el}, k \geq (g+1)/2 \\ \sum_{l=k}^{(g-1)/2} F_{il} \leq \sum_{l=k}^{(g-1)/2} F_{el}, k \leq (g-1)/2 \end{cases}$ 又

因为 $u \in U_{PS}$，即 $D_k \geq 0$ 且 $\begin{cases} D_k \geq D_{k+1}, & \text{if } k \geq (g+1)/2 \\ D_k \geq D_{k-1}, & \text{else} \end{cases}$，所以能够得出 (3-10) 中的每一项均为非负的，即有 $\Delta \geq 0$，所以

$$\forall u \in U_{PS}, V(a_i) \geq V(a_e)$$

2) 为了保证 a_i 严格占优于 a_e，需要找到至少一个 $u_0 \in U_{PS}$ 当对至少一个 s_k 而言，$\sum_{l=(g+1)/2}^{k} F_{il} < \sum_{l=(g+1)/2}^{k} F_{el}$ ($k=t$, $t \in \{(g+1)/2, \cdots, g-1\}$ 时) 或 $\sum_{l=k}^{(g-1)/2} F_{il} > \sum_{l=k}^{(g-1)/2} F_{el}$ ($k=t$, $t \in \{1, \cdots, (g-1)/2\}$ 时)，使得 $V(a_i) > V(a_e)$。为了找到这一语义函数，如果 $t \in \{(g+1)/2, \cdots, g-1\}$ 考虑 $u_0(s_k) = \begin{cases} t+1, & k > t \\ k, & k \leq t \end{cases}$，明显的，$u_0 \in U_{PS}$，此时 $D_{t+1} = 0$，$D_t = 1$，而

$$\Delta = -(D_{t+1} - D_t) \sum_{l=(g+1)/2}^{t} (F_{el} - F_{il}) + R = \sum_{l=(g+1)/2}^{t} (F_{el} - F_{il}) + R$$

R 是式 (3-10) 变形后所余其他非负项，由于 $\sum_{l=(g+1)/2}^{k} F_{il} < \sum_{l=(g+1)/2}^{k} F_{el}$，所以，$\Delta > 0$。

如果 $t \in \{1, \cdots, (g-1)/2\}$，考虑函数 $u_0(s_k) = \begin{cases} k, & k \geq t-1 \\ t-1, & k < t-1 \end{cases}$，此时 $u_0 \in U_{PH}$，$D_{t-1} = 0$，$D_t = 1$，

$$\Delta = (D_t - D_{t-1}) \sum_{l=t}^{(g-1)/2} (F_{el} - F_{il}) + R = \sum_{l=t}^{(g-1)/2} (F_{el} - F_{il}) + R > 0$$

也就是说，当定理条件中所给出的严格不等式成立时，我们能找到这样一个语义函数，使 $V(a_i) > V(a_e)$。

3) 由上两步，充分性得证。

（2）必要性

1) 需要证明

$$\forall u \in U_{PS}, V(a_i) \geq V(a_e) \Rightarrow \forall h_k \in H, \begin{cases} \sum_{l=(g+1)/2}^{k} F_{il} \leq \sum_{l=(g+1)/2}^{k} F_{el}, k \geq (g+1)/2 \\ \sum_{l=k}^{(g-1)/2} F_{il} \leq \sum_{l=k}^{(g-1)/2} F_{el}, k \leq (g-1)/2 \end{cases}$$

假设对于语言项 s_t 上述条件不成立。那么，如果 $t \in \{(g+1)/2, \cdots, g-1\}$，考虑语义函数 $u_c(s_k) = \begin{cases} 1, & k > t \\ 0, & k \leq t \end{cases}$

则有

$$\Delta = \sum_{k=1}^{g-1}(F_{ek} - F_{ik})[u(s_{k+1}) - u(s_k)] = \sum_{l=(g+1)/2}^{t}(F_{el} - F_{il}) < 0$$

如果 $t \in \{1, \cdots, (g-1)/2\}$，考虑函数 $u_c(s_k) = \begin{cases} 1, & k \geq t-1 \\ 0, & k < t-1 \end{cases}$

则有

$$\Delta = \sum_{k=1}^{g-1}(F_{ek} - F_{ik})[u(s_{k+1}) - u(s_k)] = \sum_{l=t}^{(g-1)/2}(F_{el} - F_{il}) < 0$$

所以，如果违反了上述多准则语义占优的条件，我们必然能找到语义函数 $u_c \in U_{PS}$ 使 $V(a_i) < V(a_e)$。所以，假定 $\forall u \in U_{PS}$，$V(a_i) \geq V(a_e)$，那么必然不能出现与上述语义占优条件的违反，即原命题必然成立。

2) 此外，如果存在函数 u_0 使 $V(a_i) > V(a_e)$，即

$$\Delta = \sum_{k=1}^{g-1}(F_{ek} - F_{ik})[u(s_{k+1}) - u(s_k)]$$

$$= D_1 \sum_{l=0}^{(g-1)/2}(F_{el} - F_{il}) + \sum_{k=1}^{(g-3)/2}[(D_{k+1} - D_k)\sum_{l=k+1}^{(g-1)/2}(F_{el} - F_{il})]$$

$$+ D_{g-1} \sum_{l=(g+1)/2}^{g-1}(F_{el} - F_{il}) - \sum_{k=(g+1)/2}^{g-2}[(D_{k+1} - D_k)\sum_{l=(g+1)/2}^{k}(F_{el} - F_{il})]$$

$$> 0$$

为了确保这些非负项之和大于 0，则需要保证至少有一个以上的 s_k 使得当 $t \in (\{(g+1)/2, \cdots, g-1\}$ 时 $\sum_{l=(g+1)/2}^{k} F_{il} < \sum_{l=(g+1)/2}^{k} F_{el}$ 或当 $k \in \{1, \cdots, (g-1)/2\}$ 时 $\sum_{l=k}^{(g-1)/2} F_{il} > \sum_{l=k}^{(g-1)/2} F_{el}$ [注意 $\sum_{l=1}^{(g-1)/2} F_{il} > \sum_{l=1}^{(g-1)/2} F_{el}$ 即 $\sum_{l=0}^{(g-1)/2} F_{il} > \sum_{l=0}^{(g-1)/2} F_{el}$]。

3) 所以，必要性得证。

证毕。

定理 3-8 令 F'_i 和 F'_e 分别为两方案 a_i 和 a_e 在 H 上的累积权重函数，则对所有 $\varphi \in \Phi_{PH}$，a_i 语义占优于 a_e（记为 $a_i \succ_{PH} a_e$），当且仅当 $\forall h_k \in H$，$\sum_{l=(g'+1)/2}^{k} F'_{il} \leq \sum_{l=(g'+1)/2}^{k} F'_{el}$，$(k \geq (g'+1)/2)$，且 $\sum_{l=k}^{(g'-1)/2} F'_{il} \leq \sum_{l=k}^{(g'-1)/2} F'_{el}$，$(k \leq (g'-1)/2)$，同时上述不等式中至少有一个不等号严格成立。

也可表示为

$$\forall h_k \in H, \begin{cases} \sum_{l=(g'+1)/2}^{k} F'_{il} \leq \sum_{l=(g'+1)/2}^{k} F'_{el}, k \geq (g'+1)/2 \\ \sum_{l=k}^{(g'-1)/2} F'_{il} \leq \sum_{l=k}^{(g'-1)/2} F'_{el}, k \leq (g'-1)/2 \end{cases}, \exists h_k \in H, 不等号严格成立。$$

$$\Leftrightarrow \forall \varphi \in \Phi_{PH}, C(a_i) \geq C(a_e), \exists \varphi \in \Phi_{PH}, C(a_i) > C(a_e)$$

3.2.5 关于离心语义函数的多准则语义占优规则

定理 3-9 令 F_i 和 F_e 分别为两方案 a_i 和 a_e 在 S 上的累积权重函数，则对所有 $u \in U_{FS}$，a_i 语义占优于 a_e（记为 $a_i \succ_{FS} a_e$）当且仅当 $\forall s_k \in S$，$\sum_{l=k}^{g-1} F_{il} \leq \sum_{l=k}^{g-1} F_{el}$，$(k \geq (g+1)/2)$，且 $\sum_{l=1}^{k} F_{il} \leq \sum_{l=1}^{k} F_{el}$，$(k \leq (g-1)/2)$，同时上述不等式中至少有一个不等号严格成立。也可表示为：

$$\forall s_k \in S, \begin{cases} \sum_{l=k}^{g-1} F_{il} \leq \sum_{l=k}^{g-1} F_{el}, k \geq (g+1)/2 \\ \sum_{l=1}^{k} F_{il} \leq \sum_{l=1}^{k} F_{el}, k \leq (g-1)/2 \end{cases}, \exists s_k \in S 不等号严格成立$$

$$\Leftrightarrow \forall u \in U_{FS}, V(a_i) \geqslant V(a_e), \exists u \in U_{FS}, V(a_i) > V(a_e)$$

证明: (1) 充分性

1) 利用式 (3-7), 有

$$\Delta = \sum_{k=1}^{g-1}(F_{ek} - F_{ik})[u(s_{k+1}) - u(s_k)]$$

$$= \sum_{k=1}^{g-1} F_{ek}[u(s_{k+1}) - u(s_k)] - \sum_{k=1}^{g-1} F_{ik}[u(s_{k+1}) - u(s_k)]$$

其中

$$\sum_{k=1}^{g-1} F_{ik}[u(s_{k+1}) - u(s_k)]$$

$$= \sum_{k=1}^{(g-1)/2} F_{ik}[u(s_{k+1}) - u(s_k)] + \sum_{k=(g+1)/2}^{g-1} F_{ik}[u(s_{k+1}) - u(s_k)]$$

定义 $\sum_{l=k}^{k-1} F_{il} = 0$ (因为无被求和项), 那么 $F_{ik} = \sum_{l=t}^{k} F_{il} - \sum_{l=t}^{k-1} F_{il}, t \leqslant k$,

而 $D_k = [u(s_{k+1}) - u(s_k)]$, 那么

$$\sum_{k=1}^{(g-1)/2} F_{ik}[u(s_{k+1}) - u(s_k)] = \sum_{k=1}^{(g-1)/2} F_{ik} D_k = \sum_{k=1}^{(g-1)/2}\left(\sum_{l=0}^{k} F_{il} - \sum_{l=0}^{k-1} F_{il}\right) D_k$$

$$= D_{(g-1)/2} \sum_{l=0}^{(g-1)/2} F_{il} + D_{(g-3)/2} \sum_{l=0}^{(g-3)/2} F_{il} + D_{(g-5)/2} \sum_{l=0}^{(g-5)/2} F_{il} + \cdots + D_1 \sum_{l=0}^{1} F_{il}$$

$$- D_{(g-1)/2} \sum_{l=0}^{(g-3)/2} F_{il} - D_{(g-3)/2} \sum_{l=0}^{(g-5)/2} F_{il} - \cdots - D_2 \sum_{l=0}^{1} F_{il} - D_1 \sum_{l=0}^{0} F_{il}$$

$$= D_{(g-1)/2} \sum_{l=0}^{(g-1)/2} F_{il} - \sum_{k=1}^{(g-3)/2}\left[(D_{k+1} - D_k) \sum_{l=0}^{k} F_{il}\right] - D_1 \sum_{l=0}^{0} F_{il}$$

$$= D_{(g-1)/2} \sum_{l=0}^{(g-1)/2} F_{il} - \sum_{k=1}^{(g-3)/2}\left[(D_{k+1} - D_k) \sum_{l=0}^{k} F_{il}\right]$$

且

3 基于语义占优的双语言多准则决策方法

$$\sum_{k=(g+1)/2}^{g-1} F_{ik}[u(s_{k+1}) - u(s_k)] = \sum_{k=(g+1)/2}^{g-1} F_{ik} D_k$$

$$= \sum_{k=(g+1)/2}^{g-1} \Big(\sum_{l=(g+1)/2}^{k} F_{il} - \sum_{l=(g+1)/2}^{k-1} F_{il} \Big) D_k$$

$$= D_{g-1} \sum_{l=(g-1)/2}^{g-1} F_{il} + D_{g-2} \sum_{l=(g-1)/2}^{g-2} F_{il} + D_{g-3} \sum_{l=(g-1)/2}^{g-3} F_{il} + \cdots + D_{(g+1)/2} \sum_{l=(g+1)/2}^{(g+1)/2} F_{il}$$

$$- D_{g-1} \sum_{l=(g+1)/2}^{g-2} F_{il} - D_{g-2} \sum_{l=(g+1)/2}^{g-3} F_{il} - \cdots - D_{(g+3)/2} \sum_{l=(g+1)/2}^{(g+1)/2} F_{il}$$

$$- D_{(g+1)/2} \sum_{l=(g+1)/2}^{(g-1)/2} F_{il}$$

$$= D_{g-1} \sum_{l=(g+1)/2}^{g-1} F_{il} - \sum_{k=(g+1)/2}^{g-2} \Big[(D_{k+1} - D_k) \sum_{l=(g+1)/2}^{k} F_{il} \Big] - D_{(g+1)/2} \sum_{l=(g+1)/2}^{(g-1)/2} F_{il}$$

$$= D_{g-1} \sum_{l=(g+1)/2}^{g-1} F_{il} - \sum_{k=(g+1)/2}^{g-2} \Big[(D_{k+1} - D_k) \sum_{l=(g+1)/2}^{k} F_{il} \Big]$$

上式右边第二项

$$- \sum_{k=(g+1)/2}^{g-2} \Big[(D_{k+1} - D_k) \sum_{l=(g+1)/2}^{k} F_{il} \Big]$$

$$= - \sum_{k=(g+1)/2}^{g-2} \Big[(D_{k+1} - D_k) \Big(\sum_{l=(g+1)/2}^{g-2} F_{il} - \sum_{l=k+1}^{g-2} F_{il} \Big) \Big]$$

$$= - \sum_{k=(g+1)/2}^{g-2} \Big[(D_{k+1} - D_k) \sum_{l=(g+1)/2}^{g-2} F_{il} \Big] + \sum_{k=(g+1)/2}^{g-2} \Big[(D_{k+1} - D_k) \sum_{l=k+1}^{g-2} F_{il} \Big]$$

$$= - \Big(\sum_{l=(g+1)/2}^{g-2} F_{il} \Big) \sum_{k=(g+1)/2}^{g-2} (D_{k+1} - D_k) + \sum_{k=(g+1)/2}^{g-2} \Big[(D_{k+1} - D_k) \sum_{l=k+1}^{g-2} F_{il} \Big]$$

$$= - \Big(\sum_{l=(g+1)/2}^{g-2} F_{il} \Big)(D_{g-1} - D_{(g+1)/2}) + \sum_{k=(g+1)/2}^{g-2} \Big[(D_{k+1} - D_k) \sum_{l=k+1}^{g-2} F_{il} \Big]$$

$$= - \Big(D_{g-1} \sum_{l=(g+1)/2}^{g-2} F_{il} - D_{(g+1)/2} \sum_{l=(g+1)/2}^{g-2} F_{il} \Big) + \sum_{k=(g+1)/2}^{g-2} \Big[(D_{k+1} - D_k) \sum_{l=k+1}^{g-2} F_{il} \Big]$$

所以

$$\sum_{k=(g+1)/2}^{g-1} F_{ik}[u(s_{k+1}) - u(s_k)]$$

$$= D_{g-1} \sum_{l=(g+1)/2}^{g-1} F_{il} - \sum_{k=(g+1)/2}^{g-2} \Big[(D_{k+1} - D_k) \sum_{l=(g+1)/2}^{k} F_{il} \Big]$$

$$= D_{g-1} \sum_{l=(g+1)/2}^{g-1} F_{il} - (D_{g-1} \sum_{l=(g+1)/2}^{g-2} F_{il} - D_{(g+1)/2} \sum_{l=(g+1)/2}^{g-2} F_{il})$$

$$+ \sum_{k=(g+1)/2}^{g-2} [(D_{k+1} - D_k) \sum_{l=k+1}^{g-2} F_{il}]$$

$$= D_{g-1} \Big(\sum_{l=(g+1)/2}^{g-1} F_{il} - \sum_{l=(g+1)/2}^{g-2} F_{il} \Big) + D_{(g+1)/2} \sum_{l=(g+1)/2}^{g-2} F_{il}$$

$$+ \sum_{k=(g+1)/2}^{g-2} [(D_{k+1} - D_k) \sum_{l=k+1}^{g-2} F_{il}]$$

$$= D_{g-1} F_{i(g-1)} + D_{(g+1)/2} \sum_{l=(g+1)/2}^{g-2} F_{il} + \sum_{k=(g+1)/2}^{g-2} [(D_{k+1} - D_k) \sum_{l=k+1}^{g-2} F_{il}]$$

$$= D_{g-1} F_{i(g-1)} + D_{(g+1)/2} \Big(\sum_{l=(g+1)/2}^{g-1} F_{il} - F_{i(g-1)} \Big)$$

$$+ \sum_{k=(g+1)/2}^{g-2} [(D_{k+1} - D_k)(\sum_{l=k+1}^{g-1} F_{il} - F_{i(g-1)})]$$

$$= (D_{g-1} - D_{(g+1)/2}) F_{i(g-1)} + D_{(g+1)/2} \sum_{l=(g+1)/2}^{g-1} F_{il}$$

$$+ \sum_{k=(g+1)/2}^{g-2} [(D_{k+1} - D_k) \sum_{l=k+1}^{g-1} F_{il}] - F_{i(g-1)} \sum_{k=(g+1)/2}^{g-2} (D_{k+1} - D_k)$$

$$= [D_{g-1} - D_{(g+1)/2} - \sum_{k=(g+1)/2}^{g-2} (D_{k+1} - D_k)] F_{i(g-1)} + D_{(g+1)/2} \sum_{l=(g+1)/2}^{g-1} F_{il}$$

$$+ \sum_{k=(g+1)/2}^{g-2} [(D_{k+1} - D_k) \sum_{l=k+1}^{g-1} F_{il}]$$

$$= [D_{g-1} - D_{(g+1)/2} - (D_{g-1} - D_{(g+1)/2})] F_{i(g-1)} + D_{(g+1)/2} \sum_{l=(g+1)/2}^{g-1} F_{il}$$

$$+ \sum_{k=(g+1)/2}^{g-2} [(D_{k+1} - D_k) \sum_{l=k+1}^{g-1} F_{il}]$$

$$= D_{(g+1)/2} \sum_{l=(g+1)/2}^{g-1} F_{il} + \sum_{k=(g+1)/2}^{g-2} [(D_{k+1} - D_k) \sum_{l=k+1}^{g-1} F_{il}]$$

从而有

$$\sum_{k=1}^{g-1} F_{ik}[u(s_{k+1}) - u(s_k)]$$

$$= \sum_{k=1}^{(g-1)/2} F_{ik}[u(s_{k+1}) - u(s_k)] + \sum_{k=(g+1)/2}^{g-1} F_{ik}[u(s_{k+1}) - u(s_k)]$$

$$= D_{(g-1)/2} \sum_{l=0}^{(g-1)/2} F_{il} - \sum_{k=1}^{(g-3)/2}\left[(D_{k+1} - D_k)\sum_{l=0}^{k} F_{il}\right] + D_{(g+1)/2}\sum_{l=(g+1)/2}^{g-1} F_{il}$$

$$+ \sum_{k=(g+1)/2}^{g-2}\left[(D_{k+1} - D_k)\sum_{l=k+1}^{g-1} F_{il}\right]$$

类似地,我们也可拆分 $\sum_{k=1}^{g-1} F_{ek}[u(s_{k+1}) - u(s_k)]$,所以

$$\Delta = \sum_{k=1}^{g-1}(F_{ek} - F_{ik})[u(s_{k+1}) - u(s_k)]$$

$$= D_{(g-1)/2} \sum_{l=0}^{(g-1)/2}(F_{el} - F_{il}) - \sum_{k=1}^{(g-3)/2}\left[(D_{k+1} - D_k)\sum_{l=0}^{k}(F_{el} - F_{il})\right]$$

$$+ D_{(g+1)/2} \sum_{l=(g+1)/2}^{g-1}(F_{el} - F_{il}) + \sum_{k=(g+1)/2}^{g-2}\left[(D_{k+1} - D_k)\sum_{l=k+1}^{g-1}(F_{el} - F_{il})\right]$$

$$(3-11)$$

根据定理的假设,$\forall s_k \in S$,$\begin{cases} \sum_{l=k}^{g-1} F_{il} \leq \sum_{l=k}^{g-1} F_{el}, k \geq (g+1)/2 \\ \sum_{l=0}^{k} F_{il} \leq \sum_{l=0}^{k} F_{el}, k \leq (g-1)/2 \end{cases}$,又因为

$u \in U_{FS}$,即 $D_k \geq 0$ 且 $\begin{cases} D_k \leq D_{k+1}, & \text{if } k \geq (g+1)/2 \\ D_k \leq D_{k-1}, & \text{else} \end{cases}$,所以能够得出

式(3-11)中的每一项均为非负的,即有 $\Delta \geq 0$,所以

$$\forall u \in U_{FS}, \quad V(a_i) \geq V(a_e)$$

2) 为了保证 a_i 严格占优于 a_e,需要找到至少一个 $u_0 \in U_{FS}$ 当对至少一个 s_k 而言 $\sum_{l=k}^{g-1} F_{il} < \sum_{l=k}^{g-1} F_{el}$ ($k=t$, $t \in (\{(g+1)/2, \cdots, g-1\}$ 时)或 $\sum_{l=0}^{k} F_{il} > \sum_{l=0}^{k} F_{el}$ ($k=t$, $t \in \{1, \cdots, (g-1)/2\}$ 时),使得 $V(a_i) > V(a_e)$。

为了找到这一语义函数，如果 $t \in \{(g+1)/2, \cdots, g-1\}$ 考虑 $u_0(s_k)$
$= \begin{cases} k, k > t \\ t, k \leq t \end{cases}$

明显地，$u_0 \in U_{FS}$，此时 $D_{t-1} = 0$，$D_t = 1$，而

$$\Delta = (D_t - D_{t-1}) \sum_{l=t}^{g-1} (F_{el} - F_{il}) + R = \sum_{l=t}^{g-1} (F_{el} - F_{il}) + R$$

R 是式（3-11）变形后所余的其他非负项。由于此时 $\sum_{l=t}^{g-1} F_{il} < \sum_{l=t}^{g-1} F_{el}$，所以，$\Delta > 0$。

如果 $t \in \{1, \cdots, (g-1)/2\}$，考虑函数 $u_0(s_k) = \begin{cases} t+1, k > t \\ k, k \leq t \end{cases}$，此时 $u_0 \in U_{FH}$，$D_{t+1} = 0$，$D_t = 1$，所以

$$\Delta = -(D_{t+1} - D_t) \sum_{l=0}^{t} (F_{el} - F_{il}) + R = \sum_{l=0}^{t} (F_{el} - F_{il}) + R > 0$$

也就是说，当定理条件中所给出的严格不等式成立时，我们能找到这样一个语义函数，使 $V(a_i) > V(a_e)$.

3) 由上两步，充分性得证。

(2) 必要性

1) 需要证明

$$\forall u \in U_{FS}, V(a_i) \geq V(a_e) \Rightarrow \forall s_k \in S, \begin{cases} \sum_{l=k}^{g-1} F_{il} \leq \sum_{l=k}^{g-1} F_{el}, k \geq (g+1)/2 \\ \sum_{l=1}^{k} F_{il} \leq \sum_{l=1}^{k} F_{el}, k \leq (g-1)/2 \end{cases},$$

假设对于语言项 s_t 上述条件不成立。那么，如果 $t \in (\{(g+1)/2, \cdots, g-1\}$，考虑语义函数 $u_c(s_k) = \begin{cases} k, k > t \\ t, k \leq t \end{cases}$ 则有 $D_{t-1} = u(s_t) - u(s_{t-1}) = 0$，$D_t = u(s_{t+1}) - u(s_t) = 1$

$$\Delta = \sum_{k=1}^{g-1}(F_{ek}-F_{ik})[u(s_{k+1})-u(s_k)]$$

$$= D_{(g-1)/2}\sum_{l=0}^{(g-1)/2}(F_{el}-F_{il}) - \sum_{k=1}^{(g-3)/2}\left[(D_{k+1}-D_k)\sum_{l=0}^{k}(F_{el}-F_{il})\right]$$

$$+ D_{(g+1)/2}\sum_{l=(g+1)/2}^{g-1}(F_{el}-F_{il}) + \sum_{k=(g+1)/2}^{g-2}\left[(D_{k+1}-D_k)\sum_{l=k+1}^{g-1}(F_{el}-F_{il})\right]$$

$$= (D_t - D_{t-1})\sum_{l=t}^{g-1}(F_{el}-F_{il})$$

$$= \sum_{l=t}^{g-1}(F_{el}-F_{il}) < 0$$

如果 $t \in \{1, \cdots, (g-1)/2\}$，考虑函数 $u_c(s_k) = \begin{cases} t+1, & k>t \\ k, & k \leq t \end{cases}$，

则有 $D_{t+1}=0$，$D_t=1$，从而

$$\Delta = \sum_{k=1}^{g-1}(F_{ek}-F_{ik})[u(s_{k+1})-u(s_k)]$$

$$= D_{(g-1)/2}\sum_{l=0}^{(g-1)/2}(F_{el}-F_{il}) - \sum_{k=1}^{(g-3)/2}\left[(D_{k+1}-D_k)\sum_{l=0}^{k}(F_{el}-F_{il})\right]$$

$$+ D_{(g+1)/2}\sum_{l=(g+1)/2}^{g-1}(F_{el}-F_{il}) + \sum_{k=(g+1)/2}^{g-2}\left[(D_{k+1}-D_k)\sum_{l=k+1}^{g-1}(F_{el}-F_{il})\right]$$

$$= -(D_{t+1}-D_t)\sum_{l=0}^{t}(F_{el}-F_{il}) = -(D_{t+1}-D_t)\sum_{l=1}^{t}(F_{el}-F_{il})$$

$$= \sum_{l=1}^{t}(F_{el}-F_{il}) < 0$$

所以，如果违反了上述多准则语义占优的条件，我们必然能找到语义函数 $u_c \in U_{FS}$ 使 $V(a_i) < V(a_e)$。所以，假定 $\forall u \in U_{FS}$，$V(a_i) \geqslant V(a_e)$，那么必然不能出现与上述语义占优条件的违反，即原命题必然成立。

2) 此外，如果存在函数 u_0 使 $V(a_i) > V(a_e)$，即

$$\Delta = \sum_{k=1}^{g-1}(F_{ek}-F_{ik})[u(s_{k+1})-u(s_k)]$$

$$= D_{(g-1)/2}\sum_{l=0}^{(g-1)/2}(F_{el}-F_{il}) - \sum_{k=1}^{(g-3)/2}\left[(D_{k+1}-D_k)\sum_{l=0}^{k}(F_{el}-F_{il})\right]$$

$$+ D_{(g+1)/2} \sum_{l=(g+1)/2}^{g-1} (F_{el} - F_{il}) + \sum_{k=(g+1)/2}^{g-2} \left[(D_{k+1} - D_k) \sum_{l=k+1}^{g-1} (F_{el} - F_{il}) \right]$$

$$> 0$$

为了确保这些非负项之和大于 0，则需要保证至少有一个以上的 s_k 使得当 $t \in \{(g+1)/2, \cdots, g-1\}$ 时，$\sum_{l=k}^{g-1} F_{il} < \sum_{l=k}^{g-1} F_{el}$ 或当 $k \in \{1, \cdots, (g-1)/2\}$ 时 $\sum_{l=1}^{k} F_{il} > \sum_{l=1}^{k} F_{el}$（注意 $\sum_{l=1}^{k} F_{il} > \sum_{l=1}^{k} F_{el}$ 即 $\sum_{l=0}^{k} F_{il} > \sum_{l=0}^{k} F_{el}$）。

3) 所以，必要性得证。证毕。同理可证

定理 3-10 令 F'_i 和 F'_e 分别为两方案 a_i 和 a_e 在 H 上的累积权重函数，则对所有 $\varphi \in \Phi_{FH}$，a_i 语义占优于 a_e（记为 $a_i >_{FH} a_e$），当且仅当 $\forall h_k \in H$，$\sum_{l=k}^{g'-1} F'_{il} \leq \sum_{l=k}^{g'-1} F'_{el}$，$(k \geq (g'+1)/2)$，且 $\sum_{l=1}^{k} F'_{il} \leq \sum_{l=1}^{k} F'_{el}$，$(k \leq (g'-1)/2)$，同时上述不等式中至少有一个不等号严格成立。也可表示为：

$$\forall h_k \in H, \begin{cases} \sum_{l=k}^{g'-1} F'_{il} \leq \sum_{l=k}^{g'-1} F'_{el}, k \geq (g'+1)/2 \\ \sum_{l=1}^{k} F'_{il} \leq \sum_{l=1}^{k} F'_{el}, k \leq (g'-1)/2 \end{cases}, \exists h_k \in H, \text{不等号严格}$$

成立

$$\Leftrightarrow \forall \varphi \in \Phi_{FH}, C(a_i) \geq C(a_e), \exists \varphi \in \Phi_{FH}, C(a_i) > C(a_e)$$

3.3 多准则语义占优关系的性质

性质 3-1 对 $\langle U_\theta, \Phi_{\theta'} \rangle$，任意两个方案 a_i 及 a_e，可能会出现以下九种情况：

(1) $a_i >_\theta a_e$ 且无 $a_e >_\theta a_i$，

1) $a_i >_{\theta'} a_e$，且无 $a_e >_{\theta'} a_i$，（a_e 必然归入无效集）

2) $a_e >_{\theta'} a_i$，且无 $a_i >_{\theta'} a_e$，（如再无其他方案双语义占优 a_e，a_e 归入待选集）

3) 无 $a_e >_{\theta'} a_i$，也无 $a_i >_{\theta'} a_e$（如再无其他方案双语义占优 a_e，a_e 归

入待选集)

(2) $a_e >_\theta a_i$ 且无 $a_i >_\theta a_e$,

1) $a_i >_{\theta'} a_e$,且无 $a_e >_{\theta'} a_i$,(如再无其他方案双语义占优 a_i,a_i 归入待选集)

2) $a_e >_\theta a_i$,且无 $a_i >_{\theta'} a_e$,(a_i 必然归入无效集)

3) 无 $a_e >_\theta a_i$,也无 $a_i >_{\theta'} a_e$(如再无其他方案双语义占优 a_i,a_i 归入待选集)

(3) 无 $a_i >_\theta a_e$ 也无 $a_e >_\theta a_i$.

1) $a_i >_{\theta'} a_e$,且无 $a_e >_{\theta'} a_i$,

2) $a_e >_\theta a_i$,且无 $a_i >_{\theta'} a_e$,

3) 无 $a_e >_\theta a_i$,也无 $a_i >_{\theta'} a_e$

其中 $\theta \in \{S, S+, S-, PS, FS\}$,$\theta' \in \{H, H+, H-, PH, FH\}$。

性质 3-2 对 $\langle U_\theta, \Phi_{\theta'} \rangle$,多准则语义占优关系具有:

(非自反性) $\forall a_i \in A$,$a_i \not>_\theta a_i$,$a_i \not>_{\theta'} a_i$;

(不对称性) $\forall a_1, a_2 \in A$,$a_1 >_\theta a_2 \Rightarrow a_2 \not>_\theta a_1$,$a_1 >_{\theta'} a_2 \Rightarrow a_2 \not>_{\theta'} a_1$,;

(传递性) $\forall a_1, a_2, a_3 \in A$,$a_1 >_\theta a_2$,$a_2 >_\theta a_3 \Rightarrow a_1 >_\theta a_3$,$a_1 >_{\theta'} a_2$,$a_2 >_{\theta'} a_3 \Rightarrow a_1 >_{\theta'} a_3$

证明:非自反性和不对称性能被方便地利用定理 3-1 到定理 3-10 得出,我们在此仅证明多准则语义占优关系的传递性

就 S 而言,考虑关于 U_S 的多准则语义占优,假设任意三个方案 a_1,a_2,$a_3 \in A$,有 $a_1 >_S a_2$,$a_2 >_S a_3$,因为

$$a_1 >_S a_2 \Leftrightarrow \forall s_k \in S, F_{1k} \leq F_{2k}, \exists s_k \in S, F_{1k} < F_{2k}$$
$$a_2 >_S a_3 \Leftrightarrow \forall s_k \in S, F_{2k} \leq F_{3k}, \exists s_k \in S, F_{2k} < F_{3k}$$

所以

$$\forall s_k \in S, F_{1k} \leq F_{2k} \leq F_{3k}, \exists s_k \in S, F_{1k} < F_{2k} \leq F_{3k}$$

即必然有

$$\forall s_k \in S, F_{1k} \leq F_{3k}, \exists s_k \in S, F_{1k} < F_{3k}$$

根据定理 3-1,则有 $a_1 >_S a_3$。

类似地,能够证明关于 U_{S-},U_{S+} 和 U_{PS},U_{FS} 的情况下,性质也成立。

关于 H 而言的上述性质可类似得证。

性质 3-3 $\forall a_1, a_2 \in A$,

(1) $a_1 \succ_S a_2 \Rightarrow a_1 \succ_{S-} a_2$, $a_1 \succ_{S+} a_2$, $a_1 \succ_{FS} a_2$, $a_1 \succ_{PS} a_2$

(2) $a_1 \succ_H a_2 \Rightarrow a_1 \succ_{H-} a_2$, $a_1 \succ_{H+} a_2$, $a_1 \succ_{FH} a_2$, $a_1 \succ_{PH} a_2$

证明：（1）因为 $a_1 \succ_S a_2 \Rightarrow \forall s_k \in S, F_{1k} \le F_{2k}, \exists s_k = s_t \in S, F_{1k} < F_{2k}$

1）那么，对任意 $0 \le y \le g$，均有

$$\sum_{k=0}^{y} F_{1k} \le \sum_{k=0}^{y} F_{2k}, \sum_{k=y}^{g} F_{1k} \le \sum_{k=y}^{g} F_{2k}$$

且

$$\sum_{k=0}^{t} F_{1k} < \sum_{k=0}^{t} F_{2k}, \sum_{k=t}^{g} F_{1k} < \sum_{k=t}^{g} F_{2k}$$

所以

$$\forall s_k \in S, \sum_{l=0}^{k} F_{1l} \le \sum_{l=0}^{k} F_{2l}, \exists s_k = s_t \in S \text{ 不等号严格成立}$$

且

$$\forall s_k \in S, \sum_{l=k}^{g} F_{1l} \le \sum_{l=k}^{g} F_{2l}, \exists s_k = s_t \in S \text{ 不等号严格成立}$$

也即 $a_1 \succ_{S-} a_2$ 且 $a_1 \succ_{S+} a_2$。

2）同样，对于任意一对 $0 \le x \le y \le g$，均有

$$\sum_{k=x}^{y} F_{1k} \le \sum_{k=x}^{y} F_{2k}$$

且

$$\sum_{k=x}^{t} F_{1k} < \sum_{k=x}^{t} F_{2k}, \sum_{k=t}^{y} F_{1k} < \sum_{k=t}^{y} F_{2k}$$

所以

$$\forall s_k \in S, \begin{cases} \sum_{l=(g+1)/2}^{k} F_{1l} \le \sum_{l=(g+1)/2}^{k} F_{2l}, k \ge (g+1)/2 \\ \sum_{l=k}^{(g-1)/2} F_{1l} \le \sum_{l=k}^{(g-1)/2} F_{2l}, k \le (g-1)/2 \end{cases}, \exists s_k = s_t \in S, \text{ 不等}$$

式严格成立，

且

$$\forall s_k \in S, \begin{cases} \sum_{l=k}^{g-1} F_{1l} \leq \sum_{l=k}^{g-1} F_{2l}, k \geq (g+1)/2 \\ \sum_{l=1}^{k} F_{1l} \leq \sum_{l=1}^{k} F_{2l}, k \leq (g-1)/2 \end{cases}, \exists s_k = s_t \in S, 不等式严格$$

成立。

即 $a_1 >_{FS} a_2$, $a_1 >_{PS} a_2$

(2) 对于语言标度 H，类似可证。

证明完毕。

推论：根据上述性质，必然可得出

1) 无效集

$$IS_{\langle U_S, \Phi_H \rangle} \subseteq IS_{\langle U_{S-}, \Phi_{H-} \rangle}, \quad IS_{\langle U_S, \Phi_H \rangle} \subseteq IS_{\langle U_{S+}, \Phi_{H+} \rangle},$$

$$IS_{\langle U_S, \Phi_H \rangle} \subseteq IS_{\langle U_{PS}, \Phi_{PH} \rangle}, \quad IS_{\langle U_S, \Phi_H \rangle} \subseteq IS_{\langle U_{FS}, \Phi_{FH} \rangle};$$

2) 准有效集

$$QES_{\langle U_{S-}, \Phi_{H-} \rangle} \subseteq QES_{\langle U_S, \Phi_H \rangle}, \quad QES_{\langle U_{S+}, \Phi_{H+} \rangle} \subseteq QES_{\langle U_S, \Phi_H \rangle},$$

$$QES_{\langle U_{PS}, \Phi_{PH} \rangle} \subseteq QES_{\langle U_S, \Phi_H \rangle}, \quad QES_{\langle U_{FS}, \Phi_{FH} \rangle} \subseteq QES_{\langle U_S, \Phi_H \rangle};$$

3) 有效集

$$ES_{\langle U_{S-}, \Phi_{H-} \rangle} \subseteq ES_{\langle U_S, \Phi_H \rangle}, \quad ES_{\langle U_{S+}, \Phi_{H+} \rangle} \subseteq ES_{\langle U_S, \Phi_H \rangle},$$

$$ES_{\langle U_{PS}, \Phi_{PH} \rangle} \subseteq ES_{\langle U_S, \Phi_H \rangle}, \quad ES_{\langle U_{FS}, \Phi_{FH} \rangle} \subseteq ES_{\langle U_S, \Phi_H \rangle}。$$

3.4 基于语义占优的双语言多准则决策过程

在双语言多准则决策问题中运用上述多准则语义占优规则时包括以下步骤：

步骤1：计算方案在不同语言项下的累计权重。

步骤2：确定决策者所属语义结构种类，通常，有理由认为决策者对不同的语言标度都应该具有同种类型的语义结构，因为这种结构来自决策者本身的认知和心理特征，例如，一个习惯用极端词汇来评估方案表现的决策者也应该习惯用极端词汇来描述其确信程度。

步骤3：如果决策者的语义函数

1) 属于负偏心语义函数集，则计算从 s_1 到所有 $s_k \in \{s_1, \cdots, s_{g-1}\}$ 在各项的累积权重之和，以及从 h_1 到所有 $h_k \in \{h_1, \cdots, h_{g'-1}\}$ 在各项的累积权重之和；

2) 属于正偏心语义函数集，则计算从所有 $s_k \in \{s_1, \cdots, s_{g-1}\}$ 到 s_{g-1} 在各项的累积权重之和，以及从所有 $h_k \in \{h_1, \cdots, h_{g'-1}\}$ 到 $h_{g'-1}$ 在各项的累积权重之和；

3) 属于向心语义函数集，则计算出从 $s_{(g-1)/2}$ 到所有 $s_k \in \{s_1, \cdots, s_{(g-1)/2}\}$ 和从 $s_{(g+1)/2}$ 到所有 $s_k \in \{s_{(g+1)/2}, \cdots, s_{g-1}\}$ 的累积权重之和，以及从 $h_{(g'-1)/2}$ 到所有 $h_k \in \{h_1, \cdots, h_{(g'-1)/2}\}$ 和从 $h_{(g'+1)/2}$ 到所有 $h_k \in \{h_{(g'+1)/2}, \cdots, h_{g'-1}\}$ 的累积权重之和；

4) 属于离心语义函数集，则计算出从 s_1 到所有 $s_k \in \{s_1, \cdots, s_{(g-1)/2}\}$ 和从 s_{g-1} 到所有 $s_k \in \{s_{(g+1)/2}, \cdots, s_{g-1}\}$ 的累积权重之和，以及从 h_1 到所有 $h_k \in \{h_1, \cdots, h_{(g'-1)/2}\}$ 和从 $h_{g'-1}$ 到所有 $h_k \in \{h_{(g'+1)/2}, \cdots, h_{g'-1}\}$ 的累积权重之和。

步骤4：利用关于 U_θ 的多准则语义占优规则两两比较方案，并建立关系矩阵 $\boldsymbol{R}_\theta = [r_{ie}^\theta]_{m \times m}$。如果方案 $a_i >_\theta a_e$，那么 $r_{ie}^\theta = 1$，否则 $r_{ie}^\theta = 0$。根据两方案间占优关系的定义，如果方案所对应的关系矩阵中所在列的所有元素均为 0，那么在关于 U_θ 的多准则语义占优规则下则不会被任何其他待选方案所占优。根据定义 3-11，这些整列元素为均为 0 的列所对应的方案构成有效集 $ES_{\langle U_\theta, \Phi_{\theta'} \rangle}$。

步骤5：利用关于 $\Phi_{\theta'}$ 的多准则语义占优规则两两比较方案，并建立关系矩阵 $\boldsymbol{R}_{\theta'} = \left[r_{ie}^{\theta'}\right]_{m \times m}$。如果方案 $a_i >_{\theta'} a_e$，那么 $r_{ie}^{\theta'} = 1$，否则 $r_{ie}^{\theta'} = 0$。如果方案在关于 $\Phi_{\theta'}$ 的多准则语义占优规则下不被任何其他方案所占优，所对应的关系矩阵中所在列的所有元素均为 0。

步骤6：计算关于 $\langle U_\theta, \Phi_{\theta'} \rangle$ 的方案间强占优关系矩阵 $\boldsymbol{P}_{\langle \theta, \theta' \rangle} = [r_{ie}^\theta \cdot r_{ie}^{\theta'}]_{m \times m}$，如果方案所对应的列中的所有元素均为 0，那么关于 $\langle U_\theta, \Phi_{\theta'} \rangle$ 不会被任何其他待选方案所双语义占优，反之，则被其余方案双语义占

优，因此，所有整列元素不全为 0 的列所对应的方案构成无效集 $IS_{\langle U_\theta, \Phi_{\theta'} \rangle}$。

步骤 7：可行集 FS 去除掉有效集 $ES_{\langle U_\theta, \Phi_{\theta'} \rangle}$ 和无效集 $IS_{\langle U_\theta, \Phi_{\theta'} \rangle}$ 后所剩余部分构成待定集 $WS_{\langle U_\theta, \Phi_{\theta'} \rangle}$。

3.5 算例

同样对于 2.2.3 节中的例子此处应用本章所介绍方法加以分析，同样地，各准则权重见下表 3 – 2。

表 3 – 2 准则权重表

	c_1	c_2	c_3	c_4	c_5	c_6	c_7	c_8	c_9	c_{10}	c_{11}
权重	0.11	0.11	0.09	0.09	0.06	0.09	0.11	0.11	0.09	0.06	0.07

为了方便，我们此处将表 2 – 2 所给出的相关决策信息分列于表 3 – 3（基础语言评价）与表 3 – 4（评价信心水平）中。

表 3 – 3 各准则下的基础语言评价

	c_1	c_2	c_3	c_4	c_5	c_6	c_7	c_8	c_9	c_{10}	c_{11}
a_1	VG	F	G	F	G	G	G	G	G	G	G
a_2	F	G	VG	VG	F	VG	F	G	G	G	F
a_3	G	G	P	F	G	P	VG	F	P	VG	VG
a_4	G	G	F	F	VG	VG	G	G	F	F	VG
a_5	P	VG	G	G	F	G	P	P	G	P	P
a_6	F	G	G	VG	P	G	VG	F	VP	P
a_7	VG	P	F	G	VG	VP	G	G	F	G	P

105

表3-4 各准则下的评价确信水平

	c_1	c_2	c_3	c_4	c_5	c_6	c_7	c_8	c_9	c_{10}	c_{11}
a_1	VL	M	H	M	L	L	H	L	H	M	L
a_2	M	VH	M	L	L	L	H	M	H	H	L
a_3	H	L	L	L	VH	M	M	L	VL	M	H
a_4	H	H	M	M	M	VL	VL	M	L	M	L
a_5	H	L	L	M	M	M	M	H	VL	L	H
a_6	H	M	F	M	M	VL	VL	H	M	M	M
a_7	L	M	M	H	M	M	M	L	VH	H	L

3.5.1 序语义占优下的决策分析

每个方案在各语言项下的累积权重值利用公式计算,结果见表3-5,表3-6。

表3-5 在语言标度 S 上的累积权重

	s_1 = VP	s_2 = P	s_3 = F	s_4 = G	s_5 = VG
a_1	0.00	0.00	0.20	0.89	1.00
a_2	0.00	0.00	0.35	0.72	1.00
a_3	0.00	0.28	0.48	0.76	1.00
a_4	0.00	0.00	0.33	0.78	1.00
a_5	0.00	0.46	0.52	0.89	1.00
a_6	0.06	0.22	0.48	0.80	1.00
a_7	0.09	0.28	0.46	0.83	1.00

表3-6 在语言标度 H 上的累积权重

	h_1 = vL	h_2 = L	h_3 = M	h_4 = H	h_5 = VH
a_1	0.11	0.44	0.70	1.00	1.00
a_2	0.00	0.31	0.62	0.88	1.00
a_3	0.09	0.49	0.75	0.93	1.00
a_4	0.20	0.36	0.77	1.00	1.00

续表

	$h_1 = {}_\text{V}L$	$h_2 = L$	$h_3 = M$	$h_4 = H$	$h_5 = VH$
a_5	0.09	0.35	0.70	1.00	1.00
a_6	0.20	0.20	0.68	0.90	1.00
a_7	0.00	0.29	0.75	0.90	1.00

从而根据定理 3-1 和定理 3-2，可以判断各方案间的序语义占优关系，从而得到关于 U_S 和 Φ_H 的语义占优关系矩阵 $\boldsymbol{R}_S$，$\boldsymbol{R}_H$。

$$\boldsymbol{R}_S = \begin{bmatrix} 0 & 0 & 0 & 1 & 0 & 0 & 0 \\ 0 & 0 & 1 & 0 & 1 & 1 & 1 \\ 0 & 0 & 0 & 0 & 1 & 0 & 0 \\ 0 & 0 & 0 & 0 & 1 & 1 & 1 \\ 0 & 0 & 0 & 0 & 0 & 0 & 0 \\ 0 & 0 & 0 & 0 & 0 & 0 & 0 \\ 0 & 0 & 0 & 0 & 0 & 0 & 0 \end{bmatrix}, \boldsymbol{R}_H = \begin{bmatrix} 0 & 0 & 0 & 0 & 0 & 0 & 0 \\ 1 & 0 & 1 & 1 & 1 & 0 & 0 \\ 0 & 0 & 0 & 0 & 0 & 0 & 0 \\ 0 & 0 & 0 & 0 & 0 & 0 & 0 \\ 1 & 0 & 0 & 1 & 0 & 0 & 0 \\ 0 & 0 & 0 & 0 & 1 & 0 & 0 \\ 0 & 0 & 1 & 1 & 0 & 0 & 0 \end{bmatrix}$$

进而得到 $\boldsymbol{R}_{\langle S,H \rangle}$

$$\boldsymbol{R}_{\langle S,H \rangle} = \begin{bmatrix} 0 & 0 & 0 & 0 & 0 & 0 & 0 \\ 0 & 0 & 1 & 0 & 1 & 0 & 0 \\ 0 & 0 & 0 & 0 & 0 & 0 & 0 \\ 0 & 0 & 0 & 0 & 0 & 0 & 0 \\ 0 & 0 & 0 & 0 & 0 & 0 & 0 \\ 0 & 0 & 0 & 0 & 0 & 0 & 0 \\ 0 & 0 & 0 & 0 & 0 & 0 & 0 \end{bmatrix}$$

其中元素为 $\boldsymbol{R}_S$ 和 $\boldsymbol{R}_H$ 中对应位置元素的乘积。

被其他方案双语义占优的方案与矩阵 $\boldsymbol{R}_{\langle S,H \rangle}$ 中不是所有元素为 0 的列相对应，这些方案被归属于无效集 $IS_{\langle U_S, \Phi_H \rangle}$，而有效集 $ES_{\langle U_S, \Phi_H \rangle}$ 中的方案则与矩阵 $\boldsymbol{R}_S$ 中所有元素为 0 的列相对应，而除去 $IS_{\langle U_S, \Phi_H \rangle}$ 与 $ES_{\langle U_S, \Phi_H \rangle}$ 外的方案则被归属于待定集 $WS_{\langle U_S, \Phi_H \rangle}$，而有效集和待定集的并集则构成了准有效集 $QES_{\langle U_S, \Phi_H \rangle}$。所以，在本例中有 $ES_{\langle U_S, \Phi_H \rangle} = \{a_1, a_2, a_4\}$，$WS_{\langle U_S, \Phi_H \rangle} = \{a_6, a_7\}$，$IS_{\langle U_S, \Phi_H \rangle} = \{a_3, a_5\}$ 且有

$$QES_{\langle U_S, \Phi_H \rangle} = ES_{\langle U_S, \Phi_H \rangle} \cap WS_{\langle U_S, \Phi_H \rangle} = \{a_1, a_2, a_4, a_6, a_7\}$$

这一结果说明：

(1) 首先，在多准则语义占优技术下，满意方案应该位于准有效集 $QES_{\langle U_S, \Phi_H \rangle}$ 内，即满意方案应在 $\{a_1, a_2, a_4, a_6, a_7\}$ 中选择；

(2) 在现有的决策信息和语义结构下尚不能判断有效集 $ES_{\langle U_S, \Phi_H \rangle}$ 中方案间明确的优劣关系，即不能明确判断 $\{a_1, a_2, a_4\}$ 间的优劣关系；

(3) 相比起有效集中的方案，待定集 $WS_{\langle U_S, \Phi_H \rangle}$ 中的方案的综合基础评价一定低于有效集 $ES_{\langle U_S, \Phi_H \rangle}$ 中的某个方案，只是对此评价的信心水平不足以支持这一判断，例如，a_6 与 a_7 的基础评价一定关于 U_S 被方案 a_2 语义占优，但是这两者的评价信心水平却并不关于 Φ_H 被 a_2 占优，因此，待定集 $WS_{\langle U_S, \Phi_H \rangle}$ 中的方案最终是否被淘汰还需要决策者进一步权衡；

(4) 任何喜欢更高评价方案的决策者都不会选择处于无效集 $IS_{\langle U_S, \Phi_H \rangle}$ 中的方案作为最优方案，即不会选择 a_3、a_5，这是由于，对于它们中的任意一个而言，都至少存在一个准有效集 $QES_{\langle U_S, \Phi_H \rangle}$ 中的方案双语义占优于它。例如，由于 a_2 双语义占优于 a_3，所以决策者在决策中将不会选择 a_3 而宁可选择 a_2。

3.5.2 负/正偏心序语义占优下的决策分析

对具有负偏心语义结构的决策者，则计算从 s_1 到所有 $s_k \in \{s_1, \cdots, s_4\}$ 在各项的累积权重之和，以及从 h_1 到所有 $h_k \in \{h_1, \cdots, h_4\}$ 在各项的累积权重之和见表3-7、表3-8。

表3-7 标度 S 上累积权重之和（负偏心语义）

	$\sum_{l=0}^{k} F_{il}$			
	$s_k = s_1$	$s_k = s_2$	$s_k = s_3$	$s_k = s_4$
a_1	0.00	0.00	0.20	1.09
a_2	0.00	0.00	0.35	1.07
a_3	0.00	0.28	0.76	1.52

续表

	$s_k=s_1$	$s_k=s_2$	$s_k=s_3$	$s_k=s_4$
	\multicolumn{4}{c	}{$\sum_{l=0}^{k} F_{il}$}
a_4	0.00	0.00	0.33	1.11
a_5	0.00	0.46	0.98	1.87
a_6	0.06	0.28	0.76	1.56
a_7	0.09	0.37	0.83	1.66

表 3-8 H 上累积权重之和（负偏心语义）

	$h_k=h_1$	$h_k=h_2$	$h_k=h_3$	$h_k=h_4$
	\multicolumn{4}{c	}{$\sum_{l=0}^{k} F'_{il}$}
a_1	0.11	0.55	1.25	2.25
a_2	0.00	0.31	0.93	1.81
a_3	0.09	0.58	1.33	2.26
a_4	0.20	0.56	1.33	2.33
a_5	0.09	0.44	1.14	2.14
a_6	0.20	0.40	1.08	1.98
a_7	0.00	0.29	1.04	1.94

根据定理 3-3、定理 3-4, 得到如下关系矩阵

$$R_{S-} = \begin{bmatrix} 0 & 0 & 1 & 1 & 1 & 1 & 1 \\ 0 & 0 & 1 & 0 & 1 & 1 & 1 \\ 0 & 0 & 0 & 0 & 1 & 0 & 0 \\ 0 & 0 & 1 & 0 & 1 & 1 & 1 \\ 0 & 0 & 0 & 0 & 0 & 0 & 0 \\ 0 & 0 & 0 & 0 & 0 & 0 & 1 \\ 0 & 0 & 0 & 0 & 0 & 0 & 0 \end{bmatrix}, \quad R_{H-} = \begin{bmatrix} 0 & 0 & 0 & 0 & 0 & 0 & 0 \\ 1 & 0 & 1 & 1 & 1 & 1 & 0 \\ 0 & 0 & 0 & 1 & 0 & 0 & 0 \\ 0 & 0 & 0 & 0 & 0 & 0 & 0 \\ 1 & 0 & 0 & 1 & 0 & 0 & 0 \\ 0 & 0 & 0 & 1 & 0 & 0 & 0 \\ 1 & 0 & 1 & 1 & 1 & 1 & 0 \end{bmatrix}$$

进而可得

$$R_{\langle S-,H-\rangle} = \begin{bmatrix} 0 & 0 & 0 & 0 & 0 & 0 & 0 \\ 0 & 0 & 1 & 0 & 1 & 1 & 0 \\ 0 & 0 & 0 & 0 & 0 & 0 & 0 \\ 0 & 0 & 0 & 0 & 0 & 0 & 0 \\ 0 & 0 & 0 & 0 & 0 & 0 & 0 \\ 0 & 0 & 0 & 0 & 0 & 0 & 0 \\ 0 & 0 & 0 & 0 & 0 & 0 & 0 \end{bmatrix}$$

所以，可以得到此时有效集 $ES_{\langle U_{S-},\Phi_{H-}\rangle} = \{a_1, a_2\}$，待定集 $WS_{\langle U_{S-},\Phi_{H-}\rangle} = \{a_4, a_7\}$，无效集 $IS_{\langle U_{S-},\Phi_{H-}\rangle} = \{a_3, a_5, a_6\}$。

类似地，对具有正偏心语义函数的决策者，计算从所有 $s_k \in \{s_1, \cdots, s_4\}$ 到 s_4 在各项的累积权重之和（表3-9），以及从所有 $h_k \in \{h_1, \cdots, h_4\}$ 到 h_4 在各项的累积权重之和（表3-10）。

表3-9　S上累积权重之和（正偏心语义）

	$\sum_{l=k}^{g-1} F_{il}$			
	$s_k = s_1$	$s_k = s_2$	$s_k = s_3$	$s_k = s_4$
a_1	1.09	1.09	1.09	0.89
a_2	1.07	1.07	1.07	0.72
a_3	1.52	1.52	1.24	0.76
a_4	1.11	1.11	1.11	0.78
a_5	1.87	1.87	1.41	0.89
a_6	1.52	1.50	1.28	0.80
a_7	1.66	1.57	1.29	0.83

表 3-10 H 上累积权重之和（正偏心语义）

	$\sum_{l=k}^{g-1} F_{il}$			
	$h_k = h_1$	$h_k = h_2$	$h_k = h_3$	$h_k = h_4$
a_1	2.25	2.14	1.70	1.00
a_2	1.81	1.81	1.50	0.88
a_3	2.26	2.17	1.68	0.93
a_4	2.33	2.13	1.77	1.00
a_5	2.14	2.05	1.70	1.00
a_6	1.98	1.78	1.58	0.90
a_7	1.94	1.94	1.65	0.90

所以根据定理 3-5、定理 3-6 可得

$$\boldsymbol{R}_{S+} = \begin{bmatrix} 0 & 0 & 0 & 0 & 1 & 0 & 0 \\ 1 & 0 & 1 & 1 & 1 & 1 & 1 \\ 0 & 0 & 0 & 0 & 1 & 0 & 1 \\ 0 & 0 & 0 & 0 & 1 & 1 & 1 \\ 0 & 0 & 0 & 0 & 0 & 0 & 0 \\ 0 & 0 & 0 & 0 & 1 & 0 & 1 \\ 0 & 0 & 0 & 0 & 1 & 0 & 0 \end{bmatrix}, \boldsymbol{R}_{H+} = \begin{bmatrix} 0 & 0 & 0 & 0 & 0 & 0 & 0 \\ 1 & 0 & 1 & 1 & 1 & 0 & 1 \\ 0 & 0 & 0 & 0 & 0 & 0 & 0 \\ 0 & 0 & 0 & 0 & 0 & 0 & 0 \\ 1 & 0 & 0 & 1 & 0 & 0 & 0 \\ 1 & 0 & 0 & 1 & 1 & 0 & 0 \\ 1 & 0 & 1 & 1 & 1 & 0 & 0 \end{bmatrix}$$

于是

$$\boldsymbol{R}_{\langle S+, H+ \rangle} = \begin{bmatrix} 0 & 0 & 0 & 0 & 0 & 0 & 0 \\ 1 & 0 & 1 & 1 & 1 & 0 & 1 \\ 0 & 0 & 0 & 0 & 0 & 0 & 0 \\ 0 & 0 & 0 & 0 & 0 & 0 & 0 \\ 0 & 0 & 0 & 0 & 0 & 0 & 0 \\ 0 & 0 & 0 & 0 & 1 & 0 & 0 \\ 0 & 0 & 0 & 0 & 1 & 0 & 0 \end{bmatrix}$$

所以有

$ES_{\langle U_{S+}, \Phi_{H+}\rangle} = \{a_2\}$, $WS_{\langle U_{S+}, \Phi_{H+}\rangle} = \{a_6\}$, $IS_{\langle U_{S+}, \Phi_{H+}\rangle} = \{a_1, a_3, a_4, a_5, a_7\}$。

3.5.3 向/离心序语义占优下的决策分析

对具有向心语义函数决策者，计算出从 s_2 到所有 $s_k \in \{s_1, s_2\}$ 和从 s_3 到所有 $s_k \in \{s_3, s_4\}$ 的累积权重之和（表3-11），以及从 h_2 到所有 $h_k \in \{h_1, h_2\}$ 和从 h_3 到所有 $h_k \in \{h_3, h_4\}$ 的累积权重之和（表3-12）。

表3-11　S 上累积权重之和（向心语义）

	$\sum_{l=k}^{(g-1)/2} F_{il}$		$\sum_{l=(g+1)/2}^{k} F_{il}$	
	$s_k = s_1$	$s_k = s_2$	$s_k = s_3$	$s_k = s_4$
a_1	0.00	0.00	0.20	1.09
a_2	0.00	0.00	0.35	1.07
a_3	0.28	0.28	0.48	1.24
a_4	0.00	0.00	0.33	1.11
a_5	0.00	0.46	0.52	1.41
a_6	0.28	0.22	0.48	1.28
a_7	0.37	0.28	0.46	1.29

表3-12　H 上累积权重之和（向心语义）

	$\sum_{l=k}^{(g-1)/2} F_{il}$		$\sum_{l=(g+1)/2}^{k} F_{il}$	
	$h_k = h_2$	$h_k = h_3$	$h_k = h_4$	
a_1	0.55	0.44	0.70	1.70
a_2	0.31	0.31	0.62	1.50
a_3	0.59	0.49	0.75	1.68
a_4	0.56	0.36	0.77	1.77
a_5	0.44	0.35	0.70	1.70
a_6	0.40	0.20	0.68	1.58
a_7	0.29	0.29	0.75	1.65

3 基于语义占优的双语言多准则决策方法

所以，得到如下关系矩阵

$$R_{PS} = \begin{bmatrix} 0 & 0 & 1 & 1 & 1 & 1 & 1 \\ 0 & 0 & 1 & 0 & 1 & 1 & 1 \\ 0 & 0 & 0 & 0 & 1 & 0 & 0 \\ 0 & 0 & 1 & 0 & 1 & 1 & 1 \\ 0 & 0 & 0 & 0 & 0 & 0 & 0 \\ 0 & 0 & 0 & 0 & 0 & 0 & 0 \\ 0 & 0 & 0 & 0 & 0 & 0 & 0 \end{bmatrix}, \quad R_{PH} = \begin{bmatrix} 0 & 0 & 0 & 0 & 0 & 0 & 0 \\ 1 & 0 & 1 & 1 & 1 & 0 & 0 \\ 0 & 0 & 0 & 0 & 0 & 0 & 0 \\ 0 & 0 & 0 & 0 & 0 & 0 & 0 \\ 1 & 0 & 0 & 1 & 0 & 0 & 0 \\ 1 & 0 & 1 & 1 & 1 & 0 & 0 \\ 0 & 0 & 1 & 1 & 0 & 0 & 0 \end{bmatrix}$$

$$R_{\langle U_{PS}, \Phi_{PH} \rangle} = \begin{bmatrix} 0 & 0 & 0 & 0 & 0 & 0 & 0 \\ 0 & 0 & 1 & 0 & 1 & 0 & 0 \\ 0 & 0 & 0 & 0 & 0 & 0 & 0 \\ 0 & 0 & 0 & 0 & 0 & 0 & 0 \\ 0 & 0 & 0 & 0 & 0 & 0 & 0 \\ 0 & 0 & 0 & 0 & 0 & 0 & 0 \\ 0 & 0 & 0 & 0 & 0 & 0 & 0 \end{bmatrix}$$

则有，$ES_{\langle U_{PS}, \Phi_{PS} \rangle} = \{a_1, a_2\}$，$WS_{\langle U_{PS}, \Phi_{PS} \rangle} = \{a_4, a_6, a_7\}$，$IS_{\langle U_{PS}, \Phi_{PS} \rangle} = \{a_3, a_5\}$。

类似地，计算出从 s_1 到 s_1、s_2 和从 s_4 到 s_3、s_4 的累积权重之和（表3-13），以及从 h_1 到 h_1、h_2 和从 h_4 到 h_3、h_4 的累积权重之和（表3-14）。

表3-13 S 上累积权重之和（离心语义）

	$\sum_{l=1}^{k} F_{il}$		$\sum_{l=k}^{g-1} F_{il}$	
	$s_k = s_4$	$s_k = s_1$	$s_k = s_2$	$s_k = s_3$
a_1	0.00	0.00	1.09	0.89
a_2	0.00	0.00	1.07	0.72
a_3	0.00	0.28	1.24	0.76
a_4	0.00	0.00	1.11	0.78

续表

	$\sum_{l=1}^{k} F_{il}$		$\sum_{l=k}^{g-1} F_{il}$	
	$s_k = s_4$	$s_k = s_1$	$s_k = s_2$	$s_k = s_3$
a_5	0.00	0.46	1.41	0.89
a_6	0.06	0.28	1.28	0.80
a_7	0.09	0.37	1.29	0.83

表 3-14 H 上累积权重之和（离心语义）

	$\sum_{l=1}^{k} F_{il}$		$\sum_{l=k}^{g-1} F_{il}$	
	$h_k = h_1$	$h_k = h_2$	$h_k = h_3$	$h_k = h_4$
a_1	0.11	0.55	1.70	1.00
a_2	0.00	0.31	1.50	0.88
a_3	0.09	0.58	1.68	0.93
a_4	0.20	0.56	1.77	1.00
a_5	0.09	0.44	1.70	1.00
a_6	0.20	0.40	1.58	0.90
a_7	0.00	0.29	1.65	0.90

所以

$$\boldsymbol{R}_{FS} = \begin{bmatrix} 0 & 0 & 0 & 0 & 1 & 0 & 0 \\ 0 & 0 & 1 & 0 & 1 & 1 & 1 \\ 0 & 0 & 0 & 0 & 1 & 1 & 1 \\ 0 & 0 & 0 & 0 & 1 & 1 & 1 \\ 0 & 0 & 0 & 0 & 0 & 0 & 0 \\ 0 & 0 & 0 & 0 & 0 & 0 & 1 \\ 0 & 0 & 0 & 0 & 0 & 0 & 0 \end{bmatrix}, \boldsymbol{R}_{FH} = \begin{bmatrix} 0 & 0 & 0 & 1 & 0 & 0 & 0 \\ 1 & 0 & 1 & 1 & 1 & 1 & 0 \\ 0 & 0 & 0 & 0 & 0 & 0 & 0 \\ 0 & 0 & 0 & 0 & 0 & 0 & 0 \\ 1 & 0 & 0 & 1 & 0 & 0 & 0 \\ 0 & 0 & 0 & 1 & 0 & 0 & 0 \\ 1 & 0 & 1 & 1 & 1 & 1 & 0 \end{bmatrix}$$

以及

$$R_{\langle U_{FS}, \Phi_{FH} \rangle} = \begin{bmatrix} 0 & 0 & 0 & 0 & 0 & 0 & 0 \\ 0 & 0 & 1 & 0 & 1 & 1 & 0 \\ 0 & 0 & 0 & 0 & 0 & 0 & 0 \\ 0 & 0 & 0 & 0 & 0 & 0 & 0 \\ 0 & 0 & 0 & 0 & 0 & 0 & 0 \\ 0 & 0 & 0 & 0 & 0 & 0 & 0 \\ 0 & 0 & 0 & 0 & 0 & 0 & 0 \end{bmatrix}$$

则有

$ES_{\langle U_{FS}, \Phi_{FH} \rangle} = \{a_1, a_2, a_4\}$, $WS_{\langle U_{FS}, \Phi_{FH} \rangle} = \{a_7\}$, $IS_{\langle U_{FS}, \Phi_{FH} \rangle} = \{a_3, a_5, a_6\}$

最后，为了能直观地比较不同语义占优，我们将所有的结果列于表 3–15 中。

表 3–15　不同语义下的方案集划分

	有效集	待定集	无效集
序语义	a_1, a_2, a_4	a_6, a_7	a_3, a_5
负偏心语义	a_1, a_2	a_4, a_7	a_3, a_5, a_6
正偏心语义	a_2	a_6	a_1, a_3, a_4, a_5, a_7
向心语义	$a_1, a_2,$	a_4, a_6, a_7	a_3, a_5
离心语义	a_1, a_2, a_4	a_7	a_3, a_5, a_6

3.6　本章小节与讨论

通过上例中的分析，我们也能够进一步得出其他一些结论。

（1）一个无效方案不会被所有的有效方案所占优，而一个方案无效只需要被任意一个其他的方案所占优就够了。例如，在上例中，a_3 并未被 a_1 和 a_4 关于 $\langle U_S, \Phi_H \rangle$ 所双语义占优。

(2) 在无效集的方案中，一个方案可能双语义占优于也可能不占优于另外的方案。例如，a_7 关于 $\langle U_{S+}, \Phi_{H+} \rangle$ 双语义占优于 a_5 但不占优于 a_3。然而，这种无效集中的方案间的是否占优对决策者而言是无关紧要的，因为其中所有的方案都被有效集中的至少一个方案所双语义占优，所以，在上述例子中，具有正偏心语义函数的决策者将不会从所对应无效集中挑选最优方案。

(3) 所有的无效集 $IS_{\langle U_\theta, \Phi_{\theta'} \rangle}$ 和待定集 $WS_{\langle U_\theta, \Phi_{\theta'} \rangle}$ 中的方案都不会关于 U_θ 占优于有效集中的方案，因为如果一旦存在这样的占优，那么这个被占优的方案就不可能存在于有效集 $ES_{\langle U_\theta, \Phi_{\theta'} \rangle}$ 中，而至少要被划归于待定集 $WS_{\langle U_\theta, \Phi_{\theta'} \rangle}$ 甚至无效集 $IS_{\langle U_\theta, \Phi_{\theta'} \rangle}$ 之内。

总的来说，利用给定的信息，所得到的有效集相对于可行集越小，则对决策者而言更为便利。然而，仅给定模糊的偏好信息（语义函数的类型），将阻止我们进一步了解有效集中到底哪一个方案是最优的，甚至不能得到更小的有效集合。如果我们需要达到上述目的，就需要依赖对语言变量所表述的偏好给出更加严格的假设或者给出更多的信息。这种增加的信息将会增加更多的方案间的占优关系，当这种占优关系是针对原有有效集中的方案时，便得到了更加小的有效集。

图 3-2 中 (B)-(E) 显示了 3.6 节中算例当给出更加严格的语义结构假设时在序语义双语义占优的基础上所增加的双语义占优关系，这些增加的关系在图中用虚线标出，可以看到，比起单纯的序语义占优，更加严格的语义占优可以给出更多的方案间偏好。

从该关系图中，我们也可进一步观察到性质 3-3，即在序语义占优中所存在的所有双语义占优关系都在其他的情况中被保留，即增加更多的信息不会对已存在的占优关系产生影响，所以，$ES_{\langle U_{S-}, \Phi_{H-} \rangle}$，$ES_{\langle U_{S+}, \Phi_{H+} \rangle}$，$ES_{\langle U_{PS}, \Phi_{PH} \rangle}$，$ES_{\langle U_{FS}, \Phi_{FH} \rangle}$ 都应该是 $ES_{\langle U_S, \Phi_H \rangle}$ 的子集。

多准则语义占优技术最典型的特征在于得出方案的部分序，我们仅能得出一个包含了最优方案在内的集合，然而，在这一个集合中，到底哪个方案是最优的是不清楚的。这一重要特性不能看作是该技术的缺点，这是因为多准则语义占优的目的在于选择而不是排序，也就是说，它的目标在

（A）序语义　　　（B）向心语义　　　（C）离心语义

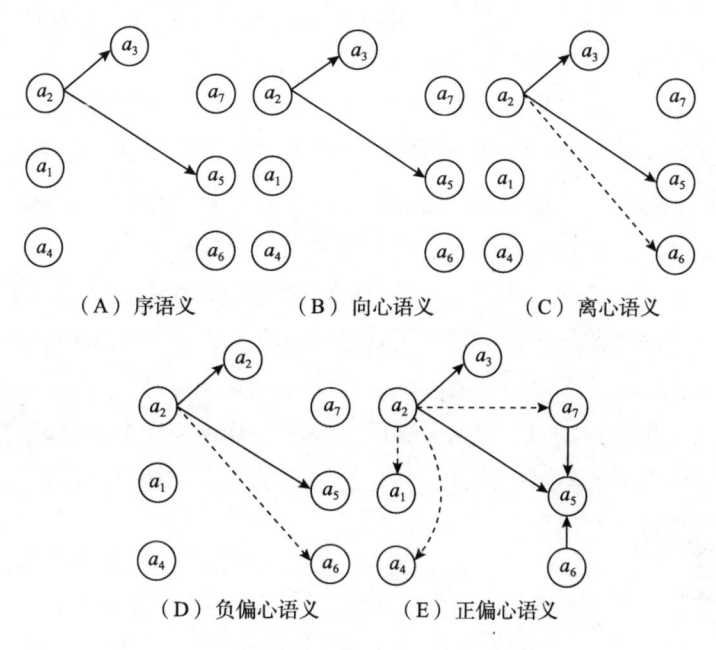

（D）负偏心语义　　（E）正偏心语义

图 3-2　不同语义下方案间的双语义占优关系

于选择一个"好"方案的集合，所以，最终它得到了一个比原备选方案集更小的集合，从而使得决策者能够更加容易地从这个集合中挑选出其偏好的方案，而不必从原始的可行集中加以选择。与之相反，排序方法则是试图得到方案的完全序。然而，由于决策者偏好的内在模糊性经常阻碍了决策分析人员通过语言决策信息得到方案间的完全序，在这种情况下，语义占优技术可能更为适合。

我们认为，在现有的语言多准则决策技术中，为了获得完全序，实际上是直接赋予语言变量一个确定语义函数，例如，经典的二元语义模型就可以等效于令 $u(a_{ij})=k, a_{ij}=h_k, (k=1, 2, \cdots, g)$，很显然，这一语义函数应属于序语义函数集 U_S。也就是说，利用二元语义得出的序关系应该是序语义占优的一个必要条件，也就是说，如果 a_i 关于 U_S 序语义占优于 a_e，那么 a_i 一定会在二元语义模型中优于 a_e。所以，如果决策者的语义函数不是 $u(a_{ij})=k, a_{ij}=h_k, (k=1, 2, \cdots, g)$，那么由二元语义所得出的方案排序就是存疑的，同样地，在其他的"排序"型方法中也存在类似的问题。所以，尽管这些模型可能更容易被使用并得出看似更方便的结果，它们却经常不能刻画决策者的实际偏好。

总的来说，双语言多准则决策不得不应对不完全与不确定的偏好信息，这使得决策分析时非常难以得到方案的完全序。为了处理这样的情况，本章介绍了一种被称为语义占优的技术，并将其运用于双语言多准则决策问题中，这一技术的原理类似于风险决策中的随机占优，通过利用关于对语言标度的部分偏好信息，我们能够将所有的备选方案划归于三个互斥的集合，即有效集、待定集、无效集，具有某种语义结构的决策者将绝对不会选在所对应无效集中的方案，并需要对其判断进行进一步确认之后来决定待定集中方案的归属。由于该方法不需要利用完全的偏好信息并且对不确定状态下的不可比性具有良好的包容能力，因此可以避免很多有争议的词计算过程与结果。

4 基于语义规划的双语言多准则决策方法

在第三章所介绍的语义占优技术的讨论中看到,在语言多准则决策问题中给出越多关于语义信息,越能对方案间的偏好给出更为详细的判断。因此,当完全确知语言变量的语义函数值时,能够得出最为详细的方案间偏好,要实现上述目的,需要对语言变量的语义进行设定,而现有的语言多准则决策方法对如何设定语义还没能很好地加以处理,往往是采用完全人工的方法加以设定,这种纯人工设定方式尚存在许多争议。

本章所介绍的方法不对语义值做出具体的人为设定,而是将语言变量所表达的偏好信息看作是不完全信息,在对语言标度的结构加以分析的基础上,将其可能的取值范围利用一组不等式加以限制,并将这组不等式作为一个规划模型的条件。这样的规划模型称为语义规划,其规划目标为通过对语言变量设定恰当的语义值最大化决策模型的区分度。通过求解该语义规划模型,从而最终获得这种恰当的语义值。

这种方法的基本思想与最大离差法(maximizing derivation model)[217]类似,该思想已经被成功用以解决准则权重不确定或不完全的多准则决策问题[218,219]。总的来说,此方法试图充分利用现有的信息,在不违背现有信息限制条件下通过尽可能放大方案间离差的方法增大模型的区分度,从而给决策者提供更加清晰的决策参考。

在语义函数(见定义3-2)

$$u: S \rightarrow [0, 1], \varphi: H \rightarrow [0, 1]$$

的基础上,本章通过两种不同的方式来刻画模型的区分度,一种是利用类似信息熵的方式,一种是采用关于正负理想点距离差别的方式。

4.1 语言变量所表达的不完全偏好信息

决策者实际上难以设定语言变量的精确的语义值,因为如果那样的话,就相当于能够给出准确的数字评价结果,如前所述,这在实际决策问题中异常困难。然而,决策者还是能给出这些语言变量间的一些不同类型的相互关系。下面我们从语言标度 S 的角度来对其进行分析,对于语言标度 H 也可得出类似的关系。

首先,由于语言变量来自有序语言标度中的语言项,因此必然有

$$0 \leq u(s_k) \leq u(s_{k+1}) \leq 1, \quad (k=1, 2, \cdots, g-1)$$

除此之外,其他种类的不完全偏好信息包括:

严格序:$u(s_j) - u(s_k) \leq \alpha$,

倍序:$u(s_j) \leq \alpha u(s_k)$,

区间:$\alpha \leq u(s_k) \leq \alpha + \varepsilon$,

偏差弱序:$u(s_j) - u(s_k) \leq u(s_i) - u(s_l)$,

偏差严格序:$[u(s_j) - u(s_k)] - [u(s_i) - u(s_l)] \leq \beta$

其中 α、β、ε 均为需要由决策者直接给出的判断阈值。

为了获得这些关系,决策者对有序语言标度的语义结构起到了关键性的作用,以下我们分析几种语义结构对偏好表达的影响,以及如何通过分析语义结构来得出部分偏好关系的表达式并设定相关参数。

4.1.1 语义结构中心对称

在这种情况下,决策者通常会对语义标度有以下两个观点。

观点 1:语言标度中任意两个标度之间都具有严格的区别;

观点 2:语言标度的语义结构是大致关于标度的中心项对称。

根据观点 1,必然有

$$u(s_{k+1}) - u(s_k) \geq \alpha > 0 \qquad (4-1)$$

应该注意的是,条件 (4-1) 是观点 1 的充分且必要表达,即

必要性：如果任意两个相邻语言项之间的差别是明晰的，那么必然这两个语言项所对应的语义值之间的差别应该大于某一阈值 α。

充分性：如果任意两个语言项所对应的语义值之间的差别大于某一阈值 α，则可认为这两个语言项之间具有明晰的差别。

而根据观点 2，则应有：

标度中心项所对应的语义值应在语义函数取值区间 [0，1] 的中心附近，

$$u(s_{(k+1)/2}) \approx 0.5 \quad (4-2)$$

即

$$0.5 - \varepsilon \leq u(s_{(k+1)/2}) \leq 0.5 + \varepsilon \quad (4-3)$$

语言标度中对称的语言项间语义值差应大致相等

$$[u(s_k) - u(s_{k-1})] \approx [u(n(s_{k-1})) - u(n(s_k))],$$

此处，$n(\cdot)$ 为语言标度的变反操作符（见定义 2-2），上述表述也可表示为

$$-\delta \leq [u(s_k) - u(s_{k-1})] - [u(n(s_{k-1})) - u(n(s_k))] \leq \delta \quad (4-4)$$

为了明晰这些关系，决策者需要直接给出位于 0 到 1 之间的阈值 α、ε 和 δ，但这些参数的设定并不是任意的，由于上述语义结构的限制，在设定时需要遵循一些规则，通过分析语义结构，我们得到以下一些规则。

规则 1：$\alpha \leq 1/(g-1)$

条件（4-1）意味着 α 是任意两个相邻语言项的语义值间的最小差值，因此，如果 $\alpha > 1/(g-1)$ 则会导致就算所有的相邻语言项间语义值差取最小，也有 $u(s_g) > 1$，这与语义函数的最大取值限制条件 $u(\cdot) \leq 1$ 相违背，图 4-1 用一个五标度语言项的例子显示了这种结果，因此必须有 $\alpha \leq 1/(g-1)$。

尽管一个非常小的 α 能够使得条件（4-1）对观点 1 的必要性容易得到满足，但是其充分性则要求 α 足够大。然而，设定一个过大的 α 又会将语言项的语义值限制在一组很小的区间范围内变动。因此，为了方便起见，一般可以取 $1/(g-1)$ 的三分之一到二分之一作为 α 的取值。

（A）均匀语义结构

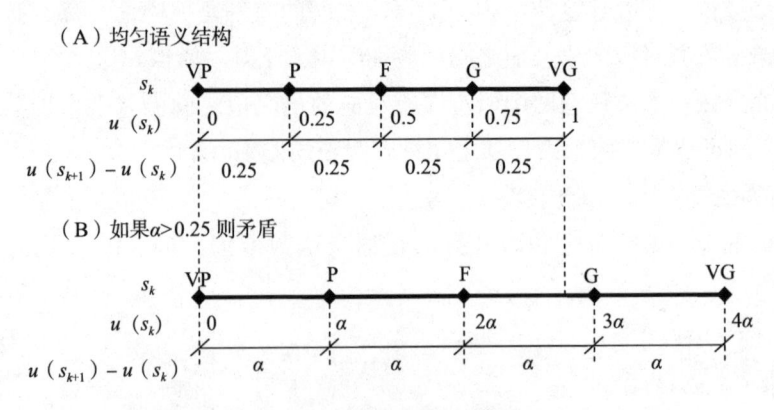

```
s_k              VP      P      F      G      VG
u(s_k)           0     0.25   0.5   0.75    1
u(s_{k+1})-u(s_k)   0.25   0.25   0.25   0.25
```

（B）如果 α > 0.25 则矛盾

```
s_k              VP      P      F      G      VG
u(s_k)           0      α     2α    3α     4α
u(s_{k+1})-u(s_k)    α      α      α      α
```

图 4-1 α 最大取值的证明

α 同样也意味着：首先，如果任意两个语义值的差别大于 α，那么决策者必然会认为这两者之间具有严格的差别；其次，仅当两个语义值之间的差别小于 α 时，决策者才有可能无法有信心地区别这两者间的差别。

规则 2：$\varepsilon \leq \varepsilon_m = \min[\alpha, 0.5-(g-1)\alpha/2]$

首先，如果语言标度的中间项的语义值 $u(s_{(g+1)/2})$ 与 0.5 之间的差别大于 α，那么 $|u(s_{(g+1)/2})-0.5| \geq \alpha$，则 $u(s_{(g+1)/2})$ 将严格地与 0.5 不同，即 $u(s_{(g+1)/2}) \neq 0.5$，而这将与条件相违背。因此，$u(s_{(g+1)/2})$ 与 0.5 之间的最大差值 ε 应该小于 α 即 $\varepsilon < \alpha$。

其次，因为任意两个相邻语言项之间的差别均大于 α，所以语义标度中间项的最小和最大可能语义值分别为 $(g-1)\alpha/2$ 与 $1-(g-1)\alpha/2$。这一结论能通过反证法证明。同样以一个五项标度为例，中间语言项"F"的语义值如果小于 $(g-1)\alpha/2 = 2\alpha$，那么，语言项"VP"和"P"之间，以及"P"和"F"之间的差别则不会都大于 α，这样就与条件（4-1）矛盾。因此，语言项"F"的语义值必须大于 2α，即 2α 是其可能取值的下限。类似地，可以证明 $1-(g-1)\alpha/2 = 1-2\alpha$ 是其可能取值的上限，即 $(g-1)\alpha/2 \leq u[s_{(g+1)/2}] \leq 1-(g-1)\alpha/2$。（见图 4-2a）。

而为了使条件（4-3）生效，则条件（4-3）应该比条件（4-1）所得结果更加严格，所以应该有 $0.5-\varepsilon \geq (g-1)\alpha/2$，且 $0.5+\varepsilon \leq 1-(g-1)\alpha/2$，即 $\varepsilon \leq 0.5-(g-1)\alpha/2$。

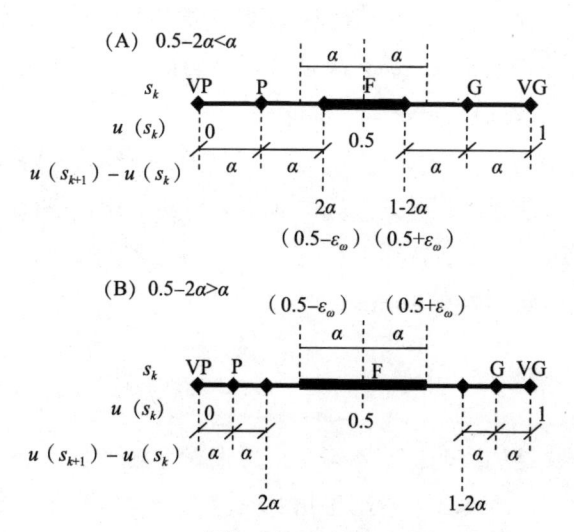

4 基于语义规划的双语言多准则决策方法

(A) $0.5-2\alpha<\alpha$

(B) $0.5-2\alpha>\alpha$

粗线：中间项语义值的最大取值范围

图4-2 中间项语义值的最大取值范围

综合以上结论，记 $\varepsilon_m = \min[\alpha, 0.5-(g-1)\alpha/2]$，则有 $\varepsilon \leq \varepsilon_m$。图4-2展示了不同情况下的 ε_m 取值。

规则3：$\delta \leq \alpha$

图4-3展示了一个解释上述规则的"尺"模型。

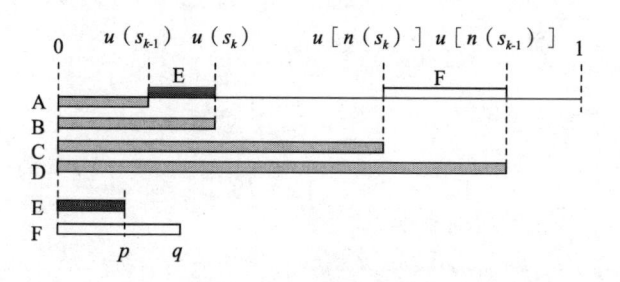

图4-3 解释模型

六把尺分别被标为 A 到 F。其中尺 A 长度为 $u(s_{k-1})$，尺 B 长度为 $u(s_k)$，当它们的长度之差，也就是尺 E 的长度，比 α 大时，也就是 $u(s_k) - u(s_{k-1}) \geq \alpha$，某决策者将会认为尺 B 严格长于 A。类似地，他也认为尺 D 严格长于尺 C。

如果 pq 的长度大于 α，则有理由相信 F 严格长于 E，也就是说，如果 E 与 F 之间的差别大于 α，那么决策者将会确认这种差别的存在。而仅有在 E 与 F 之间的差别小于 α 时，也就是

$$-\alpha \leq [u(s_k) - u(s_{k-1})] - [u(n(s_{k-1})) - u(n(s_k))] \leq \alpha,$$

决策者才可能无法区分这二者的区别，因此，这也是保证 $[u(s_k) - u(s_{k-1})] \approx [u(n(s_{k-1})) - u(n(s_k))]$ 所必需的条件。这样，为了使得 δ 发挥作用，则需要有 $\delta \leq \alpha$。

4.1.2 语义结构负/正偏心

负偏心语义结构表明决策者倾向严厉地对方案加以评价，即在这种情况下要提升对某一方案的评价结果相对而言会比均匀分布语义结构中更加困难，而正偏心语义结构则刚好相反。对于这两种语义结构的具体分析方法与前节类似。

对于负偏心语义结构，决策者通常会认为：

1) 任意两个语言项之间的语义具有明确的差别；

2) 语言标度中两个低位相邻语言项中的语义差会严格大于两个高位相邻语言项间的语义差。即

$$u(s_{k+1}) - u(s_k) \geq \alpha,\ 且\ [u(s_{k-1}) - u(s_{k-2})] - [u(s_k) - u(s_{k-1})] \geq \beta > 0$$

因此，我们应能得到 $\alpha \leq 1/(g-1)$ 且 $\beta \leq 2\dfrac{1-g\alpha}{g(g-1)}$。

后一个不等式成立的原因在于 $u(s_g)$ 的最小值为

$$\alpha + (\alpha + \beta) + \cdots + [\alpha + (g-1)\beta] = g\alpha + \dfrac{(g-1)}{2}g\beta$$

该值需要比 1 小，即 $g\alpha + \dfrac{(g-1)}{2}g\beta \leq 1$，从而有 $\beta \leq 2\dfrac{1-g\alpha}{g(g-1)}$。

类似于对设定 α 时候的讨论，同样地，可建议将 β 设定为 $2\dfrac{1-g\alpha}{g(g-1)}$ 的三分之一到二分之一。

而对于正偏心语义结构，决策者通常会认为：

1) 任意两个语言项之间的语义具有明确的差别；

2) 语言标度中两个高位相邻语言项中的语义差会严格大于两个低位相邻语言项间的语义差。

所以 $u(s_{k+1}) - u(s_k) \geq \alpha$，且 $[u(s_k) - u(s_{k-1})] - [u(s_{k-1}) - u(s_{k-2})] \geq \beta > 0$.

类似地，我们能得到 $\alpha \leq 1/(g-1)$，且 $\beta \leq 2\dfrac{1-g\alpha}{g(g-1)}$。

4.2 基于语义规划的语言双语言多准则加权和法

根据定义 3-1，双语言多准则决策问题中，方案 a_i 的综合基础评价值可表示为

$$V(a_i) = \sum_{j=1}^{n} w_j u(s_{\theta_{ij}})$$

其中语义函数 $u(s_{\theta_{ij}})$ 反映了决策者在准则 c_j 下，由各方案的基础评价信息评价 $s_{\theta_{ij}}$ 集结而获得的对方案 a_i 的基础偏好，而对该基础评价的信心水平

$$C(a_i) = \sum_{j=1}^{n} w_j \varphi(h_{\sigma_{ij}})$$

其中语义函数 $\varphi(h_{\sigma_{ij}})$ 反映了由信息 $h_{\sigma_{ij}}$ 所表示的对 $s_{\theta_{ij}}$ 所反映信息的信心水平（隶属度）。

在语言决策中，决策者以语言形式给出了模糊的决策信息，然后通过具体分析，利用不等式帮助其将这种模糊信息的允许取值范围加以刻画，在这一背景下，决策分析人员帮助决策者建立相应的数学模型，以期充分利用现有的这些信息，提高模型的区分度，从而能使决策者对方案间的偏好更加明晰地表达出来。这也就是本章所介绍方法的基本思想，而其关键就在于如何定义模型的区分度。

4.2.1 最大区分度语义指派

在任意准则 c_j 下，决策者给出的各方案评价结果分别为 $\langle s_{\theta_{ij}}, h_{\sigma_{ij}} \rangle$，$(i=1, 2, \cdots, m)$，则可将准则 c_j 下按基础评价的区分度通过以下方法

获得：

1) 将各方案在 c_j 下的各方案准则值按其基础语言评价 $s_{\theta_{ij}}$ 从小到大排序形成序列，记序列中相邻两项之间语义函数值的差为 b_j^1, b_j^2, $\cdots$, b_j^{m-1}。

2) 记 $d_j^1 = d_j^2 = b_j^1/2$, $d_j^3 = d_j^4 = b_j^2/2$, $\cdots$, $d_j^{2m-3} = d_j^{2m-2} = b_j^{m-1}/2$

并令 $d_j^0 = 1 - \sum_{i=1}^{m-1} b_j^i = 1 - \max[u(s_{\theta_{ij}})] + \min[u(s_{\theta_{ij}})]$，与 d_j^1, $\cdots$, d_j^{2m-2} 一起排列成序列，称为准则 c_j 下按基础语言评价所得离差序列。

3) 此时，模型在 c_j 下按其基础语言评价的区分度可被定义为

$$D_j = -k \sum_{i=0}^{2m-2} d_j^i \ln d_j^i$$

特别地，当 $d_j^i = 0$ 时，令 $d_j^i \ln d_j^i = 0$。其中 $k = [\ln(2m-1)]^{-1}$ 为标准化系数，目的在于将 D_j 的值定义在 0 到 1 之间。因此，按照上述定义，必然有 $D_j \in [0, 1]$。

如果所有的方案具有同样的价值函数值，那么任意的方案都不能通过该值与其他方案区别开，此时有 $d_j^0 = 1$, $d_j^i = 0$ ($i = 1, 2, \cdots, 2m-2$)，所以，此时

$$D_j = -k \sum_{i=0}^{2m-2} d_j^i \ln d_j^i$$
$$= -k(1\ln 1 + 0\ln 0 + 0\ln 0 + \cdots + 0\ln 0)$$
$$= 0$$

而仅当所有的 $d_j^i = \frac{1}{2m-1}$ ($i = 0, 1, 2, \cdots, 2m-2$) 时，有

$$D_j = -k \sum_{i=0}^{2m-2} d_j^i \ln d_j^i$$
$$= -k \sum_{i=0}^{2m-2} \frac{1}{2m-1} \ln \frac{1}{2m-1} = [\ln(2m-1)]^{-1} \ln(2m-1) \sum_{i=0}^{2m-2} \frac{1}{2m-1}$$
$$= 1$$

显然，此时对应原序列中各元素间的区分度最大。而在其余的情况下，D_j 均在 0~1 之间，也即此时原序列中各元素间的区分度在最小到最大之间，D_j 越大，对应的区分度越大。

进而，当同时考虑所有的准则时，按所给出基础评价信息的整体区分度为：

$$D = \sum_{j=1}^{n} w_j D_j = -k \sum_{j=1}^{n} w_j \sum_{i=0}^{2m-2} d_j^i \ln d_j^i$$

类似地，对信心水平语言标度 H，可以按上述方法定义各准则 c_j 下按评价确信水平所得离差序列

$$d_j'^0, d_j'^1, \cdots, d_j'^{2m-2}$$

从而，按各评价确信水平 C 的区分度则为

$$D' = -k \sum_{j=1}^{n} w_j \sum_{i=0}^{2m-2} d_j'^i \ln d_j'^i$$

如前所述，为了获得各语言项的语义值，需要最大化决策模型的区分度，可通过求解如下一对非线性规划模型，令 $u(h_k) = x_k, \varphi(h_{\sigma_{ij}}) = y_{ij}$ ($k = 1, 2, \cdots, g$)：

$$\begin{aligned} &\max D \\ &\text{s. t.} \\ &f_l(x_1, x_2, \cdots, x_g) = 0, (l = 0, 1, \cdots) \\ &0 \leqslant x_k \leqslant x_{k+1} \leqslant 1 \end{aligned} \quad (4-5)$$

和

$$\begin{aligned} &\max D' \\ &\text{s. t.} \\ &f_l'(y_1, y_2, \cdots, y_g) = 0, (l = 0, 1, \cdots) \\ &0 \leqslant y_k \leqslant y_{k+1} \leqslant 1 \end{aligned} \quad (4-6)$$

其中 $f_l(\cdot)$ 和 $f_l'(\cdot)$ 是按照 4.1 节中方法讨论所得关于语义函数取值的限制条件。

利用规划软件求解上述问题，其最优解 $X^* = [x_1^*, \cdots, x_g^*]$，$Y^* = [y_1^*, \cdots, y_{g'}^*]$ 可分别设定为双语言变量中对应语义标度 S 和 H 中的语言项的语义值。从而，可以计算出各方案的基础联合价值函数值 $V(a_i)$ 和确定性水平 $C(a_i)$。

4.2.2 最大区分度双语言多准则决策具体步骤

具体而语言，利用上节所述最大区分度法设定语义函数取值的双语言多准则决策问题的具体步骤包括：

步骤1：设定准则权重。

步骤2：建立决策矩阵。

步骤3：获得双语言变量对应语言标度中的语言项的语义值。

分析决策者的语义结构，诱导得出决策者对语言变量取值的限制条件，建立起最大区分度规划模型并求解。将模型最优解作为语言变量的语义函数值。

步骤4：计算各方案的基础综合评价值 $V(a_i)$ 并按其从大到小对方案做出预排序，并将这一排序以有向链的方式画出。

步骤5：考察信心水平并确认关系。

计算各方案综合基础评价值的确信度 $C(a_i)$，检验确信度信息是否支持按 $V(a_i)$ 预排的方案间的序关系，如支持，则保留对应链，如不支持，则将其去除，即打断原有向链，从而得到由高到低一组分散的子有向链。

例如，某预排序中两个相邻方案 a_1 和 a_2，有 $V(a_1) > V(a_2)$，即预排序中应具有由 a_1 指向 a_2 的有向链，如果 $C(a_1) \geqslant C(a_2)$，即对 a_1 基础综合评价的信心水平也不低于对 a_2 评价的信心水平，则保留该有向链，反之，如果 $C(a_1) < C(a_2)$，则对 a_1 评价的信心水平尚不足以支持确认 a_1 优于 a_2，因此打断两者之间的有向链。

步骤6：关系重构。

考察各子链中的元素与其前置的其余子链中尽可能靠后的元素间的信心水平的关系，如信心水平信息支持这种序关系，则建立这两者间的有向关系。

步骤7：冗余消除。

如果最终建立的所有的有向链中的某条所包含的元素均被另外一条有向链所包含，则被包含链中的偏好信息已经被其余链所包含，因此可以删除被包含链。这样，剩余的所有有向链构成了各方案间的关系图，该关系图能够帮助决策者做出更加理性的决策。

4.2.3 算例

本节利用改编自 Doukas[220] 的多准则决策实例来介绍上节所介绍的方法。在该问题中，从7种备选方案中选择最合适希腊社会的可再生能源系统，这7种备选方案分别为：风力发电厂（a_1），小水电项目（a_2），生物质能源电力（a_3），家用太阳能积热（a_4），光伏电力单元（a_5），生物质能远程输热（a_6），高焓地热发电（a_7）。

各方案通过六个准则加以评价：减少温室气体排放（c_1），对自然环境的影响（c_2），对就业的贡献（c_3），对地方经济发展的贡献（c_4），投资成本（c_5），对能源供给的贡献（c_6）。

步骤1：表4-1列出了各个准则权重[220]。

表4-1 准则权重

	c_1	c_2	c_3	c_4	c_5	c_6
权重	0.20	0.15	0.21	0.14	0.12	0.18

步骤2：表4-2和表4-3分别列出了各方案在不同准则下的评价值与对应的信心水平。

表4-2 各准则下方案的基础语言评价信息

	c_1	c_2	c_3	c_4	c_5	c_6
a_1	VG	P	P	G	F	VG
a_2	F	P	VP	G	G	F
a_3	F	VP	VP	VG	G	F
a_4	G	G	VG	G	P	P
a_5	VP	G	P	P	F	VP
a_6	P	VP	P	VG	G	VP
a_7	VP	F	VP	F	VG	VP

表4-3 基础评价信息的信心水平

	c_1	c_2	c_3	c_4	c_5	c_6
a_1	VL	M	H	M	L	L
a_2	M	VH	M	L	L	L
a_3	H	L	L	L	VH	M
a_4	H	H	M	M	M	VL
a_5	H	L	L	M	M	M
a_6	H	M	F	M	M	VL
a_7	L	M	M	H	M	M

步骤 3：用语言变量表达的不完全偏好信息由决策者给出。在本例中，当决策者的语义结构是对称的时，即(1) 任意一对语言标度中的语言项之间必然具有严格的区别；(2) 语言标度的语义结构关于标度中的中间项基本上是对称的。所以，根据4.1.1节中的讨论可以得出

$$u(s_{k+1}) - u(s_k) \geq \alpha,$$

$$0.5 - \varepsilon \leq u(s_3) \leq 0.5 + \varepsilon,$$

$$-\delta \leq (u(s_5) - u(s_4)) - (u(s_2) - u(s_1)) \leq \delta,$$

$$-\delta \leq [u(s_4) - u(s_3)] - [u(s_3) - u(s_2)] \leq \delta$$

在决策者理解了（、ε 和 δ 的意义之后，可根据规则1到规则3对其进行设定，假设此处将其分别设置为 0.1，0.1，0.1。于是：

1) 在准则 c_1 下，各方案的基础评价值从小到大排列为

VP, VP, P, F, F, G, VG

得出 $d_1^0, \cdots, d_1^{2m-2}$ 分别为

$$1 - u(s_5) + u(s_1), 0, 0, \frac{u(s_2) - u(s_1)}{2}, \frac{u(s_2) - u(s_1)}{2},$$

$$\frac{u(s_3) - u(s_2)}{2}, \frac{u(s_3) - u(s_2)}{2}, 0, 0, \frac{u(s_4) - u(s_3)}{2}, \frac{u(s_4) - u(s_3)}{2},$$

$$\frac{u(s_5) - u(s_4)}{2}, \frac{u(s_5) - u(s_4)}{2}$$

从而有

$$D_1 = -\frac{1}{\ln 7}\sum_{i=0}^{6} d_1^i \ln d_1^i$$

准则 c_1 下，各方案的评价确信度从小到大排列为

VL, L, M, H, H, H, H

于是可得出 $d_1'^0, \cdots, d_1'^{2m-2}$ 分别为

$1 - \varphi(h_4) + \varphi(h_1)$, $\dfrac{\varphi(h_2) - \varphi(h_1)}{2}$, $\dfrac{\varphi(h_2) - \varphi(h_1)}{2}$,

$\dfrac{\varphi(h_3) - \varphi(h_2)}{2}$, $\dfrac{\varphi(h_3) - \varphi(h_2)}{2}$, $\dfrac{\varphi(h_4) - \varphi(h_3)}{2}$, $\dfrac{\varphi(h_4) - \varphi(h_3)}{2}$,

0, 0, 0, 0, 0, 0

从而有

$$D_1' = -\frac{1}{\ln 7}\sum_{i=0}^{6} d_1'^i \ln d_1'^i$$

2) 在准则 c_2 下，各方案的基础评价值从小到大排列为

VP, VP, P, P, F, G, G

得出 $d_2^0, \cdots, d_2^{2m-2}$ 分别为

$1 - u(s_4) + u(s_1)$, 0, 0, $\dfrac{u(s_2) - u(s_1)}{2}$, $\dfrac{u(s_2) - u(s_1)}{2}$, 0, 0,

$\dfrac{u(s_3) - u(s_2)}{2}$, $\dfrac{u(s_3) - u(s_2)}{2}$, $\dfrac{u(s_4) - u(s_3)}{2}$, $\dfrac{u(s_4) - u(s_3)}{2}$, 0, 0

从而有

$$D_2 = -\frac{1}{\ln 7}\sum_{i=0}^{6} d_2^i \ln d_2^i$$

准则 c_2 下各方案的评价确信度从小到大排列为

L, L, M, M, M, H, VH

得出 $d_2'^0, \cdots, d_2'^{2m-2}$ 分别为

$1 - \varphi(h_5) + \varphi(h_2)$, 0, 0, $\dfrac{\varphi(h_3) - \varphi(h_2)}{2}$, $\dfrac{\varphi(h_3) - \varphi(h_2)}{2}$, 0, 0,

0, 0, $\dfrac{\varphi(h_4) - \varphi(h_3)}{2}$, $\dfrac{\varphi(h_4) - \varphi(h_3)}{2}$, $\dfrac{\varphi(h_5) - \varphi(h_4)}{2}$, $\dfrac{\varphi(h_5) - \varphi(h_4)}{2}$

从而有

$$D'_2 = -\frac{1}{\ln 7}\sum_{i=0}^{6} d''^i_2 \ln d''^i_2$$

3) 在准则 c_3 下,各方案的基础评价值从小到大排列为

VP, VP, VP, P, P, P, VG

得出 $d_3^0, \cdots, d_3^{2m-2}$ 分别为

$1 - u(s_5) + u(s_1)$, 0, 0, 0, 0, $\dfrac{u(s_2)-u(s_1)}{2}$, $\dfrac{u(s_2)-u(s_1)}{2}$,

0, 0, 0, 0, $\dfrac{u(s_5)-u(s_2)}{2}$, $\dfrac{u(s_5)-u(s_2)}{2}$

从而有

$$D_3 = -\frac{1}{\ln 7}\sum_{i=0}^{6} d_3^i \ln d_3^i$$

在准则 c_3 下,各方案的评价确信度从小到大排列为

L, L, M, M, M, H, VH

得出 $d'^0_3, \cdots, d'^{2m-2}_3$ 分别为

$1 - \varphi(h_5) + \varphi(h_2)$, 0, 0, $\dfrac{\varphi(h_3)-\varphi(h_2)}{2}$, $\dfrac{\varphi(h_3)-\varphi(h_2)}{2}$, 0, 0,

0, 0, $\dfrac{\varphi(h_4)-\varphi(h_3)}{2}$, $\dfrac{\varphi(h_4)-\varphi(h_3)}{2}$, $\dfrac{\varphi(h_5)-\varphi(h_4)}{2}$, $\dfrac{\varphi(h_5)-\varphi(h_4)}{2}$

从而有

$$D'_3 = -\frac{1}{\ln 7}\sum_{i=0}^{6} d'^i_3 \ln d'^i_3$$

4) 在准则 c_4 下,各方案的基础评价值从小到大排列为

P, F, G, G, G, VG, VG

得出 $d_4^0, \cdots, d_4^{2m-2}$ 分别为

$1 - u(s_5) + u(s_2)$, $\dfrac{u(s_3)-u(s_2)}{2}$, $\dfrac{u(s_3)-u(s_2)}{2}$, $\dfrac{u(s_4)-u(s_3)}{2}$,

$\dfrac{u(s_4)-u(s_3)}{2}$, 0, 0, 0, 0, $\dfrac{u(s_5)-u(s_4)}{2}$, $\dfrac{u(s_5)-u(s_4)}{2}$, 0, 0

从而有

$$D_4 = -\frac{1}{\ln 7}\sum_{i=0}^{6} d_4^i \ln d_4^i$$

在准则 c_4 下，各方案的评价确信度从小到大排列为

L, L, M, M, M, M, H

得出 $d_4'^0, \cdots, d_4'^{2m-2}$ 分别为

$1-\varphi(h_4)+\varphi(h_2)$, 0, 0, $\dfrac{\varphi(h_3)-\varphi(h_2)}{2}$, $\dfrac{\varphi(h_3)-\varphi(h_2)}{2}$, 0,

0, 0, 0, 0, 0, $\dfrac{\varphi(h_4)-\varphi(h_3)}{2}$, $\dfrac{\varphi(h_4)-\varphi(h_3)}{2}$

从而有

$$D_4' = -\dfrac{1}{\ln 7}\sum_{i=0}^{6} d_4'^i \ln d_4'^i$$

5) 在准则 c_5 下，各方案的基础评价值从小到大排列为

P, F, F, G, G, G, VG

得出 $d_5^0, \cdots, d_5^{2m-2}$ 分别为

$1-u(s_5)+u(s_2)$, $\dfrac{u(s_3)-u(s_2)}{2}$, $\dfrac{u(s_3)-u(s_2)}{2}$, 0, 0,

$\dfrac{u(s_4)-u(s_3)}{2}$, $\dfrac{u(s_4)-u(s_3)}{2}$, 0, 0, 0, 0, $\dfrac{u(s_5)-u(s_4)}{2}$, $\dfrac{u(s_5)-u(s_4)}{2}$

从而有

$$D_5 = -\dfrac{1}{\ln 7}\sum_{i=0}^{6} d_5^i \ln d_5^i$$

在准则 c_5 下，各方案的评价确信度从小到大排列为

L, L, M, M, M, M, VH

得出 $d_5'^0, \cdots, d_5'^{2m-2}$ 分别为

$1-\varphi(h_5)+\varphi(h_2)$, 0, 0, $\dfrac{\varphi(h_3)-\varphi(h_2)}{2}$, $\dfrac{\varphi(h_3)-\varphi(h_2)}{2}$, 0,

0, 0, 0, 0, 0, $\dfrac{\varphi(h_5)-\varphi(h_3)}{2}$, $\dfrac{\varphi(h_5)-\varphi(h_3)}{2}$

从而有

$$D_5' = -\dfrac{1}{\ln 7}\sum_{i=0}^{6} d_5'^i \ln d_5'^i$$

6) 在准则 c_6 下，各方案的基础评价值从小到大排列为

VP, VP, VP, P, F, F, VG

得出 $d_6^0, \cdots, d_6^{2m-2}$ 分别为

$1 - u(s_5) + u(s_1)$, 0, 0, 0, 0, $\dfrac{u(s_2) - u(s_1)}{2}$, $\dfrac{u(s_2) - u(s_1)}{2}$,

$\dfrac{u(s_3) - u(s_2)}{2}$, $\dfrac{u(s_3) - u(s_2)}{2}$, 0, 0, $\dfrac{u(s_5) - u(s_3)}{2}$, $\dfrac{u(s_5) - u(s_3)}{2}$

从而有

$$D_6 = -\frac{1}{\ln 7} \sum_{i=0}^{6} d_6^i \ln d_6^i$$

在准则 c_6 下，各方案的评价确信度从小到大排列为

VL, VL, L, L, M, M, M

得出 $d'^0_6, \cdots, d'^{2m-2}_6$ 分别为

$1 - \varphi(h_3) + \varphi(h_1)$, 0, 0, $\dfrac{\varphi(h_2) - \varphi(h_1)}{2}$, $\dfrac{\varphi(h_2) - \varphi(h_1)}{2}$, 0,

0, $\dfrac{\varphi(h_3) - \varphi(h_2)}{2}$, $\dfrac{\varphi(h_3) - \varphi(h_2)}{2}$, 0, 0, 0, 0

从而有

$$D'_6 = -\frac{1}{\ln 7} \sum_{i=0}^{6} d'^i_6 \ln d'^i_6$$

利用模型（4-5）和模型（4-6），有

$$\max D = \sum_{j=1}^{6} w_j D_j$$

s. t.

$x_{k+1} - x_k \geqslant 0.1$

$0.4 \leqslant x_3 \leqslant 0.6$

$-0.1 \leqslant (x_5 - x_4) - (x_2 - x_1) \leqslant 0.1$

$-0.1 \leqslant (x_4 - x_3) - (x_3 - x_2) \leqslant 0.1$

$0 \leqslant x_1 \leqslant x_2 \leqslant x_3 \leqslant x_4 \leqslant 1$

和

4 基于语义规划的双语言多准则决策方法

$$\max D' = \sum_{j=1}^{6} w_j D'_j$$

s. t.

$y_{k+1} - y_k \geq 0.1$

$0.4 \leq y_3 \leq 0.6$

$-0.1 \leq (y_5 - y_4) - (y_2 - y_1) \leq 0.1$

$-0.1 \leq (y_4 - y_3) - (y_3 - y_2) \leq 0.1$

$0 \leq y_1 \leq y_2 \leq y_3 \leq y_4 \leq 1$

可解得

$X^* = [0.0276, 0.2689, 0.5285, 0.7569, 0.9293]$, $D^* = 0.719564$

$Y^* = [0.0000\ 0.2123, 0.5656, 0.8363, 1.0000]$, $D'^* = 0.675778$

分别作为语言标度 S 和 H 中各语言项的语义值。

步骤 4：方案 a_1 到 a_7 的综合基础评价值 $V(a_i)$ 分别为 0.619，0.444，0.432，0.647，0.282，0.340，0.281。

由于 $V(a_4) > V(a_1) > V(a_2) > V(a_3) > V(a_6) > V(a_5) > V(a_7)$，所以建立方案间的预排序，得到基础有向链如图 4-4。

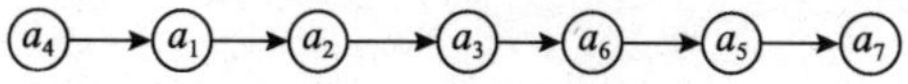

$(a_4) \rightarrow (a_1) \rightarrow (a_2) \rightarrow (a_3) \rightarrow (a_6) \rightarrow (a_5) \rightarrow (a_7)$

图 4-4 基础有向链

步骤 5：方案 a_1 到 a_7 的综合基础评价值 $V(a_i)$ 所对应的信心水平 $C(a_i)$ 分别为 0.403，0.475，0.495，0.559，0.493，0.609，0.533。

由于 $C(a_1) < C(a_2)$，因此，打断基础评价有向链中 a_1 指向 a_2 的有向关系，即信心水平不支持 a_1 优于 a_2 这一基础评价结果。类似地，可以打断基础评价有向链中其他这样不被信心水平所支持的关系，得到一组包含五级子链的有向链如图 4-5。

$(a_4) \rightarrow (a_1) \quad (a_2) \quad (a_3) \quad (a_6) \rightarrow (a_5) \quad (a_7)$

图 4-5 打断后的有向链

步骤6：第二级子链中仅包含 a_2，其仅有的前置子链为 $a_4 \to a_1$，比较二级子链中元素（此处只有 a_2）与其前置子链（此处仅有一级子链 $a_4 \to a_1$）中尽可能靠后的元素（从 a_1 起开始）的评价信心水平，直到建立起两元素间的有向关系为止，因此可得图 4-6。

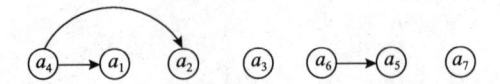

图 4-6　重建二级子链元素与其前置子链关系

同样地，考虑三级子链 a_3，得到图 4-7。

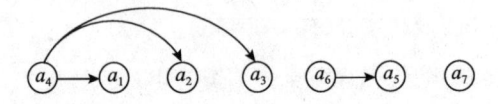

图 4-7　重建三级子链元素与其前置子链关系

注意四级子链 $a_6 \to a_5$，其中 a_6 的评价信心水平 $C(a_6)$ 由于大于其余所有的 $C(a_i)$，因此无法建立起它与其前置子链中任意元素的关系。考虑子链中方案 a_5 与前置子链中元素的关系，并得到图 4-8。

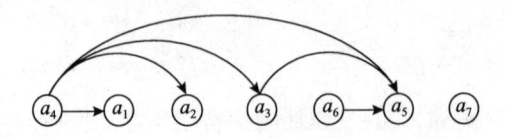

图 4-8　重建四级子链元素与其前置子链关系

重建其五级子链 a_7 与前置子链中元素的关系，得到图 4-9。

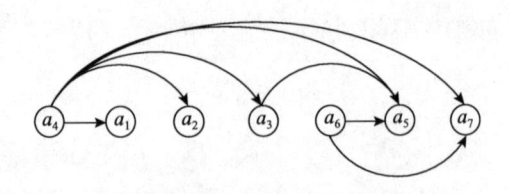

图 4-9　重建五级子链元素与其前置子链关系

步骤 7：在建立起的有向链集中，$a_4 \to a_5$ 中所有的元素均在 $a_4 \to a_3 \to a_5$ 中出现，因此可将其删除，仅保留 $a_4 \to a_3 \to a_5$。从而最终可得如下方案间关系图 4-10。

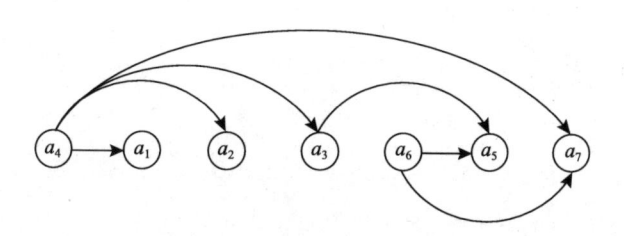

图 4-10　最终方案间优势关系

步骤 8：根据上图，若仅从方案选择的角度来考虑，一旦决策者从方案 a_1、a_2、a_3、a_5、a_7 中选择某方案，就必然可以有更好的选择，因此这些方案都可以看作是"无效"方案。而"有效"方案集中便仅余 a_4、a_6，即最优方案应在此二者中选择。而 a_4 与 a_6 相比，a_4 的基础评价结果是优于 a_6 的，然而其确信水平不足以支持这一判断，因此，最终的决策应由决策者在理解了上述含义之后做出。

除了帮助决策者做出选择以外，上述的关系图也进一步提供了方案间的部分序关系，从而可以对部分方案间的优劣加以排序。

上述的结果是建立在决策者的语义是关于中心大致对称的这一基础之上的，接下来考虑在负/正偏心语义结构下的语义值以及不同的语义结构对决策结果的影响，模型与前述步骤不同之处仅在于规划模型的限制条件不同，应采用偏心语义下的各语言项之间的关系（见 4.1.2 节）。

当语义结构为负偏心语义时，应有

$$u(s_{k+1}) - u(s_k) \geqslant \alpha, \text{ 且 } [u(s_{k-1}) - u(s_{k-2})] - [u(s_k) - u(s_{k-1})] \geqslant \beta > 0$$

$$\varphi(h_{k+1}) - \varphi(h_k) \geqslant \alpha', \text{ 且}$$

$$[\varphi(h_{k-1}) - \varphi(h_{k-2})] - [\varphi(h_k) - \varphi(h_{k-1})] \geqslant \beta' > 0$$

其中 $\alpha \leqslant 1/(g-1)$ 且 $\beta \leqslant 2\dfrac{1-g\alpha}{g(g-1)}$，$\alpha' \leqslant 1/(g'-1)$ 且

$$\beta' \leq 2 \frac{1 - g'\alpha'}{g'(g'-1)}。$$

若设定 $\alpha = \alpha' = 0.1$，$\beta = \beta' = 0.02$，求解规划

$$\max D = \sum_{j=1}^{6} w_j D_j$$

s.t.

$$x_{k+1} - x_k \geq 0.1, \quad k = 1, 2, 3, 4$$
$$(x_{k+1} - x_k) - (x_{k+2} - x_{k+1}) > 0.02, \quad k = 1, 2, 3$$
$$(x_1 - 0) - (x_2 - x_1) > 0.02$$
$$(x_5 - x_4) - (1 - x_5) > 0.02$$
$$0 \leq x_1 \leq x_2 \leq x_3 \leq x_4 \leq x_5 \leq 1$$

和

$$\max D' = \sum_{j=1}^{6} w_j D_j'$$

s.t.

$$y_{k+1} - y_k \geq 0.1, \quad k = 1, 2, 3, 4$$
$$(y_{k+1} - y_k) - (y_{k+2} - y_{k+1}) > 0.02, \quad k = 1, 2, 3$$
$$(y_1 - 0) - (y_2 - y_1) > 0.02$$
$$(y_5 - y_4) - (1 - y_5) > 0.02$$
$$0 \leq y_1 \leq y_2 \leq y_3 \leq y_4 \leq y_5 \leq 1$$

分别得到

$X^* = [0.2400, 0.4600, 0.6600, 0.8400, 1.000]$，$D^* = 0.694084$
$Y^* = [0.2427, 0.4654, 0.6681, 0.8508, 1.000]$，$D^* = 0.5889932$

进而可得到各方案在此时所对应的基础综合评价 $V(a_i)$ 分别为 0.742, 0.589, 0.578, 0.760, 0.457, 0.509, 0.453 以及这些评价所对应的确信水平 $C(a_i)$ 分别为 0.570, 0.637, 0.652, 0.667, 0.643, 0.706, 0.664。

类似于对称语义标度时的步骤，获得这种情况下各方案间的优势关系如图 4-11。

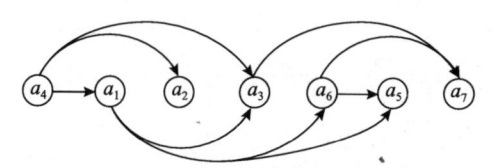

图 4-11 负偏心语义下的方案间优势关系

同样地，在正偏心语义结构的情况下，
$u(h_{k+1}) - u(h_k) \geq \alpha$，且 $[u(s_k) - u(s_{k-1})] - [u(s_{k-1}) - u(s_{k-2})] \geq \beta > 0$
$$\varphi(h_{k+1}) - \varphi(h_k) \geq \alpha，且$$
$$[\varphi(h_k) - \varphi(h_{k-1})] - [\varphi(h_{k-1}) - \varphi(h_{k-2})] \geq \beta' > 0$$

类似地，我们能得到 $\alpha \leq 1/(g-1)$ 且 $\beta \leq 2\dfrac{1-g\alpha}{g(g-1)}$，$\alpha' \leq 1/(g'-1)$ 且 $\beta' \leq 2\dfrac{1-g'\alpha'}{g'(g'-1)}$。若设定 $\alpha = \alpha' = 0.1$，$\beta = \beta' = 0.02$，求解规划

$$\max D = \sum_{j=1}^{6} w_j D_j$$

s. t.

$x_{k+1} - x_k \geq 0.1$，$k = 1, 2, 3, 4$

$(x_{k+2} - x_{k+1}) - (x_{k+1} - x_k) > 0.02$，$k = 1, 2, 3$

$(x_2 - x_1) - (x_1 - 0) > 0.02$

$(1 - x_5) - (x_5 - x_4) > 0.02$

$0 \leq x_1 \leq x_2 \leq x_3 \leq x_4 \leq x_5 \leq 1$

和

$$\max D' = \sum_{j=1}^{6} w_j D'_j$$

s. t.

$y_{k+1} - y_k \geq 0.1$，$k = 1, 2, 3, 4$

$(y_{k+2} - y_{k+1}) - (y_{k+1} - y_k) > 0.02$，$k = 1, 2, 3$

$(y_2 - y_1) - (y_1 - 0) > 0.02$

$(1 - y_5) - (y_5 - y_4) > 0.02$

$0 \leq y_1 \leq y_2 \leq y_3 \leq y_4 \leq y_5 \leq 1$

得到

$X^* = [0.0000, 0.1600, 0.3400, 0.5400, 0.7600]$,$D^* = 0.6886638$

$Y^* = [0.0000, 0.1350, 0.3213, 0.5275, 0.7538]$,$D^* = 0.5857524$

进而可得出 $V(a_i)$ 分别为 0.463,0.294,0.300,0.472,0.178,0.237,0.190,所对应的 $C(a_i)$ 则分别为 0.244,0.304,0.321,0.336,0.295,0.396,0.313。

最后各方案间的优势关系如图 4-12。

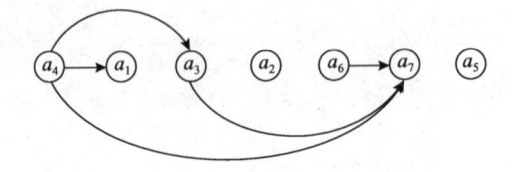

图 4-12 正偏心语义下的方案间优势关系

4.3 基于语义规划的双语言 TOPSIS

TOPSIS(technique for order performance by similarity to ideal solution)方法是一个典型的多准则决策方法,它由 Hwang 和 Yoon[125]最先提出。该方法认为一个方案与评价空间中的一个点相对应,最优的方案应该距离正理想点(PIS, positive ideal solution)最近而离负理想点(NIS, negative ideal solution)最远。

TOPSIS 方法具有四个主要的优点[221]:第一,一个合理的逻辑代表了选择的理性;第二,备选方案同时与最好和最差的方案加以比较从而排序;第三,计算简单;第四,方案的表现具有直观的几何意义。此外,一项模拟显示[205],相比起其他 7 种典型的多准则决策方法而言,TOPSIS 方法具有最少的排序逆转。所以,TOPSIS 方法被广泛地采用,尤其是在亚太地区更是如此[222]。然而在经典的 TOPSIS 方法中,方案需要被精确地评估[5,6]。

本节介绍语义规划下的双语言 TOPSIS 方法,方法中所定义的数据区分度与前一节中的方法不同，采用了基于距离的方式加以定义。在本方法中，正理想点 a^+ 和负理想点 a^- 被分别定义为

$$a^+ = (a_1^+, a_2^+, \cdots, a_n^+), \quad a^- = (a_1^-, a_2^-, \cdots, a_n^-)$$

其中，$a_j^+ = \langle s_j^+, h_j^+ \rangle = \langle \max_i(s_{\theta_{ij}}), \max_i(h_{\theta_{ij}}) \rangle$，$a_j^- = \langle s_j^-, h_j^- \rangle = \langle \min_i(s_{\theta_{ij}}), \min_i(h_{\theta_{ij}}) \rangle$ $(i=1, 2, \cdots, m)$。给定任意语义函数 $u(\cdot)$ 及 $\varphi(\cdot)$，在方案基础评价相空间内，方案 a_i 至 a^+ 与 a^- 的距离分别可通过下式计算

$$d_i^+ = \left\{\sum_{j=1}^n w_j [u(s_{\theta_{ij}}) - u(s_j^+)]^2\right\}^{1/2}, \quad d_i^- = \left\{\sum_{j=1}^n w_j [u(s_{\theta_{ij}}) - u(s_j^-)]^2\right\}^{1/2}$$

而在评价确信度相空间内，方案 a_i 至 a^+ 与 a^- 的距离则为

$$d'^+_i = \left\{\sum_{j=1}^n w_j [\varphi(h_{\sigma_{ij}}) - \varphi(h_j^+)]^2\right\}^{1/2},$$

$$d'^-_i = \left\{\sum_{j=1}^n w_j [\varphi(h_{\sigma_{ij}}) - \varphi(h_j^-)]^2\right\}^{1/2}$$

为了对方案进行排序，按基础评价计算的贴近系数（closeness coefficient）CC 与按确信水平计算的贴近系数 CC' 分别被定义为

$$CC_i = \frac{d_i^-}{d_i^- + d_i^+}, \quad CC'_i = \frac{d'^-_i}{d'^-_i + d'^+_i}, \quad i=1, 2, \cdots, m \quad (4-7)$$

由于更优的方案 a_i 更加靠近正理想点而远离负理想点，因此它对应更大的 CC_i 与 CC'_i。

利用语言变量所表达的偏好信息是不完全的，即语义函数 $u(\cdot)$ 及 $\varphi(\cdot)$ 的取值和函数的具体形式是不完全的，同样地，此处利用最大离差模型来处理这一不完全性，并对语言变量的语义值加以赋值。

4.3.1 利用最大离差法设定语义值

先考虑基础评价信息，任意两个方案 a_i 与 a_l 之间分别相对于正理想点和负联想点而言的离差被定义为

$$\Delta_u^+ \equiv |d_i^+ - d_l^+| =$$

$$\left| \left\{\sum_{j=1}^n w_j [u(s_{\theta_{ij}}) - u(s_j^+)]^2\right\}^{1/2} - \left\{\sum_{j=1}^n w_j [u(s_{\theta_{lj}}) - u(s_j^+)]^2\right\}^{1/2} \right|$$

$$\Delta_{il}^- \equiv | d_i^- - d_l^- |$$

$$= \Big| \{\sum_{j=1}^n w_j [u(s_{\theta_{ij}}) - u(s_j^-)]^2\}^{1/2} - \{\sum_{j=1}^n w_j [u(s_{\theta_{lj}}) - u(s_j^-)]^2\}^{1/2} \Big|$$

不论是相对于正理想点还是负理想点，令语言变量的语义值 $x_k = u(s_k)$ ($k=1, 2, \cdots, g$) 应该最大化所有的方案间的离差，从而增大模型的区分度，因此建立如下双目标规划模型

$$\max\Big(\sum_{i=1}^m \sum_{l=1}^m \Delta_{il}^+, \sum_{i=1}^m \sum_{l=1}^m \Delta_{il}^-\Big)$$

s. t. (4-8)

$$f_t(x_1, x_2, \cdots, x_g) = 0, (t=1,2,\cdots)$$

$$0 \leq x_k \leq x_{k+1} \leq 1, (k=1,2,\cdots,g-1)$$

运用加权和法，由于两个目标具有类似的物理意义，因此可将这两个目标同等加权，并将其转化为如下纯量优化模型

$$\max \sum_{i=1}^m \sum_{l=1}^m \Delta_{il}^+ + \sum_{i=1}^m \sum_{l=1}^m \Delta_{il}^- = \sum_{i=1}^m \sum_{l=1}^m (\Delta_{il}^+ + \Delta_{il}^-)$$

s. t. (4-9)

$$f_t(x_1, x_2, \cdots, x_g) = 0, (t=1,2,\cdots)$$

$$0 \leq x_k \leq x_{k+1} \leq 1, (k=1,2,\cdots,g-1)$$

这样，模型的最优解 $X^* = [x_1^*, \cdots, x_g^*]$ 便能设为语言标度 S 中各语言项的语义值 $[u(s_1), \cdots, u(s_g)]$。

类似地，对于确信度信息，应该使得语言标度 H 中各语言项的语义值 $y_k = \varphi(h_k)$ ($k=1, 2, \cdots, g'$) 对应如下优化模型

$$\max \sum_{i=1}^m \sum_{l=1}^m \Delta'^+_{il} + \sum_{i=1}^m \sum_{l=1}^m \Delta'^-_{il} = \sum_{i=1}^m \sum_{l=1}^m (\Delta'^+_{il} + \Delta'^-_{il})$$

s. t.

$$f'_t(y_1, y_2, \cdots, y_{g'}) = 0, (t=1,2,\cdots)$$

$$0 \leq y_k \leq y_{k+1} \leq 1, (k=1,2,\cdots,g'-1)$$

其中

$$\Delta'^+_{il} \equiv | d'^+_i - d'^+_l | =$$

$$\left|\{\sum_{j=1}^{n}w_{j}[\varphi(h_{\theta_{ij}})-\varphi(h_{j}^{+})]^{2}\}^{1/2}-\{\sum_{j=1}^{n}w_{j}[\varphi(h_{\theta_{lj}})-\varphi(h_{j}^{+})]^{2}\}^{1/2}\right|$$

$$\Delta_{il}^{\prime -}\equiv|\,d_{i}^{\prime -}-d_{l}^{\prime -}\,|=$$

$$\left|\{\sum_{j=1}^{n}w_{j}[\varphi(h_{\theta_{ij}})-\varphi(h_{j}^{-})]^{2}\}^{1/2}-\{\sum_{j=1}^{n}w_{j}[\varphi(h_{\theta_{lj}})-\varphi(h_{j}^{-})]^{2}\}^{1/2}\right|$$

4.3.2 双语言 TOPSIS 的具体决策步骤

本章所介绍的决策方法包含了五个步骤。

步骤1：选择决策准则并设定权重。

步骤2：建立决策矩阵。

步骤3：利用离差模型设定语言变量的语义值。

根据决策者所给出的语言变量所表达的偏好关系，按照4.3.1的方法建立并求解离差最大化模型，将模型的解设定为语言标度中语言项的语义值。

步骤4：计算各方案基础评价空间的贴近系数。

利用公式（4-7），方案 α_i（$i=1,2,\cdots,m$）贴近系数 CC_i。

步骤5：基础评价排序。

将方案 α_i（$i=1,2,\cdots,m$）按照 CC_i 的从大到小进行预排序，并将这一排序以有向链的方式画出。

步骤6：考察信心水平空间的贴近系数 CC'_i 并确认关系。

计算各方案在信心水平空间的贴近系数 CC'_i，检验该系数是否支持按 CC_i 预排的方案间的序关系，如不支持，则将其去除，即打断原有向链，从而得到由高到低一组分散的子有向链。

步骤7：关系重构。

考察各子链中的元素与其前置的其余子链中尽可能靠后的元素间的 CC'_i 的关系，如 CC'_i 信息支持这种序关系，则建立这两者间的有向关系。

步骤8：冗余消除。

如果最终建立的所有的有向链中的某条所包含的元素均被另外一条有向链所包含，则被包含链中的偏好信息已经被其余链所包含，因此可以删除被包含链。这样，剩余的全部有向链构成了各方案间的偏好关系图。

4.3.3 算例

对于第二章中所介绍的算例,此处我们采用本节的方法加以分析。

步骤1、2:准则权重及各准则下的双语言评价结果见表2-1与表2-2。

步骤3:由语言变量所表达的不完全偏好关系由决策者给出。本例中,首先考虑对称型语义结构,即当决策者认为任意的两个语言项之间具有严格的差别,而且语言标度的语义结构关于其中间项大致对称时,根据4.1.1节中所讨论的,有

$$u(s_{k+1}) - u(s_k) \geq \alpha,$$
$$0.5 - \varepsilon \leq u(s_3) \leq 0.5 + \varepsilon,$$
$$-\delta \leq [u(s_5) - u(s_4)] - [u(s_2) - u(s_1)] \leq \delta$$
$$-\delta \leq [u(s_4) - u(s_3)] - [u(s_3) - u(s_2)] \leq \delta.$$

在理解了参数 α、ε 和 δ 的具体意义后,决策者将这三者分别定设为 0.1,0.1 和 0.1。利用模型,有

$$\max \sum_{i=1}^{7} \sum_{s=1}^{7} (\Delta_{is}^+ + \Delta_{is}^-)$$

s.t.

$$x_{k+1} - x_k \geq 0.1, k = 1, 2, \cdots, 4$$
$$0.4 \leq x_3 \leq 0.6$$
$$-0.1 \leq (x_5 - x_4) - (x_2 - x_1) \leq 0.1$$
$$-0.1 \leq (x_4 - x_3) - (x_3 - x_2) \leq 0.1$$
$$0 \leq x_1 \leq x_2 \leq x_3 \leq x_4 \leq x_5 \leq 1$$

以及

$$\max \sum_{i=1}^{7} \sum_{s=1}^{7} (\Delta_{is}'^+ + \Delta_{is}'^-)$$

s.t.

$$y_{k+1} - y_k \geq 0.1, k = 1, 2, \cdots, 4$$
$$0.4 \leq y_3 \leq 0.6$$

$$-0.1 \leq (y_5 - y_4) - (y_2 - y_1) \leq 0.1$$
$$-0.1 \leq (y_4 - y_3) - (y_3 - y_2) \leq 0.1$$
$$0 \leq y_1 \leq y_2 \leq y_3 \leq y_4 \leq y_5 \leq 1$$

这是两个简单的规划模型,可以通过大多数的运筹软件解得
$$X^* = [0, 0.10, 0.55, 0.90, 1]$$
$$Y^* = [0, 0.30, 0.50, 0.60, 1]$$

从而获得语言标度中各语言项的语义值。

步骤 4:利用公式,方案 a_1 到 a_7 的按基础评价的贴近系数 CC_i 分别为 0.773,0.761,0.553,0.735,0.463,0.547,0.529,以此对方案预排序并得出基础有向链(图 4-13)。

$a_1 \rightarrow a_2 \rightarrow a_4 \rightarrow a_3 \rightarrow a_6 \rightarrow a_7 \rightarrow a_5$

图 4-13 序语义结构下按 CC 的基础有向链

步骤 5:按确信水平的贴近系数 CC'_i 分别为 0.451,0.587,0.439 0.397,0.422,0.502,0.579 以此为依据打断上步所得基础评价链并重构新的方案间关系有向链,最终得到下图所示的方案间关系图 4-14。

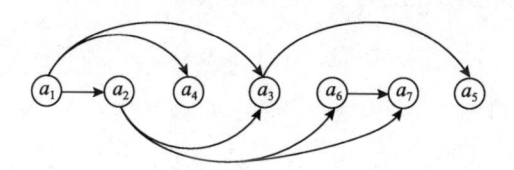

图 4-14 序语义结构下的 TOPSIS 法方案间偏好关系

同样,我们进一步研究负偏心语义结构和正偏心语义结构的影响。

负偏心语义结构:

根据 4.1.2 中的讨论,当语义结构为负偏心语义时,应有
$u(s_{k+1}) - u(s_k) \geq \alpha$,且 $[u(s_{k-1}) - u(s_{k-2})] - [u(s_k) - u(s_{k-1})] \geq \beta > 0$
$$\varphi(h_{k+1}) - \varphi(h_k) \geq \alpha',$$
且 $[\varphi(h_{k-1}) - \varphi(h_{k-2})] - [\varphi(h_k) - \varphi(h_{k-1})] \geq \beta' > 0$

其中 $\alpha \leq 1/(g-1)$ 且 $\beta \leq 2\dfrac{1-g\alpha}{g(g-1)}$, $\alpha' \leq 1/(g'-1)$ 且 $\beta' \leq$

$2\dfrac{1-g'\alpha'}{g'(g'-1)}$ 若设定 $\alpha = \alpha' = 0.1$, $\beta = \beta' = 0.02$, 求解规划

$$\max \sum_{i=1}^{7}\sum_{s=1}^{7}(\Delta_{is}^{+} + \Delta_{is}^{-})$$

s.t.

$x_{k+1} - x_k \geqslant 0.1, k = 1,2,3,4$

$(x_{k+1} - x_k) - (x_{k+2} - x_{k+1}) > 0.02, k = 1,2,3$

$(x_1 - 0) - (x_2 - x_1) > 0.02$

$(x_5 - x_4) - (1 - x_5) > 0.02$

$0 \leqslant x_1 \leqslant x_2 \leqslant x_3 \leqslant x_4 \leqslant x_5 \leqslant 1$

以及

$$\max \sum_{i=1}^{7}\sum_{s=1}^{7}(\Delta'^{+}_{is} + \Delta'^{-}_{is})$$

s.t.

$y_{k+1} - y_k \geqslant 0.1, k = 1,2,3,4$

$(y_{k+1} - y_k) - (y_{k+2} - y_{k+1}) > 0.02, k = 1,2,3$

$(y_1 - 0) - (y_2 - y_1) > 0.02$

$(y_5 - y_4) - (1 - y_5) > 0.02$

$0 \leqslant y_1 \leqslant y_2 \leqslant y_3 \leqslant y_4 \leqslant y_5 \leqslant 1$

解得 $X^* = [0.255, 0.49, 0.705, 0.90, 1]$, $Y^* = [0.24, 0.46, 0.66, 0.84, 1]$。进而计算出方案 a_1 到 a_7 的贴近系数 CC_i 分别为 0.734, 0.732, 0.557, 0.702, 0.473, 0.508, 0.495, CC'_i 分别为 0.489, 0.600, 0.460, 0.443, 0.473, 0.525, 0.562, 所以有图 4-15。

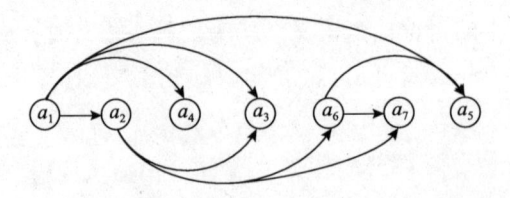

图 4-15 负偏心语义下的 TOPSIS 法方案间偏好关系

4 基于语义规划的双语言多准则决策方法

正偏心语义结构：

同样，在正偏心语义结构的情况下，

$$u(h_{k+1}) - u(h_k) \geq \alpha, \text{且} [u(s_k) - u(s_{k-1})] - [u(s_{k-1}) - u(s_{k-2})] \geq \beta > 0.$$

$$\varphi(h_{k+1}) - \varphi(h_k) \geq \alpha$$

$$\text{且} [\varphi(h_k) - \varphi(h_{k-1})] - [\varphi(h_{k-1}) - \varphi(h_{k-2})] \geq \beta' > 0$$

类似地，我们能得到 $\alpha \leq 1/(g-1)$ 且 $\beta \leq 2\dfrac{1-g\alpha}{g(g-1)}$，$\alpha' \leq 1/(g'-1)$ 且 $\beta' \leq 2\dfrac{1-g'\alpha'}{g'(g'-1)}$

若设定 $\alpha = \alpha' = 0.1$，$\beta = \beta' = 0.02$，求解规划

$$\max \sum_{i=1}^{7} \sum_{s=1}^{7} (\Delta_{is}^+ + \Delta_{is}^-)$$

s.t.

$$x_{k+1} - x_k \geq 0.1, k = 1,2,3,4$$
$$(x_{k+2} - x_{k+1}) - (x_{k+1} - x_k) > 0.02, k = 1,2,3$$
$$(x_2 - x_1) - (x_1 - 0) > 0.02$$
$$(1 - x_5) - (x_5 - x_4) > 0.02$$
$$0 \leq x_1 \leq x_2 \leq x_3 \leq x_4 \leq x_5 \leq 1$$

以及

$$\max \sum_{i=1}^{7} \sum_{s=1}^{7} (\Delta_{is}'^+ + \Delta_{is}'^-)$$

s.t.

$$y_{k+1} - y_k \geq 0.1, k = 1,2,3,4$$
$$(y_{k+2} - y_{k+1}) - (y_{k+1} - y_k) > 0.02, k = 1,2,3$$
$$(y_2 - y_1) - (y_1 - 0) > 0.02$$
$$(1 - y_5) - (y_5 - y_4) > 0.02$$
$$0 \leq y_1 \leq y_2 \leq y_3 \leq y_4 \leq y_5 \leq 1$$

解得 $X^* = [0, 0.1, 0.295, 0.51, 0.745]$，$Y^* = [0, 0.1, 0.295, 0.51, 0.745]$。进而计算出方案 a_1 到 a_7 的贴近系数 CC_i 分别为 0.605，

0.627，0.506，0.603，0.409，0.472，0.460，CC'_i 分别为 0.440，0.544，0.411，0.408，0.414，0.510，0.497，所以有图 4-16。

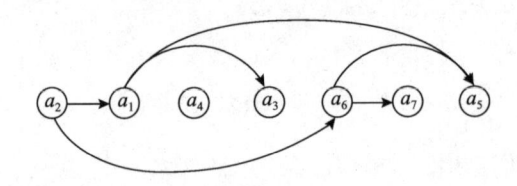

图 4-16　正偏心语义下的 TOPSIS 法方案间偏好关系

图 4-17 展示了在三种语义结构下对本例中 S 的各语言项所设定的语义值。

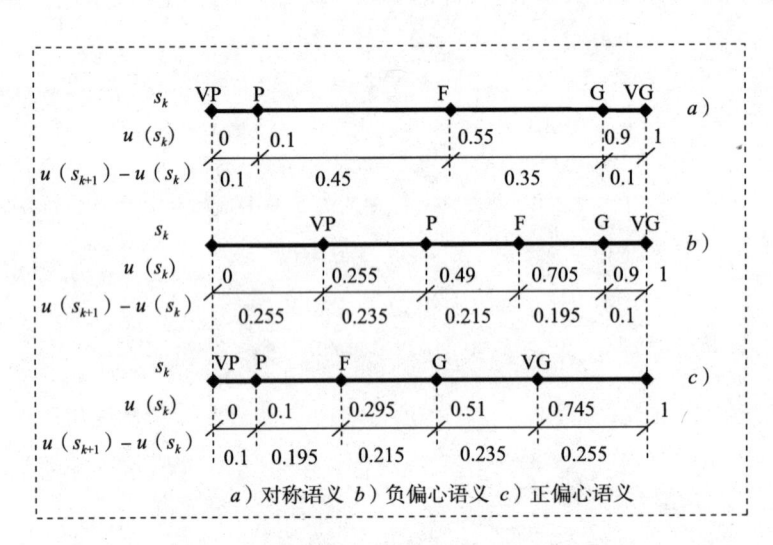

图 4-17　三种不同语义结构下的语义值

4.4　本章小节与讨论

直觉上，不同的语义结构应该会对最终的决策结果产生重要的影响，而现有的语言多准则决策方法则很少考虑到这种影响，语义结构的问题在模型中没有被很好地处理，而通过本章算例我们可以发现，本章所介绍的模型可以对这种影响加以很好的模拟，例如，方案间的偏好在不同的语义结构下发生了偏转（例如 4.2.3 算例中的 a_5 和 a_7，4.3.3 节中的 a_1 和 a_2）。这意味着语义结构能够影响决策结果。尽管这一特性可能并不会被决策分析人员所喜欢，但这比结果不变更有道理。这是因为不同的人就算采用同样的语言来表达他的观点，其蕴含的实际偏好也是不同的。例如，一个"一般"的价格对有的人来说可能意味着"不便宜"，而对有的人而言则可能意味这"不贵"。

　　本章所介绍的方法采用规划模型对语言变量的语义加以赋值，语言决策信息的模糊特征被看作是决策者所表达的不完全偏好信息，而这种不完全的信息可通过规划模型中的限制条件加以表示。而为了获得这些限制条件，决策者对有序语言标度的语义结构的认知起到了关键性的作用。总的来说，所介绍方法试图在这种不完全的信息条件下尽可能地利用所给信息，即增大决策模型的区分度。相比起现有的语言多准则决策方法，本章对于语义函数设定的背景更加明确，不需要完全人为对语言变量的语义赋值。

5 基于扩展语言运算的不确定权重双语言多准则决策

在实际的多准则决策问题中,准则权重常常是不确定的,由于权重向量是多准则决策问题中最为重要的部分之一,因此,为了解决权重不确定的问题,许多研究者都展开了有针对性的研究[23,218,223-226]。

本章在介绍了基于扩展语言标度的双语言词运算规则和相关定义的基础上,提出了两种不确定权重双语言多准则决策方法,其中一种利用矩阵博弈理论处理不确定权重,而另外一种则利用离差最大化模型来处理该问题。

5.1 基本概念

对于任意有序语言标度 $S' = \{s_1, \cdots, s_g\}$,除满足前述章节所有的特性之外,还可以定义其扩展有序语言标度如下。

定义 5-1[227] $S = \{s_\theta \mid \theta \in [0, q], q \geq g\}$ 被称为 S' 的扩展有序语言标度,对于任意 $s_{\theta_1}, s_{\theta_2} \in S$,

1) $s_{\theta_1} < s_{\theta_2}$ iff $\theta_1 < \theta_2$;
2) $s_{\theta_1} + s_{\theta_2} = s_{\theta_1 + \theta_2}$;
3) $s_{\theta_1} \cdot s_{\theta_2} = s_{\theta_1 \cdot \theta_2}$;
4) $\lambda s_{\theta_2} = s_{\lambda \theta_2}$;
5) $(s_{\theta_2})^\lambda = s_{\theta_2^\lambda}$。

将上述定义扩展到双语言集中,可定义双语言集基于扩展语言标度的

5 基于扩展语言运算的不确定权重双语言多准则决策

运算如下,其隶属度运算部分参考了文献中直觉语言数的运算规则。

定义 5-2 如果 $\tilde{a} = \langle s_{\theta(a)}, h_{\sigma(a)} \rangle$ 和 $\tilde{b} = \langle s_{\theta(b)}, h_{\sigma(b)} \rangle$ 为两个双语言集,实数 $\lambda \geq 0$,那么

1) $\tilde{a} + \tilde{b} = \langle s_{\theta(a)+\theta(b)}, h_{[\theta(a)\sigma(a)+\theta(b)\sigma(b)]/[\theta(a)+\theta(b)]} \rangle$

2) $\lambda \tilde{a} = \langle s_{\lambda\theta(a)}, h_{\sigma(a)} \rangle$

定义 5-3 双语言集 $\tilde{m}$ 的计分函数,可被定义为:

$$E(\tilde{m}) = \sigma(m) \cdot \theta(m) \qquad (5-1)$$

定义 5-4 设 $\tilde{a}$ 与 $\tilde{b}$ 为两个双语言集,利用计分函数可以定义它们之间的序关系

1) 如果 $E(\tilde{a}) > E(\tilde{b})$,那么 $\tilde{a}$ 大于 $\tilde{b}$,记为 $\tilde{a} > \tilde{b}$.

2) 如果 $E(\tilde{a}) = E(\tilde{b})$,那么 $\tilde{a}$ 等于 $\tilde{b}$,记为 $\tilde{a} = \tilde{b}$.

3) 如果 $E(\tilde{a}) < E(\tilde{b})$,那么 $\tilde{a}$ 小于 $\tilde{b}$,记为 $\tilde{a} < \tilde{b}$.

定义 5-5[228] 如果 X 为一非空集合,一个 X 之上的完全偏序(totally partial order)$\geq$ 是一个满足下列条件的二元关系:

1) $a \geq a$, $\forall a \in X$

2) $a \geq b$, $b \geq a$, $\forall a, b \in X \Rightarrow a = b$

3) $a \geq b$, $b \geq c$, $\forall a, b, c \in X \Rightarrow a \geq c$

4) $\forall a, b \in X \Rightarrow a \geq b$ or $b \geq a$

性质 5-1 定义 5-4 中的序关系是一个完全偏序.

证明: 1) $\forall \tilde{a} \in \tilde{B}$, $E(\tilde{a}) \geq E(\tilde{a}) \Leftrightarrow \tilde{a} \geq \tilde{a}$

2) $\tilde{a} \geq \tilde{b}$, $\tilde{b} \geq \tilde{a}$, $\forall \tilde{a}, \tilde{b} \in \tilde{B} \Leftrightarrow E(\tilde{a}) \geq E(\tilde{b})$, $E(\tilde{b}) \geq E(\tilde{a}) \Rightarrow E(\tilde{a}) = E(\tilde{b}) \Leftrightarrow \tilde{a} = \tilde{b}$

3) $\tilde{a} \geq \tilde{b}$, $\tilde{b} \geq \tilde{c}$, $\forall \tilde{a}, \tilde{b}, \tilde{c} \in \tilde{B} \Leftrightarrow E(\tilde{a}) \geq E(\tilde{b})$, $E(\tilde{b}) \geq E(\tilde{c}) \Rightarrow E(\tilde{a}) \geq E(\tilde{c}) \Leftrightarrow \tilde{a} \geq \tilde{c}$

4) $\forall \tilde{a}, \tilde{b} \in \tilde{B} \Rightarrow E(\tilde{a}) \geq E(\tilde{b})$ or $E(\tilde{b}) \geq E(\tilde{a}) \Leftrightarrow a \geq b$ or $b \geq a$.

定义 5-6[229] 如果 X 为一非空集合,且有二元运算 $\oplus: X \times X \to X$ 和

X 之上的完全偏序 $\geq$。如果它们满足如下条件，那么代数结构 $(X; \oplus, \geq)$ 被称为一个加保序结构（addition order – preserving structure）：

$$\forall a, b, c \in X, a \geq b \Rightarrow a \oplus c \geq b \oplus c$$

此时完全偏序 $\geq$ 被称为加不变偏序（addition – invariant partial order）。

性质 5 – 2 定义 5 – 4 中的偏序是加保序（加不变）的。

证明：如果有双语言集 $\tilde{a}, \tilde{b}, \tilde{c}$ 且有 $\tilde{a} \geq \tilde{b} \Leftrightarrow E(\tilde{a}) \geq E(\tilde{b})$

由于

$$\tilde{a} + \tilde{c} = \langle s_{\theta(a)+\theta(c)}, h_{[\theta(a)\sigma(a)+\theta(c)\sigma(c)]/[\theta(a)+\theta(c)]} \rangle$$

$$E(\tilde{a} + \tilde{c}) = \frac{\theta(a)\sigma(a) + \theta(c)\sigma(c)}{\theta(a) + \theta(c)} \cdot [\theta(a) + \theta(c)]$$

$$= \theta(a)\sigma(a) + \theta(c)\sigma(c)$$

$$= E(\tilde{a}) + E(\tilde{c})$$

类似的，$E(\tilde{b} + \tilde{c}) = E(\tilde{b}) + E(\tilde{c})$

又因为 $E(\tilde{a} + \tilde{c}) - E(\tilde{b} + \tilde{c}) = E(\tilde{a}) - E(\tilde{b}) \geq 0$，所以

$$E(\tilde{a} + \tilde{c}) \geq E(\tilde{b} + \tilde{c}), \text{即} \tilde{a} + \tilde{c} \geq \tilde{b} + \tilde{c}$$

定义 5 – 7 如果 $\tilde{a}_j (j=1,2,\cdots,n)$ 是一组双语言集。那么，与其相关联的加权算术平均算子可被定义为：

$$DL - WAA(\tilde{a}_1, \tilde{a}_2, \cdots, \tilde{a}_n) = \sum_{j=1}^{n} w_j \tilde{a}_j \qquad (5-2)$$

其中 $W = (w_1, \cdots, w_j, \cdots, w_n)^T$ 为与之关联的权向量，其中 $w_j \in [0, 1]$，$j = 1, \cdots, n$，且 $\sum_{j=1}^{n} w_j = 1$。

定理 5 – 1 如果 $\tilde{a}_j (j=1, 2, \cdots, n)$ 是一组双语言集，$W = (w_1, \cdots, w_j, \cdots, w_n)^T$ 为与之关联的权向量，那么应有

$$DL - WAA(\tilde{a}_1, \tilde{a}_2, \cdots, \tilde{a}_n) \qquad (5-3)$$

$$= \sum_{j=1}^{n} w_j \tilde{a}_j = \langle s_{\sum_{j=1}^{n} w_j \theta(a_j)}, h_{[\sum_{j=1}^{n} w_j \theta(a_j) \sigma(a_j)]/\sum_{j=1}^{n} w_j \theta(a_j)} \rangle$$

证明：下面用数学归纳法证明上式。

1) 当 $n = 2$ 时，由于

5 基于扩展语言运算的不确定权重双语言多准则决策

$$w_1\tilde{a}_1 = \langle s_{w_1\theta(a_1)}, h_{\sigma(a_1)}\rangle, \quad w_2\tilde{a}_2 = \langle s_{w_2\theta(a_2)}, h_{\sigma(a_2)}\rangle,$$

则

$$\begin{aligned}DL\text{-}WAA(\tilde{a}_1,\tilde{a}_2) &= w_1\tilde{a}_1 + w_2\tilde{a}_2 \\ &= \langle s_{w_1\theta(a_1)}, h_{\sigma(a_1)}\rangle + \langle s_{w_2\theta(a_2)}, h_{\sigma(a_2)}\rangle \\ &= \langle s_{w_1\theta(a_1)+w_2\theta(a_2)}, h_{[w_1\theta(a_1)\sigma(a_1)+w_2\theta(a_2)\sigma(a_2)]/[w_1\theta(a_1)+w_2\theta(a_2)]}\rangle\end{aligned}$$

(5-3) 式成立

2) 设当 $n=k$ 时, (5-3) 式成立, 即

$$DL\text{-}WAA(\tilde{a}_1,\tilde{a}_2,\cdots,\tilde{a}_k) = \langle s_{\sum_{j=1}^{k}w_j\theta(a_j)}, h_{[\sum_{j=1}^{k}w_j\theta(a_j)\sigma(a_j)]/\sum_{j=1}^{k}w_j\theta(a_j)}\rangle$$

则当 $n=k+1$ 时, 由定义 5-2 可得:

$$\begin{aligned}&DL\text{-}WAA(\tilde{a}_1,\tilde{a}_2,\cdots,\tilde{a}_k,\tilde{a}_{k+1}) \\ &= \langle s_{\sum_{j=1}^{k}w_j\theta(a_j)}, h_{[\sum_{j=1}^{k}w_j\theta(a_j)\sigma(a_j)]/\sum_{j=1}^{k}w_j\theta(a_j)}\rangle + \langle s_{w_{k+1}\theta(a_{k+1})}, h_{\sigma(a_{k+1})}\rangle \\ &= \langle s_{\sum_{j=1}^{k}w_j\theta(a_j)+w_{k+1}\theta(a_{k+1})}, h_{[\sum_{j=1}^{k}w_j\theta(a_j)\cdot(\sum_{j=1}^{k}w_j\theta(a_j)\sigma(a_j)/\sum_{j=1}^{k}w_j\theta(a_j))+w_{k+1}\theta(a_{k+1})\sigma(a_{k+1})]/[\sum_{j=1}^{k}w_j\theta(a_j)+w_{k+1}\theta(a_{k+1})]}\rangle \\ &= \langle s_{\sum_{j=1}^{k+1}w_j\theta(a_j)}, h_{[\sum_{j=1}^{k+1}w_j\theta(a_j)\sigma(a_j)]/\sum_{j=1}^{k+1}w_j\theta(a_j)}\rangle\end{aligned}$$

即当 $n=k+1$ 时, 式 (5-3) 也成立。

综合 1) 和 2) 可知, 对一切 $n\in\mathbf{N}$, (5-3) 式均成立, 得证。

定理 5-2 如果 $\tilde{a}_j$ ($j=1,2,\cdots,n$) 是一组双语言集, $W=(w_1,\cdots,w_j,\cdots,w_n)^T$ 为权向量, 且有 $\sum_{j=1}^{n}w_j=1$, 那么

$$E\left(\sum_{j=1}^{n}w_j\tilde{a}_j\right) = \sum_{j=1}^{n}w_j E(\tilde{a}_j) \tag{5-4}$$

证明: 由公式 (5-3), 得

$$\sum_{j=1}^{n}w_j\tilde{a}_j = \langle s_{\sum_{j=1}^{n}w_j\theta(a_j)}, h_{[\sum_{j=1}^{n}w_j\theta(a_j)\sigma(a_j)]/\sum_{j=1}^{n}w_j\theta(a_j)}\rangle$$

所以

$$E\left(\sum_{j=1}^{n}w_j\tilde{a}_j\right) = \frac{\sum_{j=1}^{n}w_j\theta(a_j)\sigma(a_j)}{\sum_{j=1}^{n}w_j\theta(a_j)}\sum_{j=1}^{n}w_j\theta(a_j)$$

$$= \sum_{j=1}^{n} w_j \theta(a_j) \sigma(a_j)$$

$$= \sum_{j=1}^{n} w_j E(\tilde{a}_j)$$

5.2 不确定权重信息

准则权重是多准则决策问题中一组非常重要的参数，直接影响不同准则下决策信息的集结结果。确定准则权重主要有主观赋权法和客观赋权法两类方法。

主观赋权法由决策者根据自己的偏好和知识直接给出准则的权重，或通过对准则的重要性两两比较，得到比较矩阵后利用数学方法确定准则权重[122,123,230]，这类方法主要包括专家调查法、循环评分法、二项系数法、层次分析法（AHP）、连乘层次分析法（MAHP）、网络分析法（ANP）等。其中 AHP、MAHP、ANP 等方法中，均需要决策者对准则的重要性程度进行两两比较得到比较矩阵。

客观赋权法则是根据各准则下方案的准则值的分布，利用数学模型求得各准则的权系数[217,231,232]，主要包括熵信息方法、最大离差法、变异系数法、相似系数法、模糊聚类法、基于基点的权重计算方法、标准差与平均差极大化方法等。

然而，完全采用客观赋权法存在三个主要的问题：
1) 不能反映决策者的偏好；
2) 数据量会对准则权重产生影响，进而影响决策结果；
3) 不同的方法求得的准则权系数可能不同，甚至可能产生其相差较大的结论。

这三个问题中，又以不能反映决策者的偏好最引人争议，因为这相当于完全忽略了决策者在多准则决策问题中对准则的重要性的主观判断。因此，为了兼顾到决策者对准则的偏好，同时又力争减少主观随意性，许多研究尝试把主观赋权与客观赋权相结合，使对准则的赋权达到主观与客观的统一[233,234]。

无论如何，若要反映决策者的偏好，则必须由决策者给出准则权系数的相关信息。但在实际决策中，由于决策者的知识和经验等原因，很难准确地给出这些信息，而只能给出准则重要性程度间的关系，如：某一准则的权重在某一区间内变化；一个准则比另一准则更重要；几个准则的权重确定，而其他准则的权重未知等。此类信息称为不完全权重信息[10]，或不确定信息[235]或部分信息[236]。本章将这样的权重信息称为不确定权重信息。

总的来说，不确定权重的信息存在两种模式的表示方法：

1) 和—差模式

$$\sum_{i \in I} w_i - \sum_{j \in J} w_j \leq \xi,$$

其中 $\xi \in [-1, 1]$，$I, J \subseteq \mathbf{N}$，且 $\mathbf{N} = \{1, 2, \cdots, n\}$

2) 商模式

$$\sum_{i \in I} w_i \Big/ \sum_{j \in J} w_j \leq \alpha$$

其中 $\sigma \in (0, +\infty)$，$I, J \subseteq \mathbf{N}$，且 $\mathbf{N} = \{1, 2, \cdots, n\}$。它也能被转化为如下形式

$$\sum_{i \in I} w_i - \alpha \sum_{j \in J} w_j \leq 0$$

所以，以上两种模式的限制条件均能被表示为统一形式：

$$\sum_{j=1}^{n} \gamma_j w_j \leq \lambda \tag{5-5}$$

这两种模式的信息中，和—差模式的权重限制条件通常由决策者直接给出。

例 5-1 决策者认为前三个准则的整体的重要性比余下的其他准则的重要性要轻，所以

$$w_1 + w_2 + w_3 < \sum_{i=1}^{n} w_i - (w_1 + w_2 + w_3) = 1 - (w_1 + w_2 + w_3)$$

也即 $w_1 + w_2 + w_3 < 0.5$。

而商型限制条件可以借助 Saaty 在其 AHP 方法中所提出的相对重要性标度来导出（表 5-1）。

表 5-1 Saaty 相对重要性标度

相对重要程度的语言标度	数值
极端重要	9
明显重要	7
相当重要	5
略微重要	3
同等重要	1

两个相邻判断间的中间值 2,4,6,8 在需要折中时采用

例 5-2 决策者认为前三个准则至少要比接下来三个准则重要得多,所以

$$(w_1 + w_2 + w_3) / (w_4 + w_5 + w_6) \geqslant 5$$

即 $-w_1 - w_2 - w_3 + 5w_4 + 5w_5 + 5w_6 \leqslant 0$

当决策者的判断处于两级之间的时候,也能够采用区间的方式来代替给出其判断,而不采用中间值来给出。例如,在上例中,决策者认为前三个准则比接下来的三个准则要重要,但却没有达到极端重要的程度,于是有

$$5 \leqslant (w_1 + w_2 + w_3) / (w_4 + w_5 + w_6) \leqslant 9$$

从而比上例中多给出了一个限制条件

$$w_1 + w_2 + w_3 - 9w_4 - 9w_5 - 9w_6 \leqslant 0$$

5.3 矩阵博弈不确定权重双语言多准则决策方法

现有的处理不确定权重的多准则决策方法中,将多准则决策问题看作是决策者与大自然间的零和博弈,进而将准则加权的方法看作一种新颖的观点[237,238]。在这一博弈中,决策者试图通过选择最优的方案而最大化其期望收益,而这一收益则刚好是在这一博弈中大自然的损失,因此,大自

然则试图通过设定准则权重来最小化其期望损失。

这种博弈论的观点实际上意味着决策者的行为遵循极大化最小(Max - min)准则,也称为悲观准则或Wald准则[237]。这一点在不确定或模糊决策环境下是合理的,这是由于决策者通常在这样的决策环境中倾向于更加小心与保守,尤其是在该决策中包含很高的风险时更是如此。

因此,本节我们将首先介绍一种基于矩阵博弈的权重不确定的双语言多准则决策问题,给出相应的决策过程并通过算例说明其特点。

如前所述,双语言多准则决策矩阵 $\tilde{A} = [\tilde{a}_{ij}]_{m \times n}$,其中元素 $\tilde{a}_{ij} = \langle s_{\theta_{ij}}, h_{\sigma_{ij}} \rangle$ 为方案 a_i 在准则 c_j 下的双语言评价信息。与前几章中不同之处在于,此处准则 c_j 的权重 w_j 是不确定的,即仅知道关于 $W = [w_1, w_2, \cdots, w_n]$ 的部分信息。

本节中,我们采用7项的基础语言评价标度

$$S' = \{s_1: \text{VeryPoor}, s_2: \text{Poor}, s_3: \text{MediumPoor}, s_4: \text{Fair},$$
$$s_5: \text{MediumGood}, s_6: \text{Good}, s_7: \text{VeryGood}\}$$

与5项的信心评价标度

$$H' = \{h_1: \text{VeryLow}, h_2: \text{Low}, h_3: \text{Medium}, h_4: \text{High}, h_5: \text{VeryHigh}\}$$

我们将该权重不确定的双语言多准则决策问题视作决策者与大自然间的模糊矩阵博弈,在该博弈中,大自然可以在一定的限制下选择权重值,而决策者则遵循极大化最小原则来选择方案[239],博弈所对应的支付矩阵为一个双语言模糊矩阵。同时,为了解出该问题,我们通过将该模糊博弈规划转化为一个线性规划模型,从而易于解出。最终,各方案便可以使用所求得的权重计算排序值并排序。

5.3.1 双人矩阵博弈

双人矩阵(零和)博弈能通过一个 $m \times n$ 的矩阵 $A = (a_{ij})_{m \times n}$ 表示。A 代表了局中人Ⅰ的支付矩阵。而局中人Ⅱ的支付矩阵则相应的为 $-A$。

定义 5-8[240] 向量 $x = [x_1, x_2, \cdots, x_m]^T \in \mathbf{R}^m$ 被称为局中人Ⅰ的混合策略,如果其满足概率条件 $\sum_{i=1}^{m} x_i = 1$ 且 $x_i \geq 0$,$i = 1, 2, \cdots, m$。其中

x_i 表示局中人 I 在对局中选择第 i 种策略的概率。类似地，可以定义局中人 II 的混合策略 y。

定义 5-9[240] 在矩阵博弈中，如果局中人 I 的最优混合策略 x^* 和局中人 II 的最优混合策略 y^* 满足如下条件，其中 x，y 为任意混合策略

$$x^T A y^* \leqslant x^{*T} A y^* \leqslant x^{*T} A y$$

定理 5-3[241] 局中人 I 的最优混合策略 x^* 为下列规划的最优解：

$$\max_x V$$

s.t.

$$\sum_{i=1}^{m} a_{ij} x_i \geqslant V, j = 1, 2, \cdots, n \quad (5-6)$$

$$\sum_{i=1}^{m} x_i = 1, x_i \geqslant 0, i = 1, 2, \cdots, m$$

而以下规划的最优解 y^*

$$\min_y V$$

s.t.

$$\sum_{j=1}^{n} a_{ij} y_j \leqslant V, i = 1, 2, \cdots, m \quad (5-7)$$

$$\sum_{j=1}^{n} y_j = 1, y_j \geqslant 0, j = 1, 2, \cdots, n$$

即为局中人 II 的最优混合策略。

5.3.2 基于矩阵博弈的权重设定

当把权重不确定的多准则决策问题看作是决策者和大自然间的矩阵博弈时，局中人之一的决策者通过选择方案试图使其收益最大化，而其对手大自然则选择适当的权重以最小化其损失。所以，我们可以利用如下的方法来设定权重。

步骤 1：建立博弈模型

大自然试图选择最合适的权重以最小化其损失，这却正是决策者试图

通过选择合适的方案最大化的。然而，却有许多关于权重的信息限制了大自然完全自由地选择其策略。类似于模型（5-7）中的逻辑，当采用定义 5-7 中的加权平均算子来集结方案的决策信息时，可以建立如下规划模型：

$$\min \tilde{V}$$

s. t.

$$\sum_{j=1}^{n} w_j \tilde{a}_{ij} \leq \tilde{V}, i = 1, 2, \cdots, m \qquad (5-8)$$

$$f_k(w_1, w_2, \cdots, w_n) = 0, k = 1, 2, \cdots$$

$$\sum_{j=1}^{n} w_j = 1, w_j > 0, j = 1, 2, \cdots, n$$

其中 $f_k(w_1, w_2, \cdots, w_n) = 0$ 为关于权重的第 k 个限制条件。如果对于权重没有任何的信息，当然就不会存在这样的一些限制。然而，在实际决策中，决策者通常或多或少对于准则间的相对重要性存在一些认识，比如，决策者通常能够判断一个特定的准则是否比另外一个重要，等等。而这些关系则会对准则的设定做出限制。因此，模型中通过这种方法来模拟决策者对权重的不确定主观认知。

步骤 2：求解等价线性规划模型求取权重

当利用定义 5-3 中方法来比较双语言集时，模型（5-8）等价于

$$\min V$$

s. t.

$$E\left(\sum_{j=1}^{n} w_j \tilde{a}_{ij}\right) \leq V, i = 1, 2, \cdots, m$$

$$f_k(w_1, w_2, \cdots, w_n) = 0, k = 1, 2, \cdots, s$$

$$\sum_{j=1}^{n} w_j = 1, w_j > 0, j = 1, 2, \cdots, n$$

由式（5-4），$E\left(\sum_{j=1}^{n} w_j \tilde{a}_{ij}\right) = \sum_{j=1}^{n} w_j E(\tilde{a}_{ij}) = \sum_{j=1}^{n} w_j \sigma(a_{ij}) \theta(a_{ij})$

采用不等式（5-5）的方式表达限制条件，于是可得

$$\min V$$

$$\text{s.t.} \sum_{j=1}^{n} E(\tilde{a}_{ij})w_j \leq V, i = 1,2,\cdots,m$$

$$\sum_{j=1}^{n} \gamma_{kj} w_j \leq \lambda_k, k = 1,2,\cdots,s$$

$$\sum_{j=1}^{n} w_j = 1, w_j > 0, j = 1,2,\cdots,n$$

上式可变形为：

$$\max g = 1/V = \sum_{i=1}^{n} \frac{w_i}{V}$$

s.t.

$$\sum_{j=1}^{n} E(\tilde{a}_{ij}) \frac{w_j}{V} \leq 1, i = 1,2,\cdots,m$$

$$\sum_{j=1}^{n} \gamma_{kj} \frac{w_j}{V} \leq \frac{\lambda_k}{V}, k = 1,2,\cdots,s$$

$$\frac{w_j}{V} > 0, j = 1,2,\cdots,n$$

令 $y_j = \frac{w_j}{V}$，则可得到线性规划模型

$$\max g = \sum_{j=1}^{n} y_j$$

s.t.

$$\sum_{j=1}^{n} E(\tilde{a}_{ij}) y_j \leq 1, i = 1,2,\cdots,m \qquad (5-9)$$

$$\sum_{j=1}^{n} \gamma_{kj} y_j \leq \lambda_k \sum_{j=1}^{n} y_j, k = 1,2,\cdots,s$$

$$y_j > 0, j = 1,2,\cdots,n$$

上模型的最优解记为

$$\boldsymbol{y}^* = (y_1^*, \cdots, y_n^*)^{\mathrm{T}} \text{ 和 } g^*$$

所以，模型（5-8）的最优解为

$$W^* = (w_1^*, \cdots, w_n^*)^T = \left(\frac{y_1^*}{g^*}, \cdots, \frac{y_n^*}{g^*}\right)^T$$

步骤3：对方案加以排序

方案的 a_i 综合评价值为

$$\tilde{s}(a_i) = \sum_{j=1}^{n} w_j^* \tilde{a}_{ij}$$

利用定义 5-3、5-4，我们能够按照 $E(\tilde{s}(a_i))$ 的降序对方案加以排序。

5.3.3 算例

战略选择对于一个组织而言往往生死攸关。然而，由于人类在长期预测上的能力局限，某一战略的结果往往非常难以精确估计。因此，采用双语言信息来表示评价结果能够更好地体现这种评价信息中的不确定性。

在本例中，一个特种设备制造公司对其下一阶段的国内市场发展战略进行分析。有四种待选的方案，即重点发展东部市场（a_1），西部市场（a_2），北方市场（a_3）或者南方市场（a_4）。

通过仔细的思考和信息分析，决策者采用5个准则对这些备选方案加以评估：短期效益（c_1），长期效益（c_2），短期风险（c_3），长期风险（c_4），难度与可行性（c_5）。表5-2列出了对各方案的评价。

表5-2 不同战略的双语言评价

	c_1		c_2		c_3		c_4		c_5	
	s	h	s	h	s	h	s	h	s	h
a_1	F	M	MP	M	MG	H	F	M	G	L
a_2	F	H	G	H	MP	L	MG	M	MP	VH
a_3	MG	L	F	M	MP	H	G	VH	F	L
a_4	MP	VH	VP	VH	VG	M	F	H	MP	L

因此，所对应的决策矩阵为

$$\tilde{A} = \begin{bmatrix} \langle s_4, h_3 \rangle & \langle s_3, h_3 \rangle & \langle s_4, h_4 \rangle & \langle s_4, h_3 \rangle & \langle s_6, h_2 \rangle \\ \langle s_4, h_4 \rangle & \langle s_6, h_4 \rangle & \langle s_3, h_2 \rangle & \langle s_5, h_3 \rangle & \langle s_3, h_5 \rangle \\ \langle s_5, h_2 \rangle & \langle s_4, h_3 \rangle & \langle s_3, h_4 \rangle & \langle s_6, h_5 \rangle & \langle s_4, h_2 \rangle \\ \langle s_3, h_5 \rangle & \langle s_1, h_5 \rangle & \langle s_7, h_3 \rangle & \langle s_4, h_4 \rangle & \langle s_3, h_2 \rangle \end{bmatrix}$$

为了得到准则权重，决策者给出了一些相关信息：

1) 没有哪个准则比剩余的其他准则之和还重要，所以

$$w_j \leq 1 - w_j, \text{ 也即 } w_j \leq 0.5, j = 1, 2, \cdots, 5$$

2) "长期效益" (c_2) 至少要比 "短期效益" (c_1) 要 "轻微重要"。

由于在表 5-1 中没有对应的词，在经过思考后，决策者采用了两级之间的数字标度值 2，从而得到

$$w_2/w_1 > 2$$

3) "长期风险" (c_4) 与 "短期风险" (c_3) 间的重要程度的差别非常小

所以，$w_3/w_4 \approx 1$，也即

$$w_3/w_4 < 1 + \varepsilon \text{ 且 } w_4/w_3 < 1 + \varepsilon$$

此处 ε 是一个非常小的值，我们将其设置为 0.1，于是 $w_3/w_4 < 1.1$ 且 $w_4/w_3 < 1.1$。

建立并变换所对应的矩阵博弈，所得等价模型为

$$\min V$$

s. t.

$$12w_1 + 9w_2 + 16w_3 + 12w_4 + 12w_5 \leq V$$

$$16w_1 + 24w_2 + 6w_3 + 15w_4 + 15w_5 \leq V$$

$$10w_1 + 12w_2 + 12w_3 + 30w_4 + 8w_5 \leq V$$

$$15w_1 + 5w_2 + 21w_3 + 16w_4 + 6w_5 \leq V$$

$$w_1 + w_2 + w_3 + w_4 + w_5 = 1$$

$$2w_1 - w_2 < 0$$

$$w_3 - 1.1w_4 < 0$$
$$-1.1w_3 + w_4 < 0$$
$$w_j \leq 0.5, \ j=1, 2, \cdots, 5$$
$$w_j > 0, \ j=1, 2, \cdots, 5$$

将其转化为线性模型

$$\max \ g = y_1 + y_2 + y_3 + y_4 + y_5$$
s. t
$$12y_1 + 9y_2 + 16y_3 + 12y_4 + 12y_5 \leq 1$$
$$16y_1 + 24y_2 + 6y_3 + 15y_4 + 15y_5 \leq 1$$
$$10y_1 + 12y_2 + 12y_3 + 30y_4 + 8y_5 \leq 1$$
$$15y_1 + 5y_2 + 21y_3 + 16y_4 + 6y_5 \leq 1$$
$$2.0y_1 - y_2 < 0$$
$$y_3 - 1.1y_4 < 0$$
$$-1.1y_3 + y_4 < 0$$
$$0.5y_1 - 0.5y_2 - 0.5y_3 - 0.5y_4 - 0.5y_5 \leq 0$$
$$-0.5y_1 + 0.5y_2 - 0.5y_3 - 0.5y_4 - 0.5y_5 \leq 0$$
$$-0.5y_1 - 0.5y_2 + 0.5y_3 - 0.5y_4 - 0.5y_5 \leq 0$$
$$-0.5y_1 - 0.5y_2 - 0.5y_3 + 0.5y_4 - 0.5y_5 \leq 0$$
$$-0.5y_1 - 0.5y_2 - 0.5y_3 - 0.5y_4 + 0.5y_5 \leq 0$$
$$y_j > 0, \ j=1, 2, \cdots, 5$$

该模型可以利用任何一款优化软件简单求解，所得最优解为：
$$\mathbf{y}^* = (y_1^*, \cdots, y_n^*)^T = (0.0020, 0.0040, 0.0162, 0.0147, 0.0369)$$
且 $g^* = 0.0739$

所以，所得权重向量应为
$$\mathbf{W}^* = (w_1^*, \cdots, w_n^*)^T = \left(\frac{y_1^*}{g^*}, \cdots, \frac{y_n^*}{g^*}\right)^T$$
$$= (0.0270, 0.0540, 0.2195, 0.1995, 0.5000)$$

于是，可得方案的综合评价

$$\tilde{s}(a_i) = DL - WAA(\tilde{a}_{i1}, \tilde{a}_{i2}, \cdots, \tilde{a}_{in}) = \sum_{j=1}^{n} w_j \tilde{a}_{ij}$$

及其计分函数

$$E[\tilde{s}(a_i)] = E\left(\sum_{j=1}^{n} w_j \tilde{a}_{ij}\right) = \sum_{j=1}^{n} w_j E(\tilde{a}_{ij})$$

所得方案 a_1 到 a_4 的综合评价计分值分别为 12.716，13.538，13.538，11.477。按照其降序对方案加以排序，可得

$$(a_2 \sim a_3) > a_1 > a_4$$

5.4 离差最大化的不确定权重双语言多准则决策方法

离差最大化方法[217]是求解不确定权重多准则决策问题的一类比较成熟的方法，并在不同类型的模糊环境中得以成功运用[23,224,225]。该方法主要从方案间比较与排序的角度来设定权重，赋予准则值偏差较大的准则以较大的权重，而准则间的主观相对重要信息则用来对这种设定加以一定的限制，即试图在一定的限制条件下通过设置权重以最大化方案间整体离差，从而尽可能地提高模型的区分能力。

本节介绍一种双语言不确定权重多准则决策问题中离差最大化下的权重设定方法，其基本思想为：某准则下，各方案的准则值具有更大离差的准则应具有更大的权重。之所以如此，这是由于多准则决策问题需要同时在不同的决策准则下对方案加以比较选优，因此，在某准则下各方案的准则值间的差异越小，说明利用该准则越难以区分各方案的优劣，即该准则对方案的比较和排序所起的作用越小，因此用以反映其相对重要性的权重就应该越小。反之，如果在某准则下各方案的准则值之间具有较大的差异，则说明该准则对方案的比较和排序将起重要的作用。

5.4.1 基于离差最大化权重设定

在本章所面对的双语言多准则决策问题中，由于在准则 c_j 下我们通过

$E(\tilde{a}_{ij})$ 比较方案 a_i 与其他方案的区别,因此,可以定义 a_i 与其他方案之间的离差为

$$d_{ij} = \sum_{k=1}^{m} w_j \mid E(\tilde{a}_{ij}) - E(\tilde{a}_{kj}) \mid$$

则在准则 c_j 下,所有方案与其他方案间的总离差为

$$\sum_{j=1}^{n} d_{ij} = \sum_{i=1}^{m} \sum_{k=1}^{m} w_j \mid E(\tilde{a}_{ij}) - E(\tilde{a}_{kj}) \mid$$

根据前述分析,权向量的选择应该使得所有准则对方案的总离差最大,因此可得模型为

$$\max d = \sum_{j=1}^{n} \sum_{i=1}^{m} \sum_{k=1}^{m} w_j \mid E(\tilde{a}_{ij}) - E(\tilde{a}_{kj}) \mid$$

$$\text{s.t.} \sum_{j=1}^{n} w_j = 1$$

$$\sum_{j=1}^{n} \gamma_{kj} w_j \leq \lambda_k, k = 1, 2, \cdots, s$$

$$w_j > 0, j = 1, \cdots, n$$

5.4.2 算例

对上节中同样的算例,可得:

$$\max d = 42w_1 + 120w_2 + 98w_3 + 110w_4 + 62w_5$$

$$\text{s.t.} \ w_1 + w_2 + w_3 + w_4 + w_5 = 1$$

$$2w_1 - w_2 < 0$$

$$w_3 - 1.1w_4 < 0$$

$$-1.1w_3 + w_4 < 0$$

$$w_j \leq 0.5, j = 1, 2, \cdots, 5$$

$$w_j > 0, j = 1, 2, \cdots, 5$$

其最优解为

$$W^* = (w_1^*, \cdots, w_n^*)^T = (0.0001, 0.5000, 0.2381, 0.2620, 0.0001)$$

利用公式(5-4),得到 a_1 到 a_4 综合评价计分值分别为 11.452、17.357、16.714、11.690。所以,我们得到 $a_2 > a_3 > a_4 > a_1$。

5.5 本章小节与讨论

本章介绍了两种基于扩展语言运算的双语言不确定权重多准则决策方法，两种方法分别用矩阵博弈和离差最大化模型处理权重。

从两方法针对本章同一算例的计算结果，我们能够看到两者三点区别：第一，方案间的排序在不同的方法下不相同，如方案 a_4 和 a_1 的顺序不同；第二，两方法中方案间的计分函数值具有不同离差，以至于方案 a_2 与方案 a_3 之间在博弈方法中无法区分对两者的偏好；第三，不同的方法下所得同一准则的权重不同，例如，算例中准则 c_5 的权重在两种方法中的结果就具有明显的区别。产生以上差异的主要原因在于两种方法中对于如何加权具有不同的看法。

实际上，两种模型对同一问题加以处理时，其基本目标是不一致的，博弈方法所反映的是决策者希望尽可能地避免因选择错误而导致更大损失的保守心态，而并不太在乎方案的具体排序结果，从某种意义上而言，他遵循着一种保守的"满意"标准。而离差最大法则是决策者希望尽可能将所有方案加以排序进而对方案加以区别，即关注的是排序本身，反映了一种试图对差别加以明晰的心态。因此，在实际决策中，应该按照不同的决策目标来选择相应的方法。

总的来说，博弈方法的逻辑出发点非常明确，但所得出的权重结果却并不直观，相对来说，它不能同离差最大方法一样给出权重为什么大或小的直观解释，而且按其加权后所选择的方案的评价计分也通常不会表现出较其他方案明显的优势。此外，博弈规划的线性化过程包含了附加的运算，这种附加的运算将会使得运算更加复杂，从而降低其在实际决策过程中的易用性，尤其是当具有较多的决策准则和限制条件时更是如此。然而，博弈方法却有其独特的优点，即它意味着决策者在决策时采用悲观准则[237]，如果决策者理解并接受这一前提，博弈方法比利用离差最大方法得出的决策结果更能反映决策者的实际心态，而在当决策具有高度的风险和模糊性的情况下，决策者通常都更加易于倾向这种保守的态度。

6 基于直觉正态云的双语言多准则决策方法

在前述章节的讨论中看到,如何有效处理双语言信息中所蕴含的不确定性是双语多准则决策过程中必须面对的[242]问题。理论上,两种最为常见的不确定性为随机性与模糊性[243],目前,概率论被用以处理随机性,而自模糊集理论[7]提出以来,已经在处理模糊性方面取得了巨大的成功[243,244]。1986年,Atanassov提出直觉模糊集的概念[41](Gau和Buehrer提出的Vague集[245]实际上也是直觉模糊集[246]),由于同时考虑了隶属度、非隶属度和犹豫度三个方面的信息,能够更加细腻地刻画客观世界的模糊性,比传统模糊集在处理不确定性方面更具有灵活性和实用性,因而引起众多学者的研究和关注[247],被广泛应用于决策分析[248]、模式识别[249]和智能信息处理等领域[250]。

因此,双语言信息的不确定性也同样能在这一框架下加以解决。通常情况下,语言变量所表达的语义应该具有稳定性,即趋近于某最可能的值,因此可认其语义是服从以某点为期望的正态模糊随机变量[251,252],李德毅[253]也指出,对于大部分模糊概念,用正态隶属函数刻画应最适合,最接近人类思维。然而,仅由传统的正态模糊区间评价不能体现双语言信息中决策者的信息水平与犹豫程度,直觉正态模糊的概念因此被在本章应用[254]。

另外,李德毅院士[253]认为,传统的模糊集方法中采用精确隶属度函数的做法违背了模糊数学的基本精神,应允许隶属度在一个中心值附近做微小摆动;此外,模糊与随机之间的联系不应该被割裂,具有较大隶属度的样本应该也具有较大的获取概率,传统的隶属函数无法反映这种模糊与随机之间的关联。在此基础上，所提出的云模型[255]则交叉运用概率论与模糊集理论的基本原理，通过特定算法，形成定性概念与定量表示之间的转化[256]，可以更为有效地处理信息的不确定性，诸多学者对其进行了进一步的深入研究[257,258]，目前已经被成功应用于诸多领域[259-261]。

所以，本章将直觉模糊的思想引入到传统的正态云模型中，定义了直觉正态云模型，并运用该模型来处理双语言决策问题。在该方法中，不同信息来源的双语言信息被看作是反映决策者对不同方案偏好的直觉正态云中部分云滴的集合。然后，利用这些云滴对云的参数加以估计，从而获得评价方案表现的综合云。在比较决策者对不同方案的偏好时，设计了相应的直觉正态云发生算法，利用该算法通过蒙特卡洛模拟[262]生成各方案综合表现云的云滴并统计，最终按照统计结果来对各方案综合评价云进行比较排序从而加以决策。

6.1 直觉正态云及其相关定义

定义 6-1[253] 云是某个定性概念与用以表示该概念的数值表示之间的不确定性转换模型。设论域 $X=\{x\}$，T 是与该论域相联系的定性概念，X 中的元素 x 对于 T 所表达的定性概念的隶属度 $\mu_T(x)$ 不是一个精确数，而是一个具有稳定倾向的随机数，这种随机的隶属度在论域上的分布称为隶属云，简称为云，即

$$\mu_T: X \to [0,1],$$
$$\forall x \in X, x \to \mu_T(x)$$

定义 6-2 利用云的数字特征，通过特定的算法对定性概念所进行的一次随机的数值转化结果称为一颗云滴，一颗云滴中包含了论域 X 中的一个元素 x 和该元素在此次转换中对概念 T 的隶属度 y，记为 (x,y)，其中 $x \in X$，$y \in [0,1]$。

定义 6-3[253,255] 当云的随机隶属度在其对应论域上的分布具有正态分布特征时，称其为正态云。正态云可以通过三个对应的数字特征加以刻画，分别称为期望（Expected Value）Ex，熵（Entropy）En 和超熵（Hyper

Entropy) He。其中，期望 Ex 是定性概念在对应数值论域的中心值，熵 En 是定性概念模糊度的度量，超熵 He 反映了云滴的离散程度以及隶属度的随机性变化。因此，一朵正态云 Y 可以表示为：

$$Y = (Ex, En, He)$$

按照上述的定义与对应云生成算法[255]所生成的正态云云滴，会出现当 $x = Ex$ 时，所生成云滴的隶属度 $y = 1$。这不能反映某些模糊概念的犹豫特征，即某些情况下，对于论域中的任意元素的隶属度的判断均无法做到完全精确且论域中无法找出完全隶属于该模糊集的元素，这类模糊集的特征在现有的模糊集理论中可通过直觉模糊集来进行刻画。

定义 6-4[41] 设 X 为一非空集合，则称 $\tilde{B} = \{\langle x, \mu_{\tilde{B}}(x), \nu_{\tilde{B}}(x)\rangle \mid x \in X\}$ 为直觉模糊集。其中 $\mu_{\tilde{B}}: X \to [0, 1]$，$\nu_{\tilde{B}}: X \to [0, 1]$ 分别被称为元素 $x \in X$ 对集合 $\tilde{B}$ 的隶属度与非隶属度函数，同时，对于所有的 $x \in X$，均有 $0 \leq \mu_{\tilde{B}}(x) + \nu_{\tilde{B}}(x) \leq 1$。

因此，$\pi_{\tilde{B}}(x) = 1 - \mu_{\tilde{B}}(x) - \nu_{\tilde{B}}(x)$ 也被称为元素 x 对集合 $\tilde{B}$ 的犹豫度（模糊度）[263]，或者说，元素 x 对 $\tilde{B}$ 的实际隶属度应该在区间 $[\mu_{\tilde{B}}(x), 1 - \nu_{\tilde{B}}(x)]$ 之间。

在考虑到模糊概念的这一特征的基础上，我们可以定义相应的直觉正态云。

定义 6-5 给定论域 $X = \{x\}$，T 是与 X 相联系的定性概念，

$$Y = (\langle Ex, \mu, \nu\rangle, En, He)$$

被称为定义在 X 上与概念 T 相对应的直觉正态云，其中期望（Expected Value）Ex，熵（Entropy）En 和超熵（Hyper Entropy）He 的含义与正态云相同。μ 被称为隶属限，它等于当 $x = Ex$ 时所对应的隶属度可能取值的下限；ν 被称为非隶属限，它等于当 $x = Ex$ 时所对应的非隶属度可能取值的下限，也即 $x = Ex$ 时所对应的隶属度可能取值的上限为 $1 - \nu$。

当 $\mu = 1$ 且 $\nu = 0$ 时，直觉正态云退化为正态云。

定义 6-6 给定正实数 r 与论域 X 中的两朵直觉正态云 $Y_1 = (\langle Ex_1, \mu_1, \nu_1\rangle, En_1, He_1)$ 和 $Y_2 = (\langle Ex_2, \mu_2, \nu_2\rangle, En_2, He_2)$，则

1) $Y_1 + Y_2 = \left(\left\langle Ex_1 + Ex_2, \dfrac{\mu_1 Ex_1 + \mu_2 Ex_2}{Ex_1 + Ex_2}, \dfrac{\nu_1 Ex_1 + \nu_2 Ex_2}{Ex_1 + Ex_2} \right\rangle, \right.$

$\left. \sqrt{En_1^2 + En_2^2}, \sqrt{He_1^2 + He_2^2} \right)$

2) $rY_1 = (\langle rEx_1, \mu_1, \nu_1 \rangle, rEn_1, rHe_1)$

值得注意的是，首先，以上运算所涉及的概念必须属于同一个论域才有意义，其次，由于不确定性的传递方式不同，数乘运算不能看作是多个集合的和。

容易证明，加法运算具有以下性质：

1) 交换律：$Y_1 + Y_2 = Y_2 + Y_1$；
2) 结合律：$(Y_1 + Y_2) + Y_3 = Y_1 + (Y_2 + Y_3)$。

上述性质中交换率运用定义直接可得，下面证明结合律。

证明：因为，根据所定义的直觉正态云和运算规则，应有

$(Y_1 + Y_2) + Y_3 = \left(\left\langle Ex_1 + Ex_2, \dfrac{\mu_1 Ex_1 + \mu_2 Ex_2}{Ex_1 + Ex_2}, \dfrac{\nu_1 Ex_1 + \nu_2 Ex_2}{Ex_1 + Ex_2} \right\rangle, \right.$

$\left. \sqrt{En_1^2 + En_2^2}, \sqrt{He_1^2 + He_2^2} \right) + (\langle Ex_3, \mu_3, \nu_3 \rangle, En_3, He_3)$

$= \left(\left\langle Ex_1 + Ex_2 + Ex_3, \dfrac{\dfrac{\mu_1 Ex_1 + \mu_2 Ex_2}{Ex_1 + Ex_2}(Ex_1 + Ex_2) + \mu_3 Ex_3}{Ex_1 + Ex_2 + Ex_3}, \right. \right.$

$\left. \dfrac{\dfrac{\nu_1 Ex_1 + \nu_2 Ex_2}{Ex_1 + Ex_2}(Ex_1 + Ex_2) + \nu_3 Ex_3}{Ex_1 + Ex_2 + Ex_3} \right\rangle,$

$\left. \sqrt{En_1^2 + En_2^2 + En_3^2}, \sqrt{He_1^2 + He_2^2 + He_3^2} \right)$

$= \left(\left\langle Ex_1 + Ex_2 + Ex_3, \dfrac{\mu_1 Ex_1 + \mu_2 Ex_2 + \mu_3 Ex_3}{Ex_1 + Ex_2 + Ex_3}, \dfrac{\nu_1 Ex_1 + \nu_2 Ex_2 + \nu_3 Ex_3}{Ex_1 + Ex_2 + Ex_3} \right\rangle, \right.$

$\left. \sqrt{En_1^2 + En_2^2 + En_3^2}, \sqrt{He_1^2 + He_2^2 + He_3^2} \right)$

而原式右侧

$$Y_1 + (Y_2 + Y_3) = ([Ex_1, \mu_1, \nu_1], En_1, He_1)$$
$$+ \left(\left\langle Ex_2 + Ex_3, \frac{\mu_2 Ex_2 + \mu_3 Ex_3}{Ex_2 + Ex_3}, \frac{\nu_2 Ex_2 + \nu_3 Ex_3}{Ex_2 + Ex_3} \right\rangle, \sqrt{En_2^2 + En_3^2}, \sqrt{He_2^2 + He_3^2} \right)$$
$$= \left(\left\langle Ex_1 + Ex_2 + Ex_3, \frac{\mu_1 Ex_1 + \frac{\mu_2 Ex_2 + \mu_3 Ex_3}{Ex_2 + Ex_3}(Ex_2 + Ex_3)}{Ex_1 + Ex_2 + Ex_3}, \right. \right.$$
$$\left. \left. \frac{\nu_1 Ex_1 + \frac{\nu_1 Ex_2 + \nu_2 Ex_3}{Ex_2 + Ex_3}(Ex_2 + Ex_3)}{Ex_1 + Ex_2 + Ex_3} \right\rangle, \sqrt{En_1^2 + En_2^2 + En_3^2}, \sqrt{He_1^2 + He_2^2 + He_3^2} \right)$$
$$= \left(\left\langle Ex_1 + Ex_2 + Ex_3, \frac{\mu_1 Ex_1 + \mu_2 Ex_2 + \mu_3 Ex_3}{Ex_1 + Ex_2 + Ex_3}, \frac{\nu_1 Ex_1 + \nu_2 Ex_2 + \nu_3 Ex_3}{Ex_1 + Ex_2 + Ex_3} \right\rangle, \right.$$
$$\left. \sqrt{En_1^2 + En_2^2 + En_3^2}, \sqrt{He_1^2 + He_2^2 + He_3^2} \right)$$

所以有

$$(Y_1 + Y_2) + Y_3 = Y_1 + (Y_2 + Y_3)$$

定义 6-7 设 $Y_j = (\langle Ex_j, \mu_j, \nu_j \rangle, En_j, He_j)$，$i = 1, 2, \cdots, n$ 为同一论域 X 上的一组直觉正态云，Ω 为该论域上全体直觉正态云的集合，定义直觉正态云的加权算术平均 (Intuitionistic normal cloud weighted arithmetic averaging, INCWAA) 算子 INCWAA：$\Omega^n \to \Omega$,

$$\text{INCWAA}_w(Y_1, Y_2, \cdots, Y_n) = \sum_{i=1}^n w_i Y_i \qquad (6-1)$$

其中 $W = (w_1, w_2, \cdots, w_n)^T$ 为 Y_j ($j = 1, 2, \cdots, n$) 的加权向量，$w_j \in [0, 1]$ ($j = 1, 2, \cdots, n$), $\sum_{j=1}^n w_j = 1$。特别地，若 $W = (1/n, 1/n, \cdots, 1/n)^T$，则相应的 INCWAA 算子退化为直觉正态云算术平均（INCAA）算子

$$\text{INCAA}(Y_1, Y_2, \cdots, Y_n) = \frac{1}{n} \sum_{j=1}^n Y_j$$

定理 6-1 设 $Y_j = (\langle Ex_j, \mu_j, \nu_j \rangle, En_j, He_j)$ ($j = 1, 2, \cdots, n$) 为同一论域 X 上的一组直觉正态云，$W = (w_1, w_2, \cdots, w_n)^T$ 为 Y_j ($j = 1$,

$2, \cdots, n$) 的加权向量，$w_j \in [0, 1]$ ($j=1, 2; \cdots, n$)，$\sum_{j=1}^{n} w_j = 1$，则

$$INCWAA_w(Y_1, Y_2, \cdots, Y_n)$$

$$= \left(\left\langle \sum_{j=1}^{n} w_j Ex_j, \frac{\sum_{j=1}^{n} \mu_j w_j Ex_j}{\sum_{j=1}^{n} w_j Ex_j}, \frac{\sum_{j=1}^{n} \nu_j w_j Ex_j}{\sum_{j=1}^{n} w_j Ex_j} \right\rangle, \sqrt{\sum_{j=1}^{n} w_j^2 En_j^2}, \sqrt{\sum_{j=1}^{n} w_j^2 He_j^2} \right)$$

(6-2)

下面用数学归纳法证明式 (6-2)。

证明：1) 当 $n=2$ 时，由于

$$w_1 Y_1 = (\langle w_1 Ex_1, \mu_1, \nu_1 \rangle, w_1 En_1, w_1 He_1),$$
$$w_2 Y_2 = (\langle w_2 Ex_2, \mu_2, \nu_2 \rangle, w_2 En_2, w_2 He_2),$$

则

$$INCWAA_w(Y_1, Y_2) = w_1 Y_1 + w_2 Y_2$$

$$= \left(\left\langle w_1 Ex_1 + w_2 Ex_2, \frac{\mu_1 w_1 Ex_1 + \mu_2 w_2 Ex_2}{w_1 Ex_1 + w_2 Ex_2}, \frac{\nu_1 w_1 Ex_1 + \nu_2 w_2 Ex_2}{w_1 Ex_1 + w_2 Ex_2} \right\rangle, \right.$$

$$\left. \sqrt{(w_1 En_1)^2 + (w_2 En_2)^2}, \sqrt{(w_1 He_1)^2 + (w_2 He_2)^2} \right)$$

$$= \left(\left\langle \sum_{j=1}^{2} w_j Ex_j, \frac{\sum_{j=1}^{2} \mu_j w_j Ex_j}{\sum_{j=1}^{2} w_j Ex_j}, \frac{\sum_{j=1}^{2} \nu_j w_j Ex_j}{\sum_{j=1}^{2} w_j Ex_j} \right\rangle, \sqrt{\sum_{j=1}^{2} w_j^2 En_j^2}, \sqrt{\sum_{j=1}^{2} w_j^2 He_j^2} \right)$$

2) 设当 $n=k$ 时，式 (6-2) 成立，即

$$INCWAA_w(Y_1, Y_2, \cdots, Y_k)$$

$$= \left(\left\langle \sum_{j=1}^{k} w_j Ex_j, \frac{\sum_{j=1}^{k} \mu_j w_j Ex_j}{\sum_{j=1}^{k} w_j Ex_j}, \frac{\sum_{j=1}^{k} \nu_j w_j Ex_j}{\sum_{j=1}^{k} w_j Ex_j} \right\rangle, \sqrt{\sum_{j=1}^{k} w_j^2 En_j^2}, \sqrt{\sum_{j=1}^{k} w_j^2 He_j^2} \right)$$

则当 $n=k+1$ 时，由定义 4 可得：

$$INCWAA_w(Y_1, Y_2, \cdots, Y_k, Y_{k+1})$$

$$= \left(\left\langle \sum_{j=1}^{k} w_j Ex_j, \frac{\sum_{j=1}^{k} \mu_j w_j Ex_j}{\sum_{j=1}^{k} w_j Ex_j}, \frac{\sum_{j=1}^{k} \nu_j w_j Ex_j}{\sum_{j=1}^{k} w_j Ex_j} \right\rangle, \sqrt{\sum_{j=1}^{k} w_j^2 En_j^2}, \sqrt{\sum_{j=1}^{k} w_j^2 He_j^2} \right) +$$

$$(\langle w_{k+1} Ex_{k+1}, \mu_{k+1}, \nu_{k+1} \rangle, w_{k+1} En_{k+1}, w_{k+1} He_{k+1})$$

$$= \left(\left\langle \sum_{j=1}^{k} w_j Ex_j + w_{k+1} Ex_{k+1}, \frac{\sum_{j=1}^{k} \mu_j w_j Ex_j + \mu_{k+1} w_{k+1} Ex_{k+1}}{\sum_{j=1}^{k} w_j Ex_j + w_{k+1} Ex_{k+1}}, \right.\right.$$

$$\left.\frac{\sum_{j=1}^{k} \nu_j w_j Ex_j + \nu_{k+1} w_{k+1} Ex_{k+1}}{\sum_{j=1}^{k} w_j Ex_j + w_{k+1} Ex_{k+1}} \right\rangle, \sqrt{\left(\sqrt{\sum_{j=1}^{k} w_j^2 En_j^2}\right)^2 + (w_{k+1} En_{k+1})^2},$$

$$\left. \sqrt{\left(\sqrt{\sum_{j=1}^{k} w_j^2 He_j^2}\right)^2 + (w_{k+1} He_{k+1})^2} \right)$$

$$= \left(\left\langle \sum_{j=1}^{k+1} w_j Ex_j, \frac{\sum_{j=1}^{k+1} \mu_j w_j Ex_j}{\sum_{j=1}^{k+1} w_j Ex_j}, \frac{\sum_{j=1}^{k+1} \nu_j w_j Ex_j}{\sum_{j=1}^{k+1} w_j Ex_j} \right\rangle, \sqrt{\sum_{j=1}^{k+1} w_j^2 En_j^2}, \sqrt{\sum_{j=1}^{k+1} w_j^2 He_j^2} \right)$$

即当 $n = k+1$ 时，式 (6-2) 也成立。

综合1) 和2) 可知，对一切 $n \in \mathbf{N}$，式 (6-2) 均成立，得证。

性质 6-1 (幂等性) $Y_j = (\langle Ex_j, \mu_j, \nu_j \rangle, En_j, He_j)$ ($j = 1, 2, \cdots, n$) 为同一论域 X 上的一组直觉正态云，若对于 $\forall Y_j$ ($j = 1, 2, \cdots, n$)，均有 $Y_j = Y_0 = (\langle Ex_0, \mu_0, \nu_0 \rangle, En_0, He_0)$，则

$$\text{INCWAA}_w (Y_1, Y_2, \cdots, Y_n) = Y_0$$

证明：因为 $Y_j = Y_0 = (\langle Ex_0, \mu_0, \nu_0 \rangle, En_0, He_0)$，且 $\sum_{i=1}^{n} w_i = 1$，所以

$$\text{INCWAA}_w (Y_1, Y_2, \cdots, Y_n)$$

$$= \left(\left\langle \sum_{j=1}^{n} w_j Ex_j, \frac{\sum_{j=1}^{n} \mu_j w_j Ex_j}{\sum_{j=1}^{n} w_j Ex_j}, \frac{\sum_{j=1}^{n} \nu_j w_j Ex_j}{\sum_{j=1}^{n} w_j Ex_j} \right\rangle, \sqrt{\sum_{j=1}^{n} w_j^2 En_j^2}, \sqrt{\sum_{j=1}^{n} w_j^2 He_j^2} \right)$$

$$= \left(\left\langle \sum_{j=1}^{n} w_j Ex_0, \frac{\sum_{j=1}^{n} \mu_0 w_j Ex_0}{\sum_{j=1}^{n} w_0 Ex_0}, \frac{\sum_{j=1}^{n} \nu_0 w_j Ex_0}{\sum_{j=1}^{n} w_j Ex_0} \right\rangle, \sqrt{\sum_{j=1}^{n} w_j^2 En_0^2}, \sqrt{\sum_{j=1}^{n} w_j^2 He_0^2} \right)$$

$$= \left(\left\langle Ex_0 \sum_{j=1}^{n} w_j, \frac{\mu_0 Ex_0 \sum_{j=1}^{n} w_j}{Ex_0 \sum_{j=1}^{n} w_j}, \frac{\nu_0 Ex_0 \sum_{j=1}^{n} w_j}{Ex_0 \sum_{j=1}^{n} w_j} \right\rangle, \sqrt{En_0^2 \sum_{j=1}^{n} w_j^2}, \sqrt{He_0^2 \sum_{j=1}^{n} w_j^2} \right)$$

$$= (\langle Ex_0, \mu_0, \nu_0 \rangle, En_0, He_0)$$

$$= Y_0$$

证毕。

定义 6-8 对于云滴 (x, y)，称 $z = xy$ 为该云滴对概念 T 的一次计分，其值随云滴的不同而变化。计分值 z 的数学期望 $\hat{z}$（或二分位数 z_{mid}）称云对概念的总计分。对于同一论域中的任意两朵云 Y_1 与 Y_2，当所对应的总计分 $\hat{z}_1 \geq \hat{z}_2$（或 $z_{mid1} \geq z_{mid2}$）时，称 Y_1 大于等于 Y_2，记为

$$Y_1 \geq Y_2$$

6.2 直觉正态云发生算法与大小比较

6.2.1 直觉正态云发生算法

参考文献[253,255]中提出的正态云发生算法，设计直觉正态云的发生算法如下：

输入：直觉正态云 $Y = (\langle Ex, \mu, \nu \rangle, En, He)$ 的 5 个数字特征 Ex，μ，ν，En，He 和云滴数 N。

输出：N 个云滴的定量值以及每个云滴所代表的概念确定度。

算法：

第 1 步生成以 En 为期望，He 为标准差的正态随机数 En'；

第 2 步生成以 Ex 为期望，$abs(En')$ 为标准差的正态随机数 x；

第 3 步生成 $[\mu, 1-\nu]$ 区间内的均匀分布随机数 μ'；

第 4 步计算 $y = \mu' \exp\left(-\left(\dfrac{x - Ex}{En'}\right)^2\right)$，该值反映了 x 属于所表示概念的确定度；

第 5 步 (x, y) 完整地反映了一次定性转换的全部内容，形成一颗云滴；

第 6 步重复步骤 1 – 5，直到产生 N 颗云滴。

6.2.2 基于蒙特卡洛模拟的直觉正态云的比较

利用定义 6 – 8，我们能够从理论上比较决策者对两朵反映决策信息的云的偏好，然而，在不知道 z 具体的概率分布函数的情况下，是无法获取 $\hat{z}$ 或 z_{mid} 的。实际上，由于 z 的分布往往不满足常见的概率分布形态，因此要通过解析的方法获得 $\hat{z}$ 或 z_{mid} 非常困难。

然而，如果能够获取足够数量的云滴作为样本，则可通过对这些样本的值加以统计从而估计 $\hat{z}$ 或 z_{mid}，这也正是蒙特卡洛模拟的基本思想。直觉正态云的云滴生成算法使这一思路得以实现。借用该算法，我们可以方便地利用计算机程序生成大量的云滴（N 个），当云滴的数量足够大时，便能以这些云滴为样本，计算其均值

$$\bar{z} = \sum_{i=1}^{N} z_i \Big/ N$$

作为 $\hat{z}$ 的一个最优估计，并利用其代替 $\hat{z}$（或者利用样本的中位数代替 z_{mid}）对云的大小加以比较。

例 6 – 1 比较直觉正态云 $Y_1 = (\langle 5, 0.7, 0.1\rangle, 0.8, 0.05)$，$Y_2 = (\langle 6, 0.4, 0.3\rangle, 0.5, 0.08)$ 的大小时，按 6.2.1 中的算法产生云滴，图 6 – 1 显示了这两朵直觉正态云，其中每一个点均代表所生成的一颗云滴。对每朵云所产生的云滴样本加以统计，分别获得两朵云的总计分为 $\bar{z}_1 = 2.31$ ($s_{m1} = 2.52$) $\bar{z}_2 = 1.91$ ($s_{m2} = 2.02$)。

因此，由定义 6 – 8，可以判断 $Y_1 > Y_2$。注意到尽管 Y_2 的 Ex 比 Y_1 的要大，但是由于 Y_2 对概念的隶属度相对偏低而且具有更高的不确定性，这两点使得其在与 Y_1 的比较中不占优，这也正体现了直觉模糊的特点。

图6-1 两朵直觉正态云

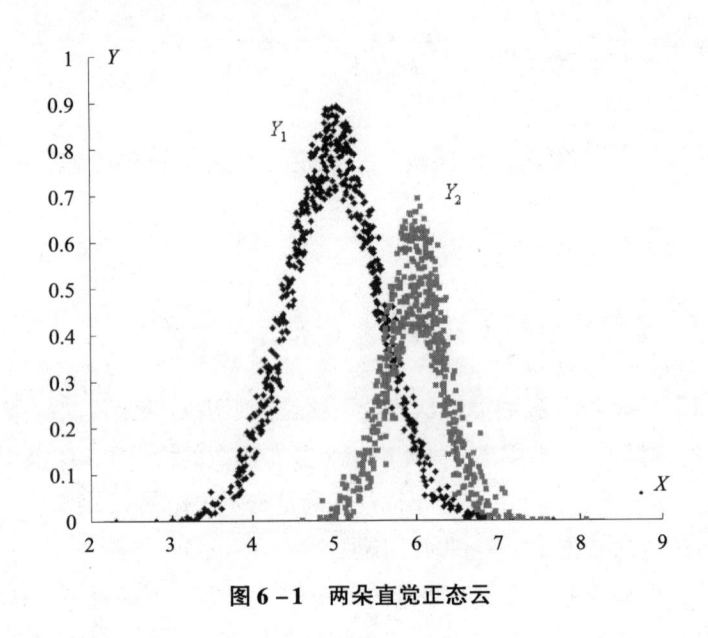

6.3 双语言变量模糊区间表示法

如果语言标度 $S = \{s_1, \cdots, s_g\}$ 与给定论域上的一组模糊区间相对应，则所有的语言项构成了该论域的一个划分。

为了方便，可将该论域定义为 $[0, g+1]$ 区间。这样，当认为语言标度是均匀分布时，每个语言项 s_k 所对应的模糊区间的中心点可与 $x = k$ 对应，且应具有类似的宽度；由于所有的语言项构成了论域的一个划分，因此，用以表示各语言项的模糊区间能覆盖整个论域，因此每个语言项 s_k 所对应元素 x 至少要覆盖区间 $[k-0.5, k+0.5]$；而由于仅当 $x = k+1$ 时元素才完全隶属于语言项 s_{k+1}，因此，在模糊环境下，语言项 s_k 所对应的模糊区间最大应可覆盖区间 $[k-1, k+1]$。应该注意，在上述的转换中并未对模糊区间的隶属函数的具体形式做出假设。

进而，双语言变量 $\langle s_k, h_{k'} \rangle$ 所反映的定性概念可以转化为一对模糊区间元组，该元组中利用模糊区间 $[k-1, k+1]$ 表示 s_k，而其中的语

言隶属度变量 $h_{k'}$ 由于是一个隶属度区间表示，当整个 H 标度（设其内含 g' 个语言项）是均匀的时，由于 $H = \{h_1, \cdots, h_{g'}\}$，则整个隶属度值域 $[0, 1]$ 可分为 g' 个子区间，其中 $h_{k'}$ 与第 k' 个区间相对应，即 $h_{k'}$ 对应

$$\left[\frac{k'-1}{g'+1}, \frac{k'+1}{g'+1}\right] \subset [0, 1]$$

所以双语言变量 $\langle s_k, h_{k'} \rangle$ 对应的模糊区间组元为

$$\left\langle [k-1, k+1], \left[\frac{k'-1}{g'+1}, \frac{k'+1}{g'+1}\right] \right\rangle$$

6.4 基于蒙特卡洛模拟的直觉正态云双语言多准则决策方法

本节所介绍方法将由每个决策者给出的在某准则下某方案的双语言决策信息看作是该准则下该方案评价云中一些云滴的集合，利用这些云滴进而可以估计所对应的评价云参数，通过集结不同准则下的评价云，从而获得用直觉正态云表示的该方案综合评价云，最后，利用蒙特卡洛模拟方法对各方案的综合表现加以比较并排序选优。

所对应的问题表述为：有 m 个方案 $\{a_1, a_2, \cdots, a_m\}$，$n$ 个决策准则 $\{c_1, c_2, \cdots, c_n\}$，对应的准则相对重要性权重向量为 $W = [w_1, w_2, \cdots, w_n]$，其中 $w_j \in [0, 1]$，$\sum_{j=1}^{n} w_j = 1$。假定有 t 个决策者 $D = \{d_1, \cdots, d_t\}$，对应的相对重要性权重向量 $B = [\beta_1, \beta_2, \cdots, \beta_t]$，且 $\beta_k \in [0, 1]$，$\sum_{k=1}^{t} \beta_k = 1$。决策者 d_k 所给出的评价矩阵为 $A^{(k)} = (\tilde{a}_{ij}^{(k)})_{m \times n}$，其中 $\tilde{a}_{ij}^{(k)}$ 是以双语言形式给出的评价信息，确定方案的排序。

如前所述，决策者 d_k 所给出的方案 a_i 在准则 c_j 下的表现双语言评价信息 $\tilde{a}_{ij}^{(k)}$ 可以转化为一对模糊区间，设其记为 $\tilde{a}_{ij}^{(k)} = \langle [a_{ij}^{L(k)}, a_{ij}^{R(k)}], [\lambda_{ij}^{L(k)}, \lambda_{ij}^{R(k)}] \rangle$，其中模糊区间 $[a_{ij}^{L(k)}, a_{ij}^{R(k)}]$ 表示决策者所给出的准则值区间，其中 $a_{ij}^{L(k)}$ 表示准则值可能取的最小值，$a_{ij}^{R(k)}$ 表示准则值可能取的最大值。$[\lambda_{ij}^{L(k)}, \lambda_{ij}^{R(k)}] \subseteq [0, 1]$ 表示该准则值的可能隶属度范围，

$\lambda_{ij}^{L(k)}$（$\lambda_{ij}^{R(k)}$）表示该隶属度的最小（大）值，在决策中，隶属度通常用以表示决策者对某一判断的信心水平，因此，这里用其表示决策者对评价$\tilde{a}_{ij}^{(k)}$的最大信心水平在$[\lambda_{ij}^{L(k)}, \lambda_{ij}^{R(k)}]$之间。

具体的决策步骤为：

1）对决策信息进行处理。

决策者所给出的信息通常具有正态特性，即决策者对所给出的靠近模糊区间中部的准则值通常具有更高的信心水平。因此，可以近似认为决策者所给出的准则值是以$\eta_{ij}^{(k)} = \frac{1}{2}(a_{ij}^{L(k)} + a_{ij}^{R(k)})$为期望的。同时，根据直觉模糊的定义（定义6-4）中隶属度区间与隶属度、非隶属度的关系，也可得出$\mu_{ij}^{(k)} = \lambda_{ij}^{L(k)}$，$v_{ij}^{(k)} = 1 - \lambda_{ij}^{R(k)}$。因此，对应的决策矩阵也可相应记为

$$\tilde{X}^{(k)} = \begin{bmatrix} \tilde{x}_{11}^{(k)} & \cdots & \tilde{x}_{1n}^{(k)} \\ \vdots & \ddots & \vdots \\ \tilde{x}_{m1}^{(k)} & \cdots & \tilde{x}_{mn}^{(k)} \end{bmatrix}$$

其中$\tilde{x}_{ij}^{(k)} = ([a_{ij}^{L(k)}, \eta_{ij}^{(k)}, a_{ij}^{R(k)}], \mu_{ij}^{(k)}, v_{ij}^{(k)})$。

2）形成方案i的j准则下评价云$Y_{ij} = (\langle Ex_{ij}, \mu_{ij}, v_{ij} \rangle, En_{ij}, He_{ij})$。

如果认为每个方案在不同准则下的表现具有不确定性，并可以通过一朵直觉正态云加以评价，而且每个决策者所提供的决策信息应为这一朵云中的部分云滴的集合（但并不意味着所有的决策者提供了所有的云滴），决策者相对重要性越大，则意味着在这一过程中提供了更多的云滴，因此，可以通过决策者所提供的这些云滴对云的各个参数加以估计。可令

$$Ex_{ij} = \sum_{k=1}^{t} \beta_k \eta_{ij}^{(k)}, \mu_{ij} = \min(\mu_{ij}^{(k)}), v_{ij} = \min(v_{ij}^{(k)})$$

进一步，如果仅让某个决策者提供一个最可能的评价值，即仅让其从他所选择的那一团云滴中选择一颗他认为最合适的评价云滴，有理由相信其应该会选择$\eta_{ij}^{(k)}$所对应的云滴，因此，云的期望熵（标准差）En_{ij}也应以此加以估计，考虑到正态曲线的3σ原则，En_{ij}应满足

$$3En_{ij} = \max(\eta_{ij}^+ - Ex_{ij}, Ex_{ij} - \eta_{ij}^-)$$

即

$$En_{ij} = \frac{1}{3}\max\,(\eta_{ij}^+ - Ex_{ij},\ Ex_{ij} - \eta_{ij}^-)$$

同理，决策者给出的决策信息中所能得出的最为偏离 Ex_{ij} 的云滴所对应 x 取值应为 a_{ij}^{R+}（正偏离）或者 a_{ij}^{L-}（负偏离）中的一个，其中 a_{ij}^{R+} 表示所有的 $\tilde{x}_{ij}^{(k)}$ 中最大的 $a_{ij}^{R(k)}$，a_{ij}^{L-} 所有的 $\tilde{x}_{ij}^{(k)}$ 中最小的 $a_{ij}^{L(k)}$。由于该值与最为偏离中心 Ex_{ij} 的云滴相对应，则云的最大熵（标准差）En_{ij}^+ 应满足

$$3En_{ij}^+ = \max\,(a_{ij}^{R+} - Ex_{ij},\ Ex_{ij} - a_{ij}^{L-})$$

而云的熵 En_{ij} 由于同样满足正态分布，故其超熵 He_{ij} 也应满足 3σ 原则，即

$$3He_{ij} = (En_{ij}^+ - En_{ij})$$

即 $He_{ij} = \dfrac{1}{9}\,[\max\,(a_{ij}^{R+} - Ex_{ij},\ Ex_{ij} - a_{ij}^{L-}) - \max(\eta_{ij}^+ - Ex_{ij},\ Ex_{ij} - \eta_{ij}^-)]$

从而，得出了云 Y_{ij} 的所有参数。

3）得出方案 i 的综合评价云。

利用 INCWAA 算子对方案 i 在各准则下的评价云信息进行集结，形成方案 i 的综合评价云

$$Y_i = \text{INCWAA}_w(Y_1, Y_2, \cdots, Y_n) = \sum_{j=1}^n w_j Y_{ij} = (\langle Ex_i, \mu_i, \nu_i \rangle, En_i, He_i)$$

$$= \left(\left\langle \sum_{j=1}^n w_j Ex_{ij},\ \frac{\sum_{j=1}^n \mu_{ij} w_j Ex_{ij}}{\sum_{j=1}^n w_j Ex_{ij}},\ \frac{\sum_{j=1}^n \nu_{ij} w_j Ex_{ij}}{\sum_{j=1}^n w_j Ex_{ij}} \right\rangle,\ \sqrt{\sum_{j=1}^n w_j^2 En_{ij}^2},\ \sqrt{\sum_{j=1}^n w_j^2 He_{ij}^2}\right)$$

4）生成各方案综合评价云的云滴并对其加以统计比较。

为了对各方案的综合评价云加以比较，利用 6.2.1 中所述方法产生的 N 颗样本云滴，并利用 6.2.2 中方法对所生成云滴的计分值 z 加以统计，获取其均值 $\bar{z}$ 或中位数 z_m 作为方案综合评价云的总计分值，最后按照 $\bar{z}$ 与 z_m 降序对方案云加以排序，排序最靠前的方案为最优方案。

6.5 算例

某发动机零部件制造公司从 5 种可能的技术升级方案中进行选择，有 5 个待选方案 a_1，a_2，…，a_5，并选取 4 个准则：技术水平与适宜度、升级后产品预期市场表现、后续可升级能力和可能升级成本对各方案进行评价，分别记为：c_1，c_2，c_3，c_4。显然，决策者对各方案在每种准则下方案的表现评价均具有极大的不确定性，因此，由包括技术、市场、生产在内的 3 名决策者 d_1，d_2，d_3 根据自己的知识和经验确定，采用双语言集给出，此处所采用的语言标度为两个 9 项语言标度：

$S = \{s_1:$ ExtremlyPoor, $s_2:$ VeryPoor, $s_3:$ Poor, $s_4:$ MediumPoor, $s_5:$ Fair, $s_6:$ MediumGood, $s_7:$ Good, $s_8:$ VeryGood, $s_9:$ ExtremlyGood$\}$

$H = \{h_1:$ Zero, $h_2:$ VeryLow, $h_3:$ Low, $h_4:$ MediumLow, $h_5:$ Medium, $h_6:$ MediumHigh, $h_7:$ High, $h_8:$ VeryHigh, $h_9:$ Full$\}$

决策信息如表 6-1 到表 6-3 所示。

表 6-1 决策者 1 给出的决策信息

方案	c_1	c_2	c_3	c_4
a_1	$<s_4, h_8>$	$<s_9, h_9>$	$<s_9, h_8>$	$<s_5, h_6>$
a_2	$<s_6, h_7>$	$<s_6, h_7>$	$<s_9, h_6>$	$<s_8, h_8>$
a_3	$<s_3, h_6>$	$<s_8, h_8>$	$<s_9, h_8>$	$<s_2, h_7>$
a_4	$<s_7, h_9>$	$<s_7, h_5>$	$<s_7, h_7>$	$<s_3, h_8>$
a_5	$<s_9, h_8>$	$<s_8, h_8>$	$<s_4, h_6>$	$<s_2, h_6>$

表 6-2 决策者 2 给出的决策信息

方案	c_1	c_2	c_3	c_4
a_1	$<s_2, h_6>$	$<s_8, h_9>$	$<s_9, h_5>$	$<s_5, h_5>$
a_2	$<s_5, h_6>$	$<s_6, h_6>$	$<s_9, h_7>$	$<s_8, h_7>$
a_3	$<s_2, h_8>$	$<s_7, h_7>$	$<s_8, h_9>$	$<s_1, h_9>$
a_4	$<s_5, h_7>$	$<s_6, h_7>$	$<s_9, h_6>$	$<s_1, h_8>$
a_5	$<s_9, h_8>$	$<s_7, h_7>$	$<s_3, h_7>$	$<s_2, h_8>$

表6-3 决策者3给出的决策信息

方案	c_1	c_2	c_3	c_4
a_1	$<s_8, h_6>$	$<s_2, h_6>$	$<s_8, h_5>$	$<s_7, h_9>$
a_2	$<s_4, h_8>$	$<s_7, h_9>$	$<s_9, h_5>$	$<s_9, h_6>$
a_3	$<s_4, h_7>$	$<s_7, h_7>$	$<s_8, h_9>$	$<s_2, h_7>$
a_4	$<s_4, h_6>$	$<s_6, h_9>$	$<s_9, h_8>$	$<s_4, h_6>$
a_5	$<s_9, h_8>$	$<s_8, h_5>$	$<s_6, h_7>$	$<s_4, h_8>$

将上述双语言决策信息转化为对应的模糊区间元组,列于表6-4到表6-6。在这些表中,方案a_i在准则c_j的准则值区间$[a_{ij}^L, a_{ij}^R]$位于$[0, 10]$内,而对准则值的信心水平区间$[\lambda_{ij}^L, \lambda_{ij}^R]$位于$[0, 1]$内。

表6-4 决策者1给出的决策信息等价模糊区间组

方案	c_1	c_2	c_3	c_4
a_1	[3, 5], [0.7, 0.9]	[8, 10], [0.8, 1.0]	[8, 10], [0.7, 0.9]	[4, 6], [0.5, 0.7]
a_2	[5, 7], [0.6, 0.8]	[5, 7], [0.6, 0.8]	[8, 10], [0.5, 0.7]	[7, 9], [0.7, 0.9]
a_3	[2, 4], [0.5, 0.7]	[7, 9], [0.7, 0.9]	[8, 10], [0.7, 0.9]	[1, 3], [0.6, 0.8]
a_4	[6, 8], [0.8, 1.0]	[6, 8], [0.4, 0.6]	[6, 8], [0.6, 0.8]	[2, 4], [0.7, 0.9]
a_5	[8, 10], [0.7, 0.9]	[7, 9], [0.7, 0.9]	[3, 5], [0.5, 0.7]	[1, 3], [0.5, 0.7]

表6-5 决策者2给出的决策信息等价模糊区间组

方案	c_1	c_2	c_3	c_4
a_1	[1, 3], [0.5, 0.7]	[7, 9], [0.8, 1.0]	[8, 10], [0.4, 0.6]	[4, 6], [0.4, 0.6]
a_2	[4, 6], [0.5, 0.7]	[5, 7], [0.5, 0.7]	[8, 10], [0.6, 0.8]	[7, 9], [0.6, 0.8]
a_3	[1, 3], [0.7, 0.9]	[6, 8], [0.6, 0.8]	[7, 9], [0.8, 1.0]	[0, 2], [0.8, 1.0]
a_4	[4, 6], [0.6, 0.8]	[5, 7], [0.6, 0.8]	[8, 10], [0.5, 0.7]	[0, 2], [0.7, 0.9]
a_5	[8, 10], [0.7, 0.9]	[6, 8], [0.6, 0.8]	[2, 4], [0.6, 0.8]	[1, 3], [0.7, 0.9]

表6-6 决策者3给出的决策信息等价模糊区间组

方案	c_1	c_2	c_3	c_4
a_1	[7, 9], [0.5, 0.7]	[1, 3], [0.5, 0.7]	[7, 9], [0.4, 0.6]	[6, 8], [0.8, 1.0]
a_2	[3, 5], [0.7, 0.9]	[6, 8], [0.8, 1.0]	[8, 10], [0.4, 0.6]	[8, 10], [0.5, 0.7]
a_3	[3, 5], [0.6, 0.8]	[6, 8], [0.6, 0.8]	[7, 9], [0.8, 1.0]	[1, 3], [0.6, 0.8]
a_4	[3, 5], [0.5, 0.7]	[5, 7], [0.8, 1.0]	[8, 10], [0.7, 0.9]	[3, 5], [0.5, 0.7]
a_5	[8, 10], [0.7, 0.9]	[7, 9], [0.5, 0.7]	[5, 7], [0.6, 0.8]	[3, 5], [0.7, 0.9]

准则权重向量 $W = [0.3, 0.3, 0.2, 0.2]$，决策者权重向量为 $B = [0.3, 0.4, 0.3]$。

1）计算方案 a_1 的综合评价云并利用蒙特卡洛模拟生成云滴并统计总计分。

将决策者 d_k 所给出的方案 a_1 在各准则下的评价信息 $\tilde{a}_{1j}^{(k)}$ 转换为 $\tilde{x}_{1j}^{(k)}$ 的形式，列于表6-7中。

表6-7 各决策者给出方案 a_1 的决策信息（形式转换后）

决策者	c_1	c_2	c_3	c_4
d_1	[3, 4, 5], 0.7, 0.1	[8, 9, 10], 0.8, 0	[8, 9, 10], 0.7, 0.1	[4, 5, 6], 0.5, 0.3
d_2	[1, 2, 3], 0.5, 0.3	[7, 8, 9], 0.8, 0	[8, 9, 10], 0.4, 0.4	[4, 5, 6], 0.4, 0.4
d_3	[7, 8, 9], 0.5, 0.3	[1, 2, 3], 0.5, 0.3	[7, 8, 9], 0.4, 0.4	[6, 7, 8], 0.8, 0

由上述信息，利用6.4中所述步骤，得出方案 a_1 在准则 c_1 下的评价云

$$Y_{11} = (\langle Ex_{11}, \mu_{11}, \nu_{11} \rangle, En_{11}, He_{11})$$

其中

$$Ex_{11} = \sum_{k=1}^{3} \beta_k \eta_{11}^{(k)} = 0.3 \times 4 + 0.4 \times 2 + 0.3 \times 8 = 4.4,$$

$$\mu_{11} = \min(\mu_{11}^{(k)}) = \min(0.7, 0.5, 0.5) = 0.5,$$

$$\nu_{11} = \min(\nu_{11}^{(k)}) = \min(0.1, 0.3, 0.3) = 0.1,$$

$$En_{11} = \max(\eta_{11}^{+} - Ex_{11}, Ex_{11} - \eta_{11}^{-})/3$$
$$= \max(8 - 4.4, 4.4 - 2)/3 = \max(3.6, 2.4)/3$$
$$= 3.6/3 = 1.2$$

$$He_{11} = \left[\frac{1}{3}\max\ (a_{11}^{R+} - Ex_{11},\ Ex_{11} - a_{11}^{L-}) - En_{11}\right]\Big/3$$

$$= \left[\frac{1}{3}\max\ (9 - 4.4,\ 4.4 - 1) - 1.2\right]\Big/3 = 0.11$$

同理，可得 a_1 在其他准则下的评价云

$$Y_{12} = (\langle Ex_{12},\ \mu_{12},\ \nu_{12} \rangle,\ En_{12},\ He_{12})$$
$$= (\langle 6.7,\ 0.5,\ 0 \rangle,\ 1.73,\ 0.17)$$
$$Y_{13} = (\langle Ex_{13},\ \mu_{13},\ \nu_{13} \rangle,\ En_{13},\ He_{13})$$
$$= (\langle 9.2,\ 0.4,\ 0.1 \rangle,\ 0.23,\ 0.14)$$
$$Y_{14} = (\langle Ex_{14},\ \mu_{14},\ \nu_{14} \rangle,\ En_{14},\ He_{14})$$
$$= (\langle 5.75,\ 0.4,\ 0 \rangle,\ 0.58,\ 0.16)$$

然后，利用 INCWAA 算子（6-1）对 Y_{1j} 进行集结，得出方案 a_1 的综合评价云

$$Y_1 = \sum_{j=1}^{n} w_j Y_{1j} = \left(\left\langle \sum_{j=1}^{n} w_j Ex_{1j},\ \frac{\sum_{j=1}^{n}\mu_{1j}w_j Ex_{1j}}{\sum_{j=1}^{n} w_j Ex_{1j}},\ \frac{\sum_{j=1}^{n}\nu_{1j}w_j Ex_{1j}}{\sum_{j=1}^{n} Ex_{1j}} \right\rangle,\ \sqrt{\sum_{j=1}^{n} w_j^2 En_{1j}^2},\ \sqrt{\sum_{j=1}^{n} w_j^2 He_{1j}^2}\right)$$

$$= (\langle 6.3,\ 0.43,\ 0.05 \rangle,\ 0.69,\ 0.09)$$

从而可利用 6.2.1 中的云发生算法生成 Y_1 的云滴，图 6-2 显示了由生成 500 颗云滴所组成的 Y_1 图像。

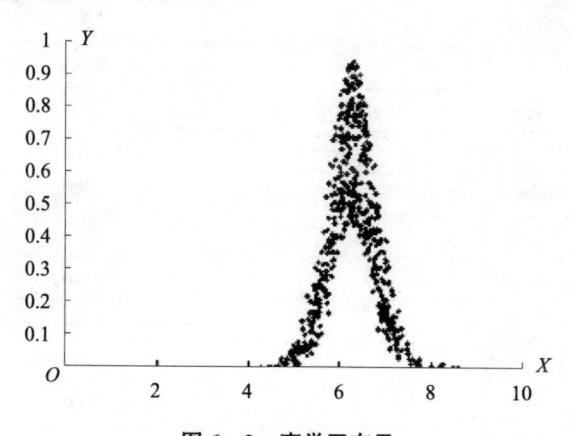

图 6-2　直觉正态云

由于增大样本容量可以有效地提高统计效度,因此,我们利用云发生算法通过计算机程序产生 50000 个云滴进行蒙特卡洛模拟,并对其加以统计,这些云滴的计分值频数分布如图 6-3 所示。

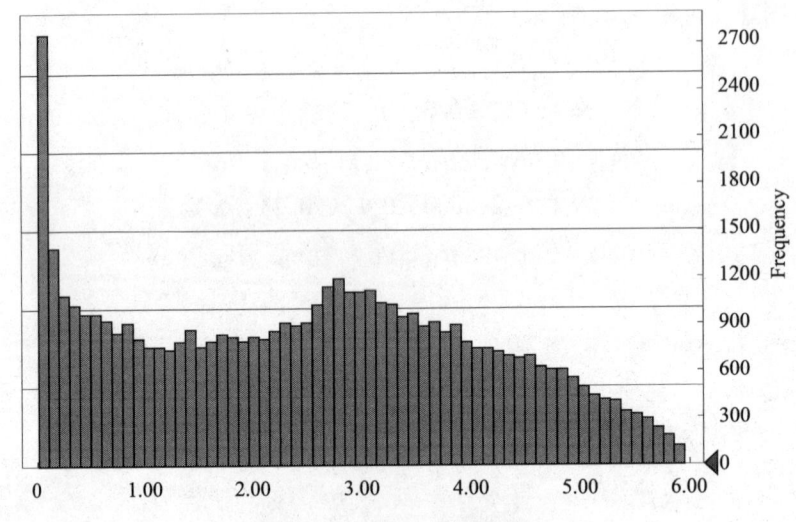

图 6-3 云滴计分值频数分布

所获得的部分统计项目值列于表 6-8 中。

表 6-8 计分统计结果

统计项目	值
样本数量	50000
均值	2.50
二分位数	2.55
标准差	1.60
方差	2.56
歪斜度	0.1063
峰度	1.96
变异系数	0.6414
最小值	0.00
最大值	5.97

为了检验利用该方法所获取 $\bar{z}_1$ 与 z_{m1} 的稳定性，我们对上述模拟重复进行了 10 次，所得出的结果列于表 6-9 中。

表 6-9 十次模拟分别得出的 $\bar{z}_1$ 和 z_{m1} 结果

	1	2	3	4	5	6	7	8	9	10	平均	标准差
$\bar{z}_1$	2.50	2.50	2.50	2.50	2.49	2.51	2.49	2.49	2.50	2.51	2.50	0.007
z_{m1}	2.56	2.55	2.57	2.56	2.55	2.58	2.54	2.54	2.55	2.57	2.56	0.013

由该表中数据可见，所得出 $\bar{z}_1 = 2.50$，$z_{m1} = 2.56$，且稳定性极高，可以作为总体 $\hat{z}_1$ 与 z_{mid1} 的有效估计。

2) 计算其余方案的综合评价云并利用蒙特卡洛模拟生成云滴并统计总计分。

采用 1) 中同样的步骤，我们得出方案 $a_2 - a_5$ 的综合评价云并产生云滴统计获得各自的总计分值：

$Y_2 = (\langle 7.07, 0.45, 0.08 \rangle, 0.11, 0.12)$

$$\bar{z}_2 = 2.80, z_{m2} = 2.90$$

$Y_3 = (\langle 5.15, 0.58, 0.06 \rangle, 0.18, 0.07)$

$$\bar{z}_3 = 2.25, z_{m3} = 2.42$$

$Y_4 = (\langle 5.76, 0.48, 0.04 \rangle, 0.19, 0.10)$

$$\bar{z}_4 = 2.39, z_{m4} = 2.48$$

$Y_5 = (\langle 6.48, 0.59, 0.10 \rangle, 0.19, 0.09)$

$$\bar{z}_5 = 2.70, z_{m5} = 2.88$$

3) 最后，按照 $\bar{z}$ 降序对方案进行排序，获得

$$a_2 > a_5 > a_1 > a_4 > a_3$$

因此，建议该公司选择技术改造方案 a_2，如果利用 z_m 对方案进行比较，其结果也是一致的。

6.6 本章小节与讨论

本章定义了直觉正态云模型，并将其应用于处理双语言多准则群决策

问题。将双语言形式的不确定信息通过所设计的云发生算法利用蒙特卡洛模拟生成各方案综合表现云的云滴，通过对这些云滴的计分加以统计，其结果可用来对各方案综合评价云进行比较排序从而加以决策。给出的算例分析表明，该方法能够较为有效地解决准则值为双语言特征的不确定多准则群决策问题。然而该方法的一个问题在于采用数学模拟的方法可能会使得问题较复杂时运算量过大。

7 双语言信息环境下的新能源公交车选型决策分析

在当前全球变暖的背景下，自20世纪80年代以来，越来越多的人开始关注城市中的污染问题，尤其关注由道路交通所引发的污染。已经证明，使用石油燃料的交通工具是最主要的空气污染物排放源之一，因此，各国政府纷纷推广新能源汽车取代传统动力汽车以控制汽车尾气排放。例如，在美国加利福尼亚，规定所有在该地销售的新车中必须有2%是新能源汽车。这里所谓的新能源汽车，又称代用燃料（Alternative Fuel）汽车，指使用了除石油能源外的动力来源的汽车，在目前阶段主要包括：电池动力电动车（EV）、燃料电池汽车、太阳能汽车、混合动力电动车（HEV）、天然气（CNG）汽车、甲醇汽车、乙醇汽车以及生物柴油汽车等。

城市中所使用的各种车辆主要用于其道路交通系统，公共交通系统是该系统中至关重要的环节，它用以满足城市中大多数居民的日常交通需要。随着城市交通压力的持续增大，大力发展城市公交系统将是缓解日益恶化的城市交通拥堵状况的有效手段。由于具有固定的站点、线路、乘客群、运营时间和频率，因此，相比起其他用途的车辆，其运营车辆对采用新能源所需要面临的诸如燃料添注网点、充电时间等方面的缺陷具有更高的适应能力，更适用于采用新能源汽车。

因此，我国推广新能源汽车主要采用以城市公交车与出租车为示范，在全国支持一批代用能源示范城市。而对正处于建设"两型社会"示范城市过程中的长沙市而言，改善城市人居环境需要进一步扩大公交运营车辆规模，并对现有车辆进行升级。这就涉及选取合适的新能源公共汽车以代替传统能源公共汽车的问题。然而，由于该问题涉及不同新能源的特性，而且需要同时考虑诸如能效、排放、技术、成本、设施等多方面的条件，这些条件往往还相互冲突，当前还没有哪类新能源汽车能够同时满足这些条件，用户难以从众多的新能源汽车种类中挑选出最为适合的方案。因此，需要针对不同种类甚至不同产品的新能源汽车进行综合评价，以帮助用户加以决策。

本章将应用前述章节所介绍的技术，具体分析可替代能源公交车方案评价选择过程，但其主要目的不在于得出最终的结论，而是显示在这一过程中如何根据决策者所提供的决策信息，利用前述技术揭示决策者的真实偏好，从而能更好地帮助决策者加以决策。

7.1 可选方案描述

在本章中，备选方案根据其能源动力特征被分为三大类：新燃料方案、纯电动方案和混合动力方案。在现有的技术条件下，直接利用电力的电动汽车最让人感兴趣，但是其技术尚待进一步发展。电动汽车的优点在于它们在低负载条件下的表现出色，而且不会排放任何的污染物，但其电池的充电时间过长，续航距离较短（通常低于200km）和缺少相应的基础设施支持等缺点限制了其使用[264]。而混合电力汽车既有电动又兼具内燃机引擎，它已被用户所广泛接受[265]，它在成本和方便性方面具有传统汽车类似的优势。具体来讲，本章中包括了11个备选解决方案：

(1) 压缩天然气（compressed natural gas，CNG）

天然气作为汽车燃料具有几种不同的形式，包括压缩天然气（CNG）、液化天然气（liquid natural gas，LNG）、吸附性天然气（attached natural gas，ANG）等。压缩天然气汽车技术已经成熟，不同国家都利用自身的天然气资源将其加以商品化。压缩天然气燃料具有高辛烷值且只排放少量的二氧化碳，所以该燃料特别适用于城市公共交通工具所采用[266]。但是，天然气的供应、分布以及安全性是其发展该技术最亟待改善的问题。

(2) 液化丙烷气（liquid propane gas，LPG）

一些国家利用 LPG 作为公共交通工具的燃料，比如日本、意大利、加拿大等有 7% 左右的公交车采用 LPG 动力[266]，也有一些欧洲国家因为污染方面的考虑计划采用 LPG 汽车。

(3) 氢燃料电池汽车

所谓的燃料电池能将氢和氧转化为车辆使用的动力，然而，氢却不适合储存[264]。对氢燃料电池公交车的研究已经成功，实验车辆运行的结果显示这种车辆具有宽燃烧室表面、低燃烧温度、燃料易燃等特点，由于该车的能量完全来自氢与氧之间的化学反应，因此车辆运行过程中没有任何有害物质产生而仅仅产生水。戴姆勒－奔驰公司已经开发出了燃料电池原型车，迄今为止，在售的燃料电池技术汽车尚不多见，1998 年 7 月推出的 Zevco 伦敦出租车[267]是其中一种，满载燃料后可行驶约 250 km。

(4) 甲醇汽车

对甲醇燃料汽车的研究是与汽油机汽车密切相关的。甲醇在燃料中的混合比率为 85% 即所谓的 M85 燃料。能使用不同的混合比率的甲醇汽车被称为灵活燃料汽车（flexible fuel vehicle，FFV）。FFV 汽车的发动机能够顺利地使用任何比例的甲醇－汽油混合燃料，而甲醇则作为一种汽油的替代燃料能帮助减少黑烟和一氧化氮排放。从 1992 年开始，日本的加油站就开始供应甲醇[266]。甲醇的热值低于汽油，使得使用该燃料的汽车续航能力不如传统车辆。此外，燃烧甲醇所产生的醛类化合物具有强酸性，对此还需要进一步的研究。

(5) 机会充电型电动汽车

机会充电型电动汽车的动力来源是一组车载电池和一套在车辆停止时的快速机会充电设备。在其停车的 10 到 20 秒之内，电动公交上所安装的电源接收传感器将下放至安装在汽车停靠点前部的充电电源板给电池充电。无论何时当公交车从站点驶离，它的车载电池将会充满电。在一个 10 秒的停靠周期内，电池可以获得 0.15 kW·h 的电力（取决于供电设备的设计），所充得的电力足够其行驶至下一个停靠点。

(6) 直充电型电动公交车

这种类型的电动公交车的动力主要来自车载电池组。一旦电池组的动力不足，车辆不得不返回车站充电。对这种类型的公交车而言，开发一组可持续供电的电池是最关键的技术，如果电池组中能够存储更多的电力，将会有效地增加车辆的巡航距离。

(7) 更换电池型电动公交车

可更换电池型电动公交车的目标在于获得更加快速的充电速度和更长的巡航距离。该种公交被调整得具有更大的电池存储空间，车载电池组的数量也可以加以调整以适应不同的路况。然而，必须准备电池快速更换设备以快速更换车载电池以保持车辆的机动性。

(8) 汽油混合电力公交车

汽油混合电力车辆由一个电动机作为其主要动力源，由一个小尺寸的汽油机作为其辅助动力源。当电力失效时，汽油机能够使车辆继续行驶。同时，车辆行驶中的部分动能被转化为电能存储以增加其巡航距离。

(9) 柴油混合电力公交车

柴油混合电力车辆由一个电动机作为其主要动力源，由一个小尺寸的柴油机作为其辅助动力源。

(10) CNG – 电力混合动力公交

CNG – 电力混合动力车辆由一个电动机和一个压缩天然气发动机为其动力源。

(11) LPG – 电力混合动力公交

LPG – 电力混合动力车辆由一个电动机和一个液化丙烷发动机作为其动力源。

7.2 评价准则

新能源模式可以从不同的方面加以评价，在评价新能源公交车时，我们主要从社会的、经济的、技术的以及交通四个方面，共11个准则加以评价。随后，在准则权重评价中，相关决策专家来自生产商、学术机构、研究团体以及公交车公司。他们根据其知识、经验评价各准则的相对重要性。各评价准则、说明及利用 AHP 法获得的权重的平均评估值列于表 7-1。这些数据表明交通流速度是最为重要的评估影响因素；第二重要的是空气污染，体现了采用新的可替代燃料的必要性。

表 7-1 评价准则体系与准则权重

准则	权重	说明
1 能源供给	0.0613	该准则基于所评价能源的年供应量、能源存储的可靠性以及能源供给的成本
2 能源效率	0.0938	评价燃料的能源效率
3 空气污染	0.1661	由于不同的燃料模式对空气的影响不相同，需要综合评价某种燃料模式会引起的空气污染的程度
4 噪音污染	0.0554	评价采用不同燃料的车辆在运行时所产生的噪音
5 技术前景	0.0629	汽车工业是一个带动型工业，其产品与其他的工业产品紧密相连，因此需要考虑每种替代燃料模式与其他相关工业的关系以判断其技术与发展前景
6 购买成本	0.0829	产品的购买成本
7 维护成本	0.0276	产品的营运维护成本
8 车辆性能	0.1239	评价备选方案的巡航距离、爬坡角度、平均速度等
9 道路要求	0.0805	评价备选方案是否适应道路特点，如路面、坡度等
10 交通流速度	0.1694	比较备选方案的平均速度是否适合交通流速度，如果交通流速度高于车辆平均速度，则在这样的交通环境中不适合采用此类型的车辆
11 舒适性	0.0761	评价车辆的舒适性以及车辆的一些附加设备

7.3 方案评价过程

决策时，关于备选方案的一些基本参考资料[268]列于调查表中提供给决策者（见表 7-2 至 表 7-4），由于现有的公交车广泛采用内燃机，而在所有的已有内燃机中，柴油机是效率最高的，因此，表中相应地列出了这类公交车的相关资料作为参考。

表 7-2 各种方案基本性能

	道路	车站*	乘员（人）	最大速度（km/h）	巡航距离（km）	爬坡能力（%）	再充能时间
柴油机	无特殊要求	小型	20~80	100~120	400~500	<18	10 min
纯电动汽车	平坦	大型	20~60	45~80	60~220	<16	慢 8~10 h 快 30 min
混合动力电动汽车	平坦	大型	20~60	60~80	90~400	<16	慢 8~10 h 快 30 min
甲醇/乙醇汽车	无特殊要求	小型	60~80	100~120	200~250	<18	10 min
天然气汽车	无特殊要求	大型	60~80	80~100	200~300	<18	20 min
燃料电池汽车	平坦	小型	60~80	70~80	300~350	<16	10 min

* 所有要求大型站点是由于需要提供特殊的设备。

表 7-3 各种方案能源效率

	能源效率	燃料热值*
柴油机	1.5~1.6 km/L	8800 kcal/L
纯电动汽车	1.6~2.4 km/(kW·h)	860 kcal/(kW·h)
混合动力电动汽车	2.3 km/L	8800 kcal/L
甲醇/乙醇汽车	0.6~0.7 km/L	4200 kcal/L
天然气汽车	1.27~1.45 km/m^3	8900 kcal/m^3
燃料电池汽车	2.79 km/L	8899 kcal/L

* 此处的混合动力电动汽车和燃料电池汽车用的是柴油的热值。

7 双语言信息环境下的新能源公交车选型决策分析

表 7-4 各种方案排放物

	颗粒物 （kg/km）	氮氧化合物 （kg/km）	碳氢化合物 （kg/km）	CO （kg/km）	CO_2 （kg/km）
柴油机	1.26	15.66	1.30	10.23	1.7
纯电动汽车	0.00	0.00	0.00	0.00	0.3*
混合动力电动汽车	0.23	8.65	—	—	1.1
甲醇/乙醇汽车	0.07	4.28	1.31	5.25	1.8
天然气汽车	0.02	7.25	9.87	0.73	1.4
燃料电池汽车	0.00	0.03	0.32	6.23	0.2

*注：纯电动公交的 CO_2 排放主要由公交站点的设备产生。

随后，各专家根据这些资料，并结合自身的专业知识和经验，对上述的各种备选方案利用双语言集给出自己的评价意见，所用标度为两个 5 项标度：

$S = \{s_1$: 非常差（VP）, s_2: 差（P）, s_3: 一般（F），
s_4: 好（G）, s_5: 非常好（VG）\}

$H = \{h_1$: 非常低（VL）, h_2: 低（L）, h_3: 中（M），
h_4: 高（H）, h_5: 非常高（VH）\}

在调查中，其中一名专家对各方案在不同准则下的表现给出了以下评价信息（表 7-5），而这些信息需要决策分析人员通过本文前面章节所介绍的技术对其评价结果加以分析。

表 7-5 评价信息

方案	能源供给	能源效率	空气污染	噪音污染	技术前景	购买成本	维护成本	车辆性能	道路适应	交通流速度	舒适性
1 CNG	G, H	G, H	G, H	F, H	F, H	F, H	F, H	G, H	VG, H	F, H	F, H
2 LPG	F, M	G, H	G, M	F, M	F, M	F, M	F, M	G, H	VG, H	F, H	F, H
3 氢燃料电池	VP, H	F, H	VG, VH	F, M	F, M	F, L	P, L	F, M	F, M	P, M	G, M
4 甲醇	P, M	F, M	F, M	F, M	F, L	F, L	F, M	F, M	F, M	G, M

续表

方案	能源供给	能源效率	空气污染	噪音污染	技术前景	购买成本	维护成本	车辆性能	道路适应	交通流速度	舒适性
5 机会充电	F,M	G,H	VG,H	G,M	G,M	VP,L	VP,L	F,M	P,H	P,M	G,M
6 直充电	G,H	VG,H	VG,H	G,H	G,M	VP,M	P,M	P,M	F,H	VG,M	G,H
7 更换电池	G,H	VG,H	VG,H	G,H	G,M	VP,M	VP,M	P,M	F,H	VG,M	G,H
8 汽油混合	G,H	F,H	F,H	F,M	F,M	F,M	F,M	F,H	F,H	VG,H	G,M
9 柴油混合	G,H	F,H	F,H	F,M	F,M	F,M	F,M	F,H	F,H	VG,H	G,M
10 CNG 混合	G,H	F,H	G,H	F,M	F,M	F,M	F,M	F,H	F,H	G,H	G,M
11 LPG 混合	F,H	G,H	G,M	F,M	F,M	F,M	F,M	F,H	G,H	G,H	G,M

7.4 评价信息分析

7.4.1 初步分组评级

根据信息的序关系信息，利用第二章的级别高关系分组评级技术，得到各备选方案的初步评级（表7-6），评级越高的方案相对来说可能越具有优势。

表 7-6 分组评级结果

方案	CNG	LPG	氢燃料电池	甲醇	机会充电	直充电	更换电池	汽油混合	柴油混合	CNG混合	LPG混合
评级	3	3	2	3	3	4	4	3	3	3	3

可以看到：

（1）燃料电池技术评级最低，出现这种结果源于：首先，评价中两个重要的准则"交通流速度"和"能源供给"下，决策者不看好采用该种技术的公交车；其次，决策者对其"维护成本"尚有一定的担忧。

（2）两类长时间充电型电动公交车被该决策者所偏好，主要原因在于这两种方案在"交通流速度"这一关键指标上表现突出，而且具有极好的

"空气污染"准则下的表现。也就是说,决策者认为这两种方案是一种极其清洁并具有良好机动能力的车型。而机会充电型方案劣于这两种方案的一个重要原因也在于其在"交通流速度"上的表现劣于其他两种纯电力方案。

7.4.2 语义占优分析

利用第三章所介绍的语义占优技术进一步对各方案的表现进行分析,由于不知道该决策者的真实的语义结构,因此需要从不同的语义结构下分别研究所得信息。

(1) 序语义结构

首先,在序语义结构下,每个方案在各语言项下的累积权重值见表7-7,表7-8。

表7-7 在语言标度 S 上的累积权重 F

	s_1 = VP	s_2 = P	s_3 = F	s_4 = G	s_5 = VG
1 CNG	0.000	0.000	0.474	0.919	1.000
2 LPG	0.000	0.000	0.536	0.919	1.000
3 氢燃料电池	0.061	0.258	0.758	0.834	1.000
4 甲醇	0.000	0.061	0.924	1.000	1.000
5 机会充电	0.083	0.360	0.546	0.834	1.000
6 直充电	0.083	0.315	0.315	0.571	1.000
7 更换电池	0.111	0.315	0.315	0.571	1.000
8 汽油混合	0.000	0.028	0.613	0.831	1.000
9 柴油混合	0.000	0.028	0.613	0.831	1.000
10 CNG 混合	0.000	0.028	0.522	1.000	1.000
11 LPG 混合	0.000	0.028	0.583	1.000	1.000

表7-8 在语言标度 H 上的累积权重 F'

方案	$h_1 = {}_VL$	$h_2 = L$	$h_3 = M$	$h_4 = H$	$h_5 = VH$
1 CNG	0.000	0.000	0.000	1.000	1.000
2 LPG	0.000	0.000	0.401	1.000	1.000
3 氢燃料电池	0.000	0.111	0.679	0.834	1.000
4 甲醇	0.000	0.111	1.000	1.000	1.000
5 机会充电	0.000	0.111	0.660	1.000	1.000
6 直充电	0.000	0.000	0.467	1.000	1.000
7 更换电池	0.000	0.000	0.467	1.000	1.000
8 汽油混合	0.000	0.000	0.408	1.000	1.000
9 柴油混合	0.000	0.000	0.408	1.000	1.000
10 CNG 混合	0.000	0.000	0.408	1.000	1.000
11 LPG 混合	0.000	0.000	0.595	1.000	1.000

从而根据定理3-1和3-2,可以判断各方案间的序语义占优关系,从而得到关于 U_S 和 Φ_H 的语义占优关系矩阵 $\mathbf{R}_S$,$\mathbf{R}_H$

$$\mathbf{R}_S = \begin{bmatrix} 0 & 1 & 0 & 1 & 0 & 0 & 0 & 0 & 0 & 1 & 1 \\ 0 & 0 & 0 & 1 & 0 & 0 & 0 & 0 & 0 & 1 & 1 \\ 0 & 0 & 0 & 0 & 0 & 0 & 0 & 0 & 0 & 0 & 0 \\ 0 & 0 & 0 & 0 & 0 & 0 & 0 & 0 & 0 & 0 & 0 \\ 0 & 0 & 0 & 0 & 0 & 0 & 0 & 0 & 0 & 0 & 0 \\ 0 & 0 & 0 & 0 & 1 & 0 & 1 & 0 & 0 & 0 & 0 \\ 0 & 0 & 0 & 0 & 0 & 0 & 0 & 0 & 0 & 0 & 0 \\ 0 & 0 & 0 & 1 & 0 & 0 & 0 & 0 & 0 & 0 & 0 \\ 0 & 0 & 0 & 1 & 0 & 0 & 0 & 0 & 0 & 0 & 0 \\ 0 & 0 & 0 & 1 & 0 & 0 & 0 & 0 & 0 & 0 & 1 \\ 0 & 0 & 0 & 1 & 0 & 0 & 0 & 0 & 0 & 0 & 0 \end{bmatrix}$$

7 双语言信息环境下的新能源公交车选型决策分析

$$\mathbf{R}_H = \begin{bmatrix} 0 & 1 & 0 & 1 & 1 & 1 & 1 & 1 & 1 & 1 & 1 \\ 0 & 0 & 0 & 1 & 0 & 1 & 1 & 1 & 1 & 1 & 1 \\ 0 & 0 & 0 & 1 & 0 & 0 & 0 & 0 & 0 & 0 & 0 \\ 0 & 0 & 0 & 0 & 0 & 0 & 0 & 0 & 0 & 0 & 0 \\ 0 & 0 & 0 & 1 & 0 & 0 & 0 & 0 & 0 & 0 & 0 \\ 0 & 0 & 0 & 1 & 1 & 0 & 0 & 0 & 0 & 0 & 1 \\ 0 & 0 & 0 & 1 & 1 & 0 & 0 & 0 & 0 & 0 & 1 \\ 0 & 0 & 0 & 1 & 1 & 1 & 0 & 0 & 0 & 0 & 1 \\ 0 & 0 & 0 & 1 & 1 & 1 & 0 & 0 & 0 & 0 & 1 \\ 0 & 0 & 0 & 1 & 1 & 1 & 1 & 0 & 0 & 0 & 1 \\ 0 & 0 & 0 & 1 & 1 & 0 & 0 & 0 & 0 & 0 & 0 \end{bmatrix},$$

进而得到 $\mathbf{R}_{\langle S,H \rangle}$

$$\mathbf{R}_{\langle S,H \rangle} = \begin{bmatrix} 0 & 1 & 0 & 1 & 0 & 0 & 0 & 0 & 0 & 1 & 1 \\ 0 & 0 & 0 & 1 & 0 & 0 & 0 & 0 & 0 & 1 & 1 \\ 0 & 0 & 0 & 0 & 0 & 0 & 0 & 0 & 0 & 0 & 0 \\ 0 & 0 & 0 & 0 & 0 & 0 & 0 & 0 & 0 & 0 & 0 \\ 0 & 0 & 0 & 0 & 0 & 0 & 0 & 0 & 0 & 0 & 0 \\ 0 & 0 & 0 & 0 & 1 & 0 & 0 & 0 & 0 & 0 & 0 \\ 0 & 0 & 0 & 0 & 0 & 0 & 0 & 0 & 0 & 0 & 0 \\ 0 & 0 & 0 & 1 & 0 & 0 & 0 & 0 & 0 & 0 & 0 \\ 0 & 0 & 0 & 1 & 0 & 0 & 0 & 0 & 0 & 0 & 0 \\ 0 & 0 & 0 & 1 & 0 & 0 & 0 & 0 & 0 & 0 & 1 \\ 0 & 0 & 0 & 0 & 0 & 0 & 0 & 0 & 0 & 0 & 0 \end{bmatrix}$$

此时

$$ES_{\langle U_S, \Phi_H \rangle} = \{a_1, a_3, a_6, a_8, a_9\}, \quad WS_{\langle U_S, \Phi_H \rangle} = \{a_7\},$$
$$IS_{\langle U_S, \Phi_H \rangle} = \{a_2, a_4, a_5, a_{10}, a_{11}\}$$

序语义结构的占优为其他结构下占优的基础，即可以在最宽松的假设下来判断决策者所偏好的方案。可以看到，该决策者可能的偏好方案应在：CNG方案、氢燃料电池方案、直充电电动车方案、汽油—电力混合动力方案、柴油—电力混合动力方案中出现。而 LPG、甲醇、机会充电电动车、CNG – 电力混合动力、LPG – 电力混合动力方案则必然不是最优的。

具体的，通过 $\mathbf{R}_{\langle S,H \rangle}$ 可以看到：相比 LPG 方案，决策者更看好 CNG 方案；相比机会充电电动车，决策者更看好直接充电电动车；相比起 CNG 混合、LPG 混合动力方案，该决策者更偏好两种纯 CNG 和 LPG 方案；最后，该决策者认为除氢燃料电池外的其他利用燃料燃烧产生动力的解决方案均会优于甲醇。

(2) 偏心语义结构

在负偏心语义结构下，计算从 s_1 到所有 $s_k \in \{s_1, \cdots, s_4\}$ 在各项的累积权重之和，以及从 h_1 到所有 $h_k \in \{h_1, \cdots, h_4\}$ 在各项的累积权重之和见表 7 – 9 和表 7 – 10。

表 7 – 9 标度 S 上累积权重之和（负偏心语义）

	$\sum_{l=0}^{k} F_{il}$			
	$s_k = s_1$	$s_k = s_2$	$s_k = s_3$	$s_k = s_4$
1 CNG	0.000	0.000	0.474	1.394
2 LPG	0.000	0.000	0.536	1.455
3 氢燃料电池	0.061	0.320	1.077	1.911
4 甲醇	0.000	0.061	0.985	1.985
5 机会充电	0.083	0.443	0.989	1.823
6 直充电	0.083	0.398	0.713	1.283
7 更换电池	0.111	0.425	0.740	1.311
8 汽油混合	0.000	0.028	0.640	1.471
9 柴油混合	0.000	0.028	0.640	1.471
10 CNG 混合	0.000	0.028	0.550	1.550
11 LPG 混合	0.000	0.028	0.611	1.611

表 7-10 H 上累积权重之和（负偏心语义）

	$\sum_{l=0}^{k} F'_{il}$			
	$h_k = h_1$	$h_k = h_2$	$h_k = h_3$	$h_k = h_4$
1 CNG	0.000	0.000	0.000	1.000
2 LPG	0.000	0.000	0.401	1.401
3 氢燃料电池	0.000	0.111	0.789	1.623
4 甲醇	0.000	0.111	1.110	2.110
5 机会充电	0.000	0.111	0.770	1.770
6 直充电	0.000	0.000	0.467	1.467
7 更换电池	0.000	0.000	0.467	1.467
8 汽油混合	0.000	0.000	0.408	1.408
9 柴油混合	0.000	0.000	0.408	1.408
10 CNG 混合	0.000	0.000	0.408	1.408
11 LPG 混合	0.000	0.000	0.595	1.595

根据定理 3-3，3-4，得到如下关系矩阵

$$\mathbf{R}_{S-} = \begin{bmatrix} 0 & 1 & 1 & 1 & 1 & 0 & 0 & 1 & 1 & 1 & 1 \\ 0 & 0 & 1 & 1 & 1 & 0 & 0 & 1 & 1 & 1 & 1 \\ 0 & 0 & 0 & 0 & 0 & 0 & 0 & 0 & 0 & 0 & 0 \\ 0 & 0 & 0 & 0 & 0 & 0 & 0 & 0 & 0 & 0 & 0 \\ 0 & 0 & 0 & 0 & 0 & 0 & 0 & 0 & 0 & 0 & 0 \\ 0 & 0 & 0 & 0 & 1 & 0 & 1 & 0 & 0 & 0 & 0 \\ 0 & 0 & 0 & 0 & 0 & 0 & 0 & 0 & 0 & 0 & 0 \\ 0 & 0 & 0 & 1 & 1 & 0 & 0 & 0 & 0 & 0 & 0 \\ 0 & 0 & 1 & 1 & 1 & 1 & 0 & 0 & 0 & 0 & 0 \\ 0 & 0 & 0 & 1 & 1 & 0 & 0 & 0 & 0 & 0 & 1 \\ 0 & 0 & 1 & 1 & 1 & 0 & 0 & 0 & 0 & 0 & 0 \end{bmatrix}$$

$$\mathbf{R}_{H-} = \begin{bmatrix} 0 & 1 & 1 & 1 & 1 & 1 & 1 & 1 & 1 & 1 & 1 \\ 0 & 0 & 1 & 1 & 1 & 1 & 1 & 1 & 1 & 1 & 1 \\ 0 & 0 & 0 & 1 & 0 & 0 & 0 & 0 & 0 & 0 & 0 \\ 0 & 0 & 0 & 0 & 0 & 0 & 0 & 0 & 0 & 0 & 0 \\ 0 & 0 & 0 & 1 & 0 & 0 & 0 & 0 & 0 & 0 & 0 \\ 0 & 0 & 1 & 1 & 1 & 0 & 0 & 0 & 0 & 0 & 1 \\ 0 & 0 & 1 & 1 & 1 & 0 & 0 & 0 & 0 & 0 & 1 \\ 0 & 0 & 1 & 1 & 1 & 1 & 0 & 0 & 0 & 0 & 1 \\ 0 & 0 & 1 & 1 & 1 & 1 & 0 & 0 & 0 & 0 & 1 \\ 0 & 0 & 1 & 1 & 1 & 1 & 0 & 0 & 0 & 0 & 1 \\ 0 & 0 & 1 & 1 & 1 & 0 & 0 & 0 & 0 & 0 & 0 \end{bmatrix}$$

进而可得

$$\mathbf{R}_{\langle S-,H-\rangle} = \begin{bmatrix} 0 & 1 & 1 & 1 & 1 & 0 & 0 & 1 & 1 & 1 & 1 \\ 0 & 0 & 1 & 1 & 1 & 0 & 0 & 1 & 1 & 1 & 1 \\ 0 & 0 & 0 & 0 & 0 & 0 & 0 & 0 & 0 & 0 & 0 \\ 0 & 0 & 0 & 0 & 0 & 0 & 0 & 0 & 0 & 0 & 0 \\ 0 & 0 & 0 & 0 & 0 & 0 & 0 & 0 & 0 & 0 & 0 \\ 0 & 0 & 0 & 0 & 1 & 0 & 0 & 0 & 0 & 0 & 0 \\ 0 & 0 & 0 & 0 & 0 & 0 & 0 & 0 & 0 & 0 & 0 \\ 0 & 0 & 0 & 1 & 1 & 0 & 0 & 0 & 0 & 0 & 0 \\ 0 & 0 & 1 & 1 & 1 & 0 & 0 & 0 & 0 & 0 & 0 \\ 0 & 0 & 0 & 1 & 1 & 0 & 0 & 0 & 0 & 0 & 1 \\ 0 & 0 & 1 & 1 & 1 & 0 & 0 & 0 & 0 & 0 & 0 \end{bmatrix}$$

所以，可以得到此时有效集 $ES_{\langle U_{S-},\Phi_{H-}\rangle} = \{a_1\}$，待定集 $WS_{\langle U_{S-},\Phi_{H-}\rangle} = \{a_6\}$，无效集 $IS_{\langle U_{S-},\Phi_{H-}\rangle} = \{a_2, a_3, a_4, a_5, a_7, a_8, a_9, a_{10}, a_{11}\}$。

而在正偏心语义结构下，计算从所有 $s_k \in \{s_1, \cdots, s_4\}$ 到 s_4 在各项的累积权重之和，以及从所有 $h_k \in \{h_1, \cdots, h_4\}$ 到 h_4 在各项的累积权重之和（表7-11、表7-12）。

表7-11 S 上累积权重之和（正偏心语义）

	$\sum_{l=k}^{g-1} F_{il}$			
	$s_k = s_1$	$s_k = s_2$	$s_k = s_3$	$s_k = s_4$
1 CNG	1.394	1.394	1.394	0.919
2 LPG	1.455	1.455	1.455	0.919
3 氢燃料电池	1.911	1.850	1.592	0.834
4 甲醇	1.985	1.985	1.924	1.000
5 机会充电	1.823	1.740	1.379	0.834
6 直充电	1.283	1.200	0.886	0.571
7 更换电池	1.311	1.200	0.886	0.571
8 汽油混合	1.471	1.471	1.443	0.831
9 柴油混合	1.471	1.471	1.443	0.831
10 CNG 混合	1.550	1.550	1.522	1.000
11 LPG 混合	1.611	1.611	1.583	1.000

表7-12 H 上累积权重之和（正偏心语义）

	$\sum_{l=k}^{g-1} F'_{il}$			
	$h_k = h_1$	$h_k = h_2$	$h_k = h_3$	$h_k = h_4$
1 CNG	1.000	1.000	1.000	1.000
2 LPG	1.401	1.401	1.401	1.000
3 氢燃料电池	1.623	1.623	1.513	0.834
4 甲醇	2.110	2.110	2.000	1.000
5 机会充电	1.770	1.770	1.659	1.000
6 直充电	1.467	1.467	1.467	1.000
7 更换电池	1.467	1.467	1.467	1.000
8 汽油混合	1.408	1.408	1.408	1.000
9 柴油混合	1.408	1.408	1.408	1.000
10 CNG 混合	1.408	1.408	1.408	1.000
11 LPG 混合	1.595	1.595	1.595	1.000

所以根据定理 3-5、3-6 可得

$$\mathbf{R}_{S+} = \begin{bmatrix} 0 & 1 & 1 & 1 & 0 & 0 & 0 & 0 & 0 & 1 & 1 \\ 0 & 0 & 0 & 1 & 1 & 0 & 0 & 0 & 0 & 1 & 1 \\ 0 & 0 & 0 & 1 & 0 & 0 & 0 & 0 & 0 & 0 & 0 \\ 0 & 0 & 0 & 0 & 0 & 0 & 0 & 0 & 0 & 0 & 0 \\ 0 & 0 & 1 & 1 & 0 & 0 & 0 & 0 & 0 & 0 & 0 \\ 1 & 1 & 1 & 1 & 1 & 0 & 1 & 1 & 1 & 1 & 1 \\ 1 & 1 & 1 & 1 & 1 & 0 & 0 & 1 & 1 & 1 & 1 \\ 0 & 0 & 1 & 1 & 0 & 0 & 0 & 0 & 0 & 1 & 1 \\ 0 & 0 & 1 & 1 & 0 & 0 & 0 & 0 & 0 & 1 & 1 \\ 0 & 0 & 0 & 1 & 0 & 0 & 0 & 0 & 0 & 0 & 1 \\ 0 & 0 & 0 & 1 & 0 & 0 & 0 & 0 & 0 & 0 & 0 \end{bmatrix}$$

$$\mathbf{R}_{H+} = \begin{bmatrix} 0 & 1 & 0 & 1 & 1 & 1 & 1 & 1 & 1 & 1 & 1 \\ 0 & 0 & 0 & 1 & 1 & 1 & 1 & 1 & 1 & 1 & 1 \\ 0 & 0 & 0 & 1 & 1 & 0 & 0 & 0 & 0 & 0 & 0 \\ 0 & 0 & 0 & 0 & 0 & 0 & 0 & 0 & 0 & 0 & 0 \\ 0 & 0 & 0 & 1 & 0 & 0 & 0 & 0 & 0 & 0 & 0 \\ 0 & 0 & 0 & 1 & 1 & 0 & 0 & 0 & 0 & 0 & 1 \\ 0 & 0 & 0 & 1 & 1 & 0 & 0 & 0 & 0 & 0 & 1 \\ 0 & 0 & 0 & 1 & 1 & 1 & 1 & 0 & 0 & 0 & 1 \\ 0 & 0 & 0 & 1 & 1 & 1 & 1 & 0 & 0 & 0 & 1 \\ 0 & 0 & 0 & 1 & 1 & 1 & 1 & 0 & 0 & 0 & 1 \\ 0 & 0 & 0 & 1 & 1 & 0 & 0 & 0 & 0 & 0 & 0 \end{bmatrix}$$

进而可得

$$\mathbf{R}_{\langle S+,H+\rangle} = \begin{bmatrix} 0 & 1 & 0 & 1 & 0 & 0 & 0 & 0 & 0 & 1 & 1 \\ 0 & 0 & 0 & 1 & 1 & 0 & 0 & 0 & 0 & 1 & 1 \\ 0 & 0 & 0 & 1 & 0 & 0 & 0 & 0 & 0 & 0 & 0 \\ 0 & 0 & 0 & 0 & 0 & 0 & 0 & 0 & 0 & 0 & 0 \\ 0 & 0 & 0 & 1 & 0 & 0 & 0 & 0 & 0 & 0 & 0 \\ 0 & 0 & 0 & 1 & 1 & 0 & 0 & 0 & 0 & 0 & 1 \\ 0 & 0 & 0 & 1 & 1 & 0 & 0 & 0 & 0 & 0 & 1 \\ 0 & 0 & 0 & 1 & 0 & 0 & 0 & 0 & 0 & 0 & 1 \\ 0 & 0 & 0 & 1 & 0 & 0 & 0 & 0 & 0 & 0 & 1 \\ 0 & 0 & 0 & 0 & 0 & 0 & 0 & 0 & 0 & 0 & 1 \\ 0 & 0 & 0 & 1 & 0 & 0 & 0 & 0 & 0 & 0 & 0 \end{bmatrix}$$

则 $ES_{\langle U_{S+},\Phi_{H+}\rangle} = \{a_6\}$,$WS_{\langle U_{S+},\Phi_{H+}\rangle} = \{a_1, a_3, a_7, a_8, a_9\}$,$IS_{\langle U_{S+},\Phi_{H+}\rangle} = \{a_2, a_4, a_5, a_{10}, a_{11}\}$

(3) 向心/离心语义结构

在向心语义结构下,计算出从 s_2 到所有 $s_k \in \{s_1, s_2\}$ 和从 s_3 到所有 $s_k \in \{s_3, s_4\}$ 的累积权重之和,以及从 h_2 到所有 $h_k \in \{h_1, h_2\}$ 和从 h_3 到所有 $h_k \in \{h_3, h_4\}$ 的累积权重之和(表7-13、表7-14)。

表7-13 S上累积权重之和(向心语义)

	$\sum_{l=k}^{(g-1)/2} F_{il}$		$\sum_{l=(g+1)/2}^{k} F_{il}$	
	$s_k = s_1$	$s_k = s_2$	$s_k = s_3$	$s_k = s_4$
1 CNG	0.000	0.000	0.474	1.394
2 LPG	0.000	0.000	0.536	1.455
3 氢燃料电池	0.320	0.258	0.758	1.592
4 甲醇	0.061	0.061	0.924	1.924
5 机会充电	0.443	0.360	0.546	1.379
6 直充电	0.398	0.315	0.315	0.886

续表

	$\sum_{l=k}^{(g-1)/2} F_{il}$		$\sum_{l=(g+1)/2}^{k} F_{il}$	
	$s_k = s_1$	$s_k = s_2$	$s_k = s_3$	$s_k = s_4$
7 更换电池	0.425	0.315	0.315	0.886
8 汽油混合	0.028	0.028	0.613	1.443
9 柴油混合	0.028	0.028	0.613	1.443
10 CNG 混合	0.028	0.028	0.522	1.522
11 LPG 混合	0.028	0.028	0.583	1.583

表 7-14　H 上累积权重之和（向心语义）

	$\sum_{l=k}^{(g-1)/2} F'_{il}$		$\sum_{l=(g+1)/2}^{k} F'_{il}$	
	$h_k = h_1$	$h_k = h_2$	$h_k = h_3$	$h_k = h_4$
1 CNG	0.000	0.000	0.000	1.000
2 LPG	0.000	0.000	0.401	1.401
3 氢燃料电池	0.111	0.111	0.679	1.513
4 甲醇	0.111	0.111	1.000	2.000
5 机会充电	0.111	0.111	0.660	1.659
6 直充电	0.000	0.000	0.467	1.467
7 更换电池	0.000	0.000	0.467	1.467
8 汽油混合	0.000	0.000	0.408	1.408
9 柴油混合	0.000	0.000	0.408	1.408
10 CNG 混合	0.000	0.000	0.408	1.408
11 LPG 混合	0.000	0.000	0.595	1.595

7 双语言信息环境下的新能源公交车选型决策分析

所以，得到如下关系矩阵

$$\mathbf{R}_{PS} = \begin{bmatrix} 0 & 1 & 1 & 1 & 0 & 0 & 0 & 1 & 1 & 1 \\ 0 & 0 & 1 & 1 & 0 & 0 & 0 & 0 & 0 & 1 \\ 0 & 0 & 0 & 0 & 0 & 0 & 0 & 0 & 0 & 0 \\ 0 & 0 & 0 & 0 & 0 & 0 & 0 & 0 & 0 & 0 \\ 0 & 0 & 0 & 0 & 0 & 0 & 0 & 0 & 0 & 0 \\ 0 & 0 & 0 & 0 & 1 & 0 & 1 & 0 & 0 & 0 \\ 0 & 0 & 0 & 0 & 1 & 0 & 0 & 0 & 0 & 0 \\ 0 & 0 & 1 & 1 & 0 & 0 & 0 & 0 & 0 & 0 \\ 0 & 0 & 1 & 1 & 0 & 0 & 0 & 0 & 0 & 0 \\ 0 & 0 & 1 & 1 & 0 & 0 & 0 & 0 & 0 & 1 \\ 0 & 0 & 1 & 1 & 0 & 0 & 0 & 0 & 0 & 0 \end{bmatrix},$$

$$\mathbf{R}_{PH} = \begin{bmatrix} 0 & 1 & 1 & 1 & 1 & 1 & 1 & 1 & 1 & 1 \\ 0 & 0 & 1 & 1 & 1 & 1 & 1 & 1 & 1 & 1 \\ 0 & 0 & 0 & 1 & 0 & 0 & 0 & 0 & 0 & 0 \\ 0 & 0 & 0 & 0 & 0 & 0 & 0 & 0 & 0 & 0 \\ 0 & 0 & 0 & 1 & 0 & 0 & 0 & 0 & 0 & 0 \\ 0 & 0 & 1 & 1 & 1 & 0 & 0 & 0 & 0 & 1 \\ 0 & 0 & 0 & 1 & 1 & 0 & 0 & 0 & 0 & 1 \\ 0 & 0 & 1 & 1 & 1 & 1 & 0 & 0 & 0 & 1 \\ 0 & 0 & 1 & 1 & 1 & 1 & 0 & 0 & 0 & 1 \\ 0 & 0 & 1 & 1 & 1 & 1 & 0 & 0 & 0 & 1 \\ 0 & 0 & 0 & 1 & 1 & 0 & 0 & 0 & 0 & 0 \end{bmatrix}$$

进而

$$\mathbf{R}_{\langle U_{PS}, \Phi_{PH}\rangle} = \begin{bmatrix} 0 & 1 & 1 & 1 & 0 & 0 & 0 & 1 & 1 & 1 & 1 \\ 0 & 0 & 1 & 1 & 0 & 0 & 0 & 0 & 0 & 0 & 1 \\ 0 & 0 & 0 & 0 & 0 & 0 & 0 & 0 & 0 & 0 & 0 \\ 0 & 0 & 0 & 0 & 0 & 0 & 0 & 0 & 0 & 0 & 0 \\ 0 & 0 & 0 & 0 & 0 & 0 & 0 & 0 & 0 & 0 & 0 \\ 0 & 0 & 0 & 0 & 1 & 0 & 0 & 0 & 0 & 0 & 0 \\ 0 & 0 & 0 & 0 & 1 & 0 & 0 & 0 & 0 & 0 & 0 \\ 0 & 0 & 1 & 1 & 0 & 0 & 0 & 0 & 0 & 0 & 0 \\ 0 & 0 & 1 & 1 & 0 & 0 & 0 & 0 & 0 & 0 & 0 \\ 0 & 0 & 1 & 1 & 0 & 0 & 0 & 0 & 0 & 0 & 1 \\ 0 & 0 & 0 & 1 & 0 & 0 & 0 & 0 & 0 & 0 & 0 \end{bmatrix}$$

此时有

$ES_{\langle U_{PS}, \Phi_{PS}\rangle} = \{a_1, a_6\}$，$WS_{\langle U_{PS}, \Phi_{PS}\rangle} = \{a_7\}$，

$IS_{\langle U_{PS}, \Phi_{PS}\rangle} = \{a_2, a_3, a_4, a_5, a_8, a_9, a_{10}, a_{11}\}$

在离心语义结构下，计算出从 s_1 到所有 $s_k \in \{s_1, s_2\}$ 和从 s_4 到所有 $s_k \in \{s_3, s_4\}$ 的累积权重之和，以及从 h_1 到所有 $h_k \in \{h_1, h_2\}$ 和从 h_4 到所有 $s_k \in \{s_3, s_4\}$ 的累积权重之和（表 7-15、表 7-16）。

表 7-15　S 上累积权重之和（离心语义）

	$\sum_{l=1}^{k} F_{il}$		$\sum_{l=k}^{g-1} F_{il}$	
	$s_k = s_1$	$s_k = s_2$	$s_k = s_3$	$s_k = s_4$
1 CNG	0.000	0.000	1.394	0.919
2 LPG	0.000	0.000	1.455	0.919
3 氢燃料电池	0.061	0.320	1.592	0.834
4 甲醇	0.000	0.061	1.924	1.000
5 机会充电	0.083	0.443	1.379	0.834
6 直充电	0.083	0.398	0.886	0.571

续表

	$\sum_{l=1}^{k} F_{il}$		$\sum_{l=k}^{g-1} F_{il}$	
	$s_k = s_1$	$s_k = s_2$	$s_k = s_3$	$s_k = s_4$
7 更换电池	0.111	0.425	0.886	0.571
8 汽油混合	0.000	0.028	1.443	0.831
9 柴油混合	0.000	0.028	1.443	0.831
10 CNG 混合	0.000	0.028	1.522	1.000
11 LPG 混合	0.000	0.028	1.583	1.000

表 7-16 H 上累积权重之和（离心语义）

	$\sum_{l=1}^{k} F'_{il}$		$\sum_{l=k}^{g-1} F'_{il}$	
	$h_k = h_1$	$h_k = h_2$	$h_k = h_3$	$h_k = h_4$
1 CNG	0.000	0.000	1.000	1.000
2 LPG	0.000	0.000	1.401	1.000
3 氢燃料电池	0.000	0.111	1.513	0.834
4 甲醇	0.000	0.111	2.000	1.000
5 机会充电	0.000	0.111	1.659	1.000
6 直充电	0.000	0.000	1.467	1.000
7 更换电池	0.000	0.000	1.467	1.000
8 汽油混合	0.000	0.000	1.408	1.000
9 柴油混合	0.000	0.000	1.408	1.000
10 CNG 混合	0.000	0.000	1.408	1.000
11 LPG 混合	0.000	0.000	1.595	1.000

所以

$$\mathbf{R}_{FS} = \begin{bmatrix} 0 & 1 & 0 & 1 & 0 & 0 & 0 & 0 & 0 & 1 & 1 \\ 0 & 0 & 0 & 1 & 0 & 0 & 0 & 0 & 0 & 1 & 1 \\ 0 & 0 & 0 & 0 & 0 & 0 & 0 & 0 & 0 & 0 & 0 \\ 0 & 0 & 0 & 0 & 0 & 0 & 0 & 0 & 0 & 0 & 0 \\ 0 & 0 & 0 & 0 & 0 & 0 & 0 & 0 & 0 & 0 & 0 \\ 0 & 0 & 0 & 0 & 1 & 0 & 1 & 0 & 0 & 0 & 0 \\ 0 & 0 & 0 & 0 & 0 & 0 & 0 & 0 & 0 & 0 & 0 \\ 0 & 0 & 1 & 1 & 0 & 0 & 0 & 0 & 0 & 1 & 1 \\ 0 & 0 & 1 & 1 & 0 & 0 & 0 & 0 & 0 & 1 & 1 \\ 0 & 0 & 0 & 1 & 0 & 0 & 0 & 0 & 0 & 0 & 1 \\ 0 & 0 & 0 & 1 & 0 & 0 & 0 & 0 & 0 & 0 & 0 \end{bmatrix},$$

$$\mathbf{R}_{FH} = \begin{bmatrix} 0 & 1 & 1 & 1 & 1 & 1 & 1 & 1 & 1 & 1 & 1 \\ 0 & 0 & 1 & 1 & 1 & 1 & 1 & 1 & 1 & 1 & 1 \\ 0 & 0 & 0 & 1 & 1 & 0 & 0 & 0 & 0 & 0 & 0 \\ 0 & 0 & 0 & 0 & 0 & 0 & 0 & 0 & 0 & 0 & 0 \\ 0 & 0 & 0 & 1 & 0 & 0 & 0 & 0 & 0 & 0 & 0 \\ 0 & 0 & 1 & 1 & 1 & 0 & 0 & 0 & 0 & 0 & 1 \\ 0 & 0 & 0 & 1 & 1 & 0 & 0 & 0 & 0 & 0 & 1 \\ 0 & 0 & 1 & 1 & 1 & 1 & 1 & 0 & 0 & 0 & 1 \\ 0 & 0 & 1 & 1 & 1 & 1 & 1 & 0 & 0 & 0 & 1 \\ 0 & 0 & 1 & 1 & 1 & 1 & 1 & 0 & 0 & 0 & 1 \\ 0 & 0 & 0 & 1 & 1 & 0 & 0 & 0 & 0 & 0 & 0 \end{bmatrix}$$

进而

7 双语言信息环境下的新能源公交车选型决策分析

$$\mathbf{R}_{\langle U_{FS}, \Phi_{FH} \rangle} = \begin{bmatrix} 0 & 1 & 0 & 1 & 0 & 0 & 0 & 0 & 0 & 1 & 1 \\ 0 & 0 & 0 & 1 & 0 & 0 & 0 & 0 & 0 & 1 & 1 \\ 0 & 0 & 0 & 0 & 0 & 0 & 0 & 0 & 0 & 0 & 0 \\ 0 & 0 & 0 & 0 & 0 & 0 & 0 & 0 & 0 & 0 & 0 \\ 0 & 0 & 0 & 0 & 0 & 0 & 0 & 0 & 0 & 0 & 0 \\ 0 & 0 & 0 & 0 & 1 & 0 & 0 & 0 & 0 & 0 & 0 \\ 0 & 0 & 0 & 0 & 0 & 0 & 0 & 0 & 0 & 0 & 0 \\ 0 & 0 & 1 & 1 & 0 & 0 & 0 & 0 & 0 & 1 & 1 \\ 0 & 0 & 1 & 1 & 0 & 0 & 0 & 0 & 0 & 1 & 1 \\ 0 & 0 & 0 & 1 & 0 & 0 & 0 & 0 & 0 & 0 & 1 \\ 0 & 0 & 0 & 1 & 0 & 0 & 0 & 0 & 0 & 0 & 0 \end{bmatrix}$$

则有

$$ES_{\langle U_{FS}, \Phi_{FH} \rangle} = \{a_1, a_6, a_8, a_9\}, \ WS_{\langle U_{FS}, \Phi_{FH} \rangle} = \{a_7\},$$
$$IS_{\langle U_{FS}, \Phi_{FH} \rangle} = \{a_2, a_3, a_4, a_5, a_{10}, a_{11}\}$$

最后,为了能直观地比较不同语义占优,我们将所有的结果列于表7-17。

表7-17 不同语义下的方案集划分

	有效集	待定集	无效集
序语义	1CNG 3 氢燃料电池 6 直充电 8 汽油混合 9 柴油混合	7 更换电池	其他方案
负偏心语义	1CNG	6 直充电	其他方案
正偏心语义	6 直充电	1CNG 3 氢燃料电池 7 更换电池 8 汽油混合 9 柴油混合	

续表

	有效集	待定集	无效集
向心语义	1CNG 6 直充电	7 更换电池	其他方案
离心语义	1CNG 6 直充电 8 汽油混合 9 柴油混合	7 更换电池	其他方案

通过语义占优分析，更多的决策者偏好被揭示，由上表，在不知道决策者的具体语义结构的情况下，可发现直充电方案和 CNG 方案总体来说具有更好、更稳定的表现，而更换电池的方案则不再处于可能地最优方案集中，这是由于与直充电方案相比，决策者认为其维护成本更高，然而对其信心水平数据未加强这种判断，体现了对该技术发展的前景的谨慎乐观，因此该方案最终通常被划入待定集。

7.4.3 语义规划分析

而为了对各方案尽可能地加以排序，则需要进一步利用第五章所介绍的语义规划技术给语言变量分配语义值并加以集结，得到各方案的整体评价。同样地，由于不知道决策者的实际语义结构，我们需要在不同的语义结构下全面分析。在不同的语义结构情况下，分别建立语义规划模型，得到

在对称语义时

$$[u(s_1), u(s_2), u(s_3), u(s_4), u(s_5)]$$
$$=[0.0000, 0.1168, 0.4097, 0.8026, 1.0000]$$
$$[\varphi(h_1), \varphi(h_2), \varphi(h_3), \varphi(h_4), \varphi(h_5)]$$
$$=[0.0000, 0.1168, 0.4097, 0.8026, 1.0000]$$

在负偏心语义时

$$[u(s_1), u(s_2), u(s_3), u(s_4), u(s_5)]$$
$$=[0.0000, 0.1000, 0.2950, 0.5100, 0.745]$$

$$[\varphi(h_1), \varphi(h_2), \varphi(h_3), \varphi(h_4), \varphi(h_5)]$$
$$=[0.0000, 0.1000, 0.2200, 0.4600, 0.7200]$$

在正偏心语义时

$$[u(s_1), u(s_2), u(s_3), u(s_4), u(s_5)]$$
$$=[0.2400, 0.4600, 0.6600, 0.8400, 1.0000]$$
$$[\varphi(h_1), \varphi(h_2), \varphi(h_3), \varphi(h_4), \varphi(h_5)]$$
$$=[0.2550, 0.4900, 0.7050, 0.9000, 1.0000]$$

所以，根据

$$V(a_i) = \sum_{j=1}^{11} w_j u(s_{\theta_{ij}}), \quad C(a_i) = \sum_{j=1}^{11} w_j \varphi(h_{\sigma_{ij}})$$

得到各方案在不同语义结构下的整体评价见表 7-18。

表 7-18 不同语义下的综合评价

方案	对称语义 $V(a_i)$	对称语义 $C(a_i)$	负偏心 $V(a_i)$	负偏心 $C(a_i)$	正偏心 $V(a_i)$	正偏心 $C(a_i)$
1 CNG	0.632058	0.899910	0.367052	0.509949	0.767422	0.899910
2 LPG	0.607973	0.719550	0.352340	0.423777	0.756388	0.821754
3 氢燃料电池	0.454792	0.572430	0.284166	0.381515	0.664960	0.760416
4 甲醇	0.421604	0.411280	0.230886	0.273423	0.661372	0.681172
5 机会充电	0.505698	0.564460	0.320658	0.346609	0.677966	0.747550
6 直充电	0.661622	0.689895	0.449918	0.409609	0.770704	0.808904
7 更换电池	0.658399	0.689895	0.447158	0.409609	0.764632	0.808904
8 汽油混合	0.587185	0.716265	0.353662	0.422208	0.751232	0.820331
9 柴油混合	0.587185	0.716265	0.353662	0.422208	0.751232	0.820331
10 CNG 混合	0.589303	0.716265	0.331338	0.422208	0.740418	0.820331
11 LPG 混合	0.565218	0.632205	0.316626	0.382046	0.729384	0.783905

而这三种情况下得到的方案间优势关系图如图7–1至图7–3所示。

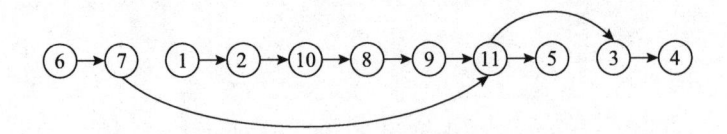

图7–1　对称语义下方案间优势关系

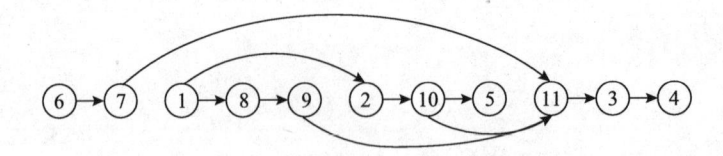

图7–2　负偏心语义下方案间优势关系

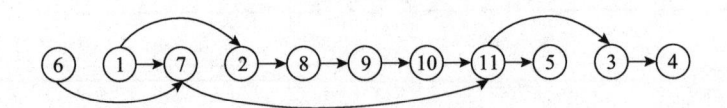

图7–3　正偏心语义下方案间优势关系

这一组结果进一步揭示了我们在前面的所得到的结果，即直充电方案和CNG方案是该决策者所偏好的，相反，氢燃料电池和甲醇解决方案最不被该决策者所偏好。然而这两者的原因却各不相同，总体来说，甲醇方案不被看好的原因在于该方案没有突出的优点，在所有的准则下的表现均不突出；而燃料电池技术尽管优点在"空气污染"准则下的表现比较突出，但其在"能源供给""维护成本""交通流速度"等方面的缺点以及决策者对该技术的信心水平不高（在两个准则下的评价信心都是"低（L）"）限制了其表现。

此外，除了各方案之间的更多相互关系被揭示外，这些图形也进一步显示出决策者可能更加倾向于直接充电方案，因为该方案的基础评价更优，然而，其信心水平无法对这种判断提供更多的支持。导致这种信心水平不足的原因可能由于与CNG方案相比，直接充电方案的技术尚无CNG方案成熟，因此决策者对其评价的信心水平偏低。这也可能正是决策者对

7 双语言信息环境下的新能源公交车选型决策分析

这种方案最大的担忧所在。

值得注意的是，对于该决策者而言，混合动力方案整体来说并不是最优的选择，四种混合动力方案在所有的语义结构下的排序都处于中间位置，这主要是由于其相比于完全采用新燃料的 CNG 方案，混合动力车辆的表现并没有表现出明显的优势，而比起纯电动方案，则其环境表现不佳。此外，在这四种混合动力方案中，采用传统燃料的混合动力车辆的表现总体高于采用新燃料的混合动力方案，根据表 7 – 5，这种优势主要体现在交通流速度上，也就是说，如果两种新燃料混合动力方案能够提高其在该准则下的表现，则其总体表现则会高于传统燃料混合动力车辆。

7.5 本章小节与讨论

本章利用前述章节中所提出的双语言多准则决策分析技术针对一个实际的多准则决策问题加以研究。研究中主要分析了一次在新能源公交汽车选型中由决策者所给出的双语言决策信息的典型案例。

可以看到，通过综合利用本书所提出的方法，决策者以双语言形式所给出的决策信息被抽丝剥茧地分析，隐藏在语言信息下不确定的决策者偏好被层层剥开。通过这一过程，可以帮助决策者进一步对所面临的问题有更加清晰、深入的理解，剖析出决定方案间偏好的关键因素，最终协助决策者做出更加理性的决策。

8 总结与展望

语言多准则决策是现代多准则决策研究的一个重要方向，它在经济、社会、管理、工程和军事等诸多领域中有着广泛的实际应用价值。尽管语言多准则决策理论与方法的研究已取得了丰硕的成果，但无论理论还是应用方面，现有研究均存在许多尚待解决的问题，尤其是在处理语言信息的不确定性特征时还不成熟，有待深入研究。为此，本书提出了双语言集的概念，并针对双语言环境下的多准则决策问题加以系统研究。

8.1 研究的主要工作和创新点

针对双语言信息环境下的多准则决策问题，本书所做的主要工作和创新点有：

（1）提出了双语言集的概念。这是由若干对（通常为一对）来自两个不同的有序语言标度中的语言项所构成的集合，理论上，其中的一个语言项用来刻画目标元素对另一个语言项的隶属度，而在决策过程中，决策者可以利用该集合同时表达对备选方案在准则下表现的评价和他对该评价的信心水平。这一工具与传统的语言变量相比，能够更好地包容决策过程中来自不同源头的不确定性。因此，在需要利用语言方式给出不确定决策信息的决策环境中，双语言集便于决策者使用并恰当表达其潜在偏好。

（2）定义了双语言集间的优势关系，用以比较双语言集间的"大小"，并在此基础上建立了方案间的级别高关系。总的来说，当在足够多的准则下，某方案比起另外一个方案具有更"优"的评价结果，同时在剩余的准则下该方案不会"差"到否定这种优势,则认为两方案间存在级别高关系。利用级别高关系,综合方案间两两比较的结果,可以得到方案间的不完全序。这种建立在级别高关系上的多准则决策方法仅需要利用双语言信息的序关系,而不需要对这些信息加以运算。其缺点是未能充分利用语言变量中所包含的基数信息。

(3) 在上述级别高关系的基础上,进一步扩展得到了一种双语言多准则分组评级决策方法。该方法利用一组标志性的虚拟参考方案,通过备选方案与这些虚拟参考方案相比较而将方案划分进合适的分组中。该方法可适用备选方案较多、不便于方案间两两比较时对方案进行初步评价的决策环境。由于对某一方案的这种评级与其余的方案无关,而且所得评级具有比较明确的意义(当虚拟参考方案意义明确时),因此可以用其对方案进行初步的检视,帮助决策者对各方案的整体表现形成初步的判断。本书将其用以处理城市绿化树种选择问题中,取得了较好的效果。

(4) 为了充分利用语言变量中所包含的不完全基数信息,提出了语义占优技术,证明了五种典型的语义结构下所对应的语义占优规则,并研究了不同语义占优的性质。利用这一组规则,提出了基于语义占优的双语言多准则决策步骤,从而挑选出所有"非劣"方案的集合。该技术最大的特点在于不需要人为地对语言变量的语义加以限制,而仅需要定性地知道决策者所用的语言标度具有何种语义结构即可,总的来说,它为处理语言标度的非平衡特征提供了一种全新的研究思路。通过语义占优技术,可以对备选方案集进行有效的缩减,从而协助决策者在更少的备选方案间加以权衡,从而提高决策效率,并提高其偏好的一致性。

(5) 为了进一步获得尽可能多的方案间偏好关系,并减少对语言变量的语义设定施加过多人为影响,通过建立语义规划模型对语言变量的语义加以设定,该规划将语言变量中包含的不完全偏好通过模型的限制条件表示,通过最大化决策模型的区分度来加以求解。本书提出了两种利用语义规划技术的双语言多准则决策方法,主要用于达到确定方案的偏好"顺序"而不仅仅是挑选满意方案这一目的。通过这种排序,决策者能够对各方案的优势与劣势得出更加直观的认识。

（6）针对权重信息不完全的双语言多准则决策问题进行了研究，提出了基于扩展语言运算的两种方法。其中一种方法将决策过程看作是决策者与自然间的博弈，利用矩阵博弈理论对准则权重加以设定，从而体现出一种高度不确定环境下的保守决策原则；而另外一种方法则通过最大化模型离差来设定权重。

（7）提出了直觉正态云模型来处理双语言多准则群决策问题，不同决策者给出的决策信息被看作是方案的综合评价云中部分云滴的集合，通过这些云滴可估计出该评价云的相关参数，随后，利用所设计的云发生算法运用蒙特卡洛技术产生云滴并对云滴计分加以统计，进而对不同方案的综合评价云加以比较排序。

（8）将上述双语言多准则技术应用于新能源公交车选型决策案例中，通过综合运用上述方法，可以揭示蕴含在双语言决策信息之内的决策者偏好，帮助决策者更好地理解问题和影响方案间偏好的具体因素，从而帮助决策者得到更加理性的决策结果，提高决策质量。

8.2 展望

本书对双语言多准则决策问题进行了研究，虽然取得了一些有价值的研究成果，但在许多方面还有待于进一步完善。

（1）本书中所有的权重信息均以数字形式给出，而在很多不确定情况下，同样利用语言变量的形式给出权重更为方便。因此，针对权重信息同样以语言或双语言形式给出的双语言多准则决策方法的研究有待进一步展开。

（2）尽管准则间相互独立是传统多准则决策方法的一个基本前提，本书的所有方法也是基于该前提，然而在实际决策问题中，关联准则确实是一种难以完全避免的情况，目前通常利用模糊积分技术处理此类问题。对准则关联的双语言多准则决策问题的研究，是值得关注的一个方向。

（3）本书中在所有的准则下决策者对方案的评价均通过双语言集表示，而在实际决策中，通常对某些可以精确测量的属性可以利用数字，至少是模糊集加以表示,将这些数字全部转化为双语言信息是不必要也不恰当的,然而,如何集结不同类型的信息是这一类问题中的关键问题。因此,数值—语言混合多准则决策方法也是一个令人感兴趣的主题。

(4)即使在所有的准则下全部采用语言变量表达决策信息,也可能出现由于知识水平的不同,决策者可能在不同的准则下采用具有不同粒度的语言标度,例如,运用更少粒度的语言标度通常是由于决策者对方案在该准则下的评价具有更高的不确定性,如何集结来自多粒度语言标度系统的决策信息需要进一步研究。

(5)此外,本书对于决策者为多人的双语言群决策问题的研究尚待进一步深入,所介绍的蒙特卡诺模拟云模型方法由于难以避免大量的计算工作,因此不适合应用于复杂的决策环境。所以,对于双语言群决策问题需要更加深入的研究,在此过程中,考虑不同决策者语义结构的区别并对信息加以集结是这一工作中的难点所在。

参考文献

[1] TRIANTAPHYLLOU E. Multi-criteria decision making methods: A comparative study [M]. Dordrecht: Kluwer Academic Publishers, 2000.

[2] FIGUEIRA J, GRECO S, EHRGOTT M. Multiple criteria decision analysis: State of the art surveys [M]. Springer Verlag, 2005.

[3] DOUKAS H. Modelling of linguistic variables in multicriteria energy policy support [J]. European Journal of Operational Research, in press.

[4] ROY B, PRESENT M, SILOHL D. A programming method for determining which Paris metro stations should be renovated [J]. European Journal of Operational Research, 1986, 24 (2): 318 – 352.

[5] DYER J S, FISHBURN P C, STEUER R E, et al. Multiple criteria decision making, multiattribute utility theory: The next ten years [J]. Management Science, 1992, 38 (5): 645 – 654.

[6] STEWART T J. A critical survey on the status of multiple criteria decision making theory and practice [J]. Omega, 1992, 20 (5 – 6): 569 – 586.

[7] ZADEH L A. Fuzzy sets [J]. Information and control, 1965, 8 (3): 338 – 353.

[8] CARLSSON C, FULLÉR R. Fuzzy multiple criteria decision making: Recent developments [J]. Fuzzy Sets and Systems, 1996, 78 (2): 139 – 153.

[9] KAHRAMAN C. Fuzzy multi-criteria decision making: Theory and applications with recent developments [M]. Springer, 2008.

[10] 王坚强. 模糊多准则决策方法研究综述 [J]. 控制与决策, 2008, 23 (6): 601 – 606, 612.

[11] MARTINEZ L, RUAN D, HERRERA F. Computing with words in decision support systems: An overview on models and applications [J]. International Journal of Computational Intelligence Systems, 2010, 3 (4): 382 – 395.

参考文献

[12] ZADEH L. The concept of a linguistic variable and its application to approximate reasoning – I [J]. Information Sciences, 1975, 8 (3): 199 – 249.

[13] DUBOIS D. The role of fuzzy sets in decision sciences: Old techniques and new directions [J]. Fuzzy Sets and Systems, 2011, 184 (1): 3 – 28.

[14] HERRERA F, MARTINEZ L. A 2 – tuple fuzzy linguistic representation model for computing with words [J]. IEEE Transactions on fuzzy systems, 2000, 8 (6): 746 – 752.

[15] WANG T – C, CHEN Y – H. Applying fuzzy linguistic preference relations to the improvement of consistency of fuzzy AHP [J]. Information Sciences, 2008, 178 (19): 3755 – 3765.

[16] WANG W – P. Evaluating new product development performance by fuzzy linguistic computing [J]. Expert Systems with Applications, 2009, 36 (6): 9759 – 9766.

[17] HERRERA F, HERRERA – VIEDMA E, MARTINEZ L. A fusion approach for managing multi-granularity linguistic term sets in decision making [J]. Fuzzy Sets and Systems, 2000, 114 (1): 43 – 58.

[18] WANG W – P. A fuzzy linguistic computing approach to supplier evaluation [J]. Applied Mathematical Modelling, 2010, 34 (10): 3130 – 3141.

[19] LIN L – Z, YHE H – R. Fuzzy linguistic decision to provide alternatives to market mechanism strategies [J]. Expert Systems with Applications, 2010, 37 (10): 6986 – 6996.

[20] CHEN Y – H, WANG T – C, Wu C – Y. Multi-criteria decision making with fuzzy linguistic preference relations [J]. Applied Mathematical Modelling, 2011, 35 (3): 1322 – 1330.

[21] PARREIRAS R O, EKEL P Y, MARTINI J S C, et al. A flexible consensus scheme for multicriteria group decision making under linguistic assessments [J]. Information Sciences, 2010, 180 (7): 1075 – 1089.

[22] HERRERA F, HERRERA – VIEDMA E. Linguistic decision analysis: Steps for solving decision problems under linguistic information [J]. Fuzzy Sets and Systems, 2000, 115 (1): 67 – 82.

[23] XU Z. A method for multiple attribute decision making with incomplete weight information in linguistic setting [J]. Knowledge – Based Systems, 2007, 20 (8): 719 – 725.

[24] WEI C F, YUAN R F. A decision making method based on linguistic aggregation operators for coal mine safety evaluation [C]. Hangzhou, China: Proc. of 2010 IEEE Int. Conf. on Intelligent Systems and Knowledge Engineering, 2010: 7 – 20.

[25] 王坚强, 李寒波. 基于直觉语言集结算子的多准则决策方法 [J]. 控制与决策, 2010, 25 (10): 1571-1574.

[26] ZADEH L A. Outline of a new approach to the analysis of complex systems and decision processes [J]. Systems, Man and Cybernetics, IEEE Transactions on, 1973, (1): 28-44.

[27] XU Z. Deviation measures of linguistic preference relations in group decision making [J]. Omega, 2005, 33 (3): 249-254.

[28] XU Y, WANG H. Distance measure for linguistic decision making [J]. Systems Engineering Procedia, 2011 (1): 450-456.

[29] XU Z. Group decision making based on multiple types of linguistic preference relations [J]. Information Sciences, 2008, 178 (2): 452-467.

[30] XU Y, MERIGÓ J M, WANG H. Linguistic power aggregation operators and their application to multiple attribute group decision making [J]. Applied Mathematical Modelling, 2012, 36 (11): 5427-5444.

[31] 易平涛, 李伟伟, 郭亚军. 二元语义密度算子及其在多属性决策中的应用 [J]. 控制与决策, 2012, 27 (5): 757-760.

[32] MARTÍNEZ L, HERRERA F. An overview on the 2-tuple linguistic model for computing with words in decision making: Extensions, applications and challenges [J]. Information Sciences, 2012 (207): 1-18.

[33] WEI G, ZHAO X. Some dependent aggregation operators with 2-tuple linguistic information and their application to multiple attribute group decision making [J]. Expert Systems with Applications, 2012, 39 (5): 5881-5886.

[34] XU Z. Uncertain linguistic aggregation operators based approach to multiple attribute group decision making under uncertain linguistic environment [J]. Information Sciences, 2004, 168 (1-4): 171-184.

[35] NIEWIADOMSKI A. Interval-valued linguistic variables: An application to linguistic summaries [J]. Issues in Intelligent Systems. Paradigms. EXIT Academic Press, Warsaw, 2005: 167-184.

[36] 王坚强, 刘淘. 基于综合云的不确定语言多准则群决策方法 [J]. 控制与决策, 2012, 27 (8): 1185-1190.

[37] PENG B, YE C, ZENG S. Uncertain pure linguistic hybrid harmonic averaging operator and generalized interval aggregation operator based approach to group decision making [J]. Knowledge-Based Systems, 2012 (36): 175-181.

[38] 胡军华, 陈晓红, 刘咏梅. 基于语言评价和前景理论的多准则决策方法. 控制与决策, 2009, 24 (10), 1477-1482.

[39] RODRIGUEZ R M, MARTINEZ L, HERRERA F. Hesitant Fuzzy Linguistic Term Sets for Decision Making [J]. IEEE Transactions on fuzzy systems, 2012, 20 (1): 109-119.

[40] RODRÍGUEZ R, MARTÍNEZ L, HERRERA F. Hesitant fuzzy linguistic term sets [M] //Foundations of Intelligent Systems. 2012: 287-295.

[41] ATANASSOV K T. Intuitionistic fuzzy sets [J]. Fuzzy Sets and Systems, 1986, 20 (1): 87-96.

[42] YANG W E, WANG J Q. Vague linguistic matrix game approach for multi-criteria decision making with uncertain weights [J]. Journal of Intelligent and Fuzzy Systems, 2013, 25 (2): 315-324.

[43] WANG X F, WANG J Q, YANG W E. Multi-criteria group decision making method based on intuitionistic linguistic aggregation operators [J]. Journal of Intelligent and Fuzzy Systems, 2013, in Press.

[44] 王坚强, 王佩. 基于直觉模糊熵的直觉语言多准则决策方法 [J]. 控制与决策, 2012, 27 (11): 1694-1698.

[45] 刘培德, 张新. 直觉不确定语言集成算子及在群决策中的应用 [J]. 系统工程理论与实践, 2013, 32 (12): 2704-2711.

[46] YANG W E, WANG J Q, WANG X F. An outranking method for multi-criteria decision making with duplex linguistic information [J]. Fuzzy Sets and Systems, 2012 (198): 20-33.

[47] YU X, XU Z, LIU S, et al. Multicriteria decision making with 2-dimension linguistic aggregation techniques [J]. International Journal of Intelligent Systems, 2012, 27 (6): 539-562.

[48] 朱卫东, 周光中, 杨善林. 基于二维语言评价信息的群体决策方法 [J]. 系统工程, 2009, 27 (2): 113-118.

[49] HERRERA F, MARTÍNEZ L. A model based on linguistic 2-tuples for dealing with multigranular hierarchical linguistic contexts in multi-expert decision-making [J]. Systems, Man, and Cybernetics, Part B: Cybernetics, IEEE Transactions on, 2001, 31 (2): 227-234.

[50] CHANG S L, WANG R C, WANG S Y. Applying a direct multi-granularity linguistic and strategy-oriented aggregation approach on the assessment of supply performance [J]. European Journal of Operational Research, 2007, 177 (2): 1013-1025.

[51] CHUU S J. Evaluating the flexibility in a manufacturing system using fuzzy multi – attribute group decision – making with multi – granularity linguistic information [J]. The International Journal of Advanced Manufacturing Technology, 2007, 32 (3): 409 – 421.

[52] HUYNH V N, NAKAMORI Y. A satisfactory – oriented approach to multiexpert decision—making with linguistic assessments [J]. Systems, Man, and Cybernetics, Part B: Cybernetics, IEEE Transactions on, 2005, 35 (2): 184 – 196.

[53] MARTÍNEZ L, LIU J, YANG J B, et al. A multigranular hierarchical linguistic model for design evaluation based on safety and cost analysis [J]. International Journal of Intelligent Systems, 2005, 20 (12): 1161 – 1194.

[54] CHEN Z, BEN – ARIEH D. On the fusion of multi – granularity linguistic label sets in group decision making [J]. Computers & Industrial Engineering, 2006, 51 (3): 526 – 541.

[55] 乐琦, 樊治平. 具有多粒度不确定语言评价信息的多属性群决策方法 [J]. 控制与决策, 2012, 25 (7): 1059 – 1062.

[56] JIANG Y P, FAN Z P, MA J. A method for group decision making with multi – granularity linguistic assessment information [J]. Information Sciences, 2008, 178 (4): 1098 – 1109.

[57] FAN Z P, LIU Y. A method for group decision—making based on multi – granularity uncertain linguistic information [J]. Expert Systems with Applications, 2010, 37 (5): 4000 – 4008.

[58] ZHU J, HIPEL K W. Multiple stages grey target decision making method with incomplete weight based on multi – granularity linguistic label [J]. Information Sciences, 2012, 212 (0): 15 – 32.

[59] ZHANG Z, GUO C. A method for multi—granularity uncertain linguistic group decision making with incomplete weight information [J]. Knowledge – Based Systems, 2012, 26 (0): 111 – 119.

[60] HERRERA F, HERRERA – VIEDMA E, MARTÍNEZ L. A fuzzy linguistic methodology to deal with unbalanced linguistic term sets [J]. Fuzzy Systems, IEEE Transactions on, 2008, 16 (2): 354 – 370.

[61] 鲍广宇, 连向磊, 何明, 王玲玲. 基于新型语言评估标度的二元语义改进模型 [J]. 控制与决策, 2010, 25 (5): 780 – 784.

[62] TORRA V. Negation functions based semantics for ordered linguistic labels [J]. International Journal of Intelligent Systems, 1996, 11 (11): 975 – 988.

参考文献

[63] TORRA V. Aggregation of linguistic labels when semantics is based on antonyms [J]. International Journal of Intelligent Systems, 2001, 16 (4): 513-524.

[64] TRILLAS E, GUADARRAMA S. What about fuzzy logic's linguistic soundness? [J]. Fuzzy Sets and Systems, 2005, 156 (3): 334-340.

[65] ZADEJ L A. Fuzzy logic = computing with words [J]. Fuzzy Systems, IEEE Transactions on, 1996, 4 (2): 103-111.

[66] ZADEH L. From Computing with Numbers to Computing with Words—from Manipulation of Measurements to Manipulation of Perceptions [J]. Logic, Thought and Action, 2005: 507-544.

[67] HERRERA F, ALONSO S, CHICLANA F, et al. Computing with words in decision making: foundations, trends and prospects [J]. Fuzzy Optimization and Decision Making, 2009, 8 (4): 337-364.

[68] MENDEL J M, ZADEH L A, R. R. YAGER, et al. What Computing with Words Means to Me [J]. IEEE Computational Intelligence Magazine, 2010, 5 (1): 20-26.

[69] LAWRY J, SHANAHAN J, RALESCU A. Modelling with words: Learning, fusion, and reasoning within a formal linguistic representation framework [M]. Springer, 2004.

[70] ZADEH L A. Toward a theory of fuzzy information granulation and its centrality in human reasoning and fuzzy logic [J]. Fuzzy Sets and Systems, 1997, 90 (2): 111-127.

[71] PHAM T D. Computing with words in formal methods [J]. International Journal of Intelligent Systems, 2000, 15 (8): 801-810.

[72] BARGIELA A, PEDRYCZ W. Granular mappings [J]. Systems, Man and Cybernetics, Part A: Systems and Humans, IEEE Transactions on, 2005, 35 (2): 292-297.

[73] DICK S, SCHENKER A, PEDRYCZ W, et al. Regranulation: A granular algorithm enabling communication between granular worlds [J]. Information Sciences, 2007, 177 (2): 408-435.

[74] MENDEL J M. Computing with words and its relationships with fuzzistics [J]. Information Sciences, 2007, 177 (4): 988-1006.

[75] TRILLAS E. On the use of words and fuzzy sets [J]. Information Sciences, 2006, 176 (11): 1463-1487.

[76] TONG R M, BONISSONE P P. A linguistic approach to decisionmaking with fuzzy sets [J]. Systems, Man and Cybernetics, IEEE Transactions on, 1980, 10 (11): 716-723.

[77] SCHUCKER K J, ZADEH L A. Fuzzy sets, natural language computations, and risk analysis [M]. Rockville: Computer Science Press, 1984.

[78] YAGER R R. On the retranslation process in Zadeh's paradigm of computing with words [J]. Systems, Man, and Cybernetics, Part B: Cybernetics, IEEE Transactions on, 2004, 34 (2): 1184-1195.

[79] MARTIN O, Klir G J. On the problem of retranslation in computing with perceptions [J]. International Journal of General Systems, 2006, 35 (6): 655-674.

[80] LAWRY J. An alternative approach to computing with words [J]. International Journal of Uncertainty, Fuzziness and Knowledge-Based Systems, 2001, 9 (01): 3-16.

[81] LAWRY J. A methodology for computing with words [J]. International Journal of Approximate Reasoning, 2001, 28 (2): 51-89.

[82] LAWRY J. A framework for linguistic modelling [J]. Artificial Intelligence, 2004, 155 (1): 1-39.

[83] RUBIN S H. Computing with words [J]. Systems, Man, and Cybernetics, Part B: Cybernetics, IEEE Transactions on, 1999, 29 (4): 518-524.

[84] CAO Y, YING M, CHEN G. Retraction and generalized extension of computing with words [J]. Fuzzy Systems, IEEE Transactions on, 2007, 15 (6): 1238-1250.

[85] YING M. A formal model of computing with words [J]. Fuzzy Systems, IEEE Transactions on, 2002, 10 (5): 640-652.

[86] WANG H, QIU D. Computing with words via Turing machines: A formal approach [J]. Fuzzy Systems, IEEE Transactions on, 2003, 11 (6): 742-753.

[87] TANG Y, ZHENG J. Linguistic modelling based on semantic similarity relation among linguistic labels [J]. Fuzzy Sets and Systems, 2006, 157 (12): 1662-1673.

[88] TÜRKŞEN I B. Meta-linguistic axioms as a foundation for computing with words [J]. Information Sciences, 2007, 177 (2): 332-359.

[89] DUBOIS D, PRADE H. The three semantics of fuzzy sets [J]. Fuzzy Sets and Systems, 1997, 90 (2): 141-150.

[90] DUBOIS D, PRADE H, HARDING E. Possibility theory: An approach to computerized processing of uncertainty [M]. New York: Plenum press, 1988.

[91] KLIR G J, FOLGER T A. Fuzzy sets, uncertainty, and information [J]. 1988.

[92] YAGER R R. Some relationships between possibility, truth and certainty [J]. Fuzzy Sets and Systems, 1983, 11 (1): 135-149.

[93] MENDEL J M. Advances in type-2 fuzzy sets and systems [J]. Information Sciences, 2007, 177 (1): 84-110.

[94] WU D, MENDEL J M. Aggregation using the linguistic weighted average and interval

type – 2 fuzzy sets [J]. Fuzzy Systems, IEEE Transactions on, 2007, 15 (6): 1145 – 1161.

[95] LIU F, MENDEL J M. Encoding words into interval type – 2 fuzzy sets using an interval approach [J]. IEEE Transactions on fuzzy systems, 2008, 16 (6): 1503.

[96] MENDEL J M, WU H. Type – 2 fuzzistics for symmetric interval type – 2 fuzzy sets: Part 1, forward problems [J]. Fuzzy Systems, IEEE Transactions on, 2006, 14 (6): 781 – 792.

[97] MENDEL J M, WU H. Type – 2 fuzzistics for symmetric interval type – 2 fuzzy sets: Part 2, inverse problems [J]. Fuzzy Systems, IEEE Transactions on, 2007, 15 (2): 301 – 308.

[98] 王坚强, 韩知秋. 基于二型三角诱导 OWA 算子的多准则决策方法 [J]. 控制与决策, 2013.

[99] XU Z. An approach based on the uncertain LOWG and induced uncertain LOWG operators to group decision making with uncertain multiplicative linguistic preference relations [J]. Decision Support Systems, 2006, 41 (2): 488 – 499.

[100] WANG J, CHEN X. Multi – criteria linguistic interval group decision – making approach [J]. Journal of Systems Engineering and Electronics, 2008, 19 (5): 934 – 938.

[101] LIU P. Some geometric aggregation operators based on interval intuitionistic uncertain linguistic variables and their application to group decision making [J]. Applied Mathematical Modelling, 2013, 37 (4): 2430 – 2444.

[102] LIU P. Some generalized dependent aggregation operators with intuitionistic linguistic numbers and their application to group decision making [J]. Journal of Computer and System Sciences, 2013, 79 (1): 131 – 143.

[103] XU Z. Induced uncertain linguistic OWA operators applied to group decision making [J]. Information Fusion, 2006, 7 (2): 231 – 238.

[104] XU Y, WANG H. Approaches based on 2 – tuple linguistic power aggregation operators for multiple attribute group decision making under linguistic environment [J]. Applied Soft Computing, 2011, 11 (5): 3988 – 3997.

[105] PENG B, YE C, ZENG S. Uncertain pure linguistic hybrid harmonic averaging operator and generalized interval aggregation operator based approach to group decision making [J]. Knowledge – Based Systems, 2012 (36): 175 – 181.

[106] LIU P, JIN F. Methods for aggregating intuitionistic uncertain linguistic variables and

their application to group decision making [J]. Information Sciences, 2012, 205 (0): 58 – 71.

[107] LIU P D, JIN F. The trapezoid fuzzy linguistic Bonferroni mean operators and their application to multiple attribute decision making [J]. Scientia Iranica, 2012, 19 (6): 1947 – 1959.

[108] WEI G, ZHAO X, LIN R, et al. Uncertain linguistic Bonferroni mean operators and their application to multiple attribute decision making [J]. Applied Mathematical Modelling, 2013, 37 (7): 5277 – 5285.

[109] WEI G W. Some generalized aggregating operators with linguistic information and their application to multiple attribute group decision making [J]. Computers & Industrial Engineering, 2011, 61 (1): 32 – 38.

[110] ZHOU L, CHEN H. A generalization of the power aggregation operators for linguistic environment and its application in group decision making [J]. Knowledge – Based Systems, 2012 (26): 216 – 224.

[111] CHICLANA F, HERRERA F, HERRERA – VIEDMA E. Integrating three representation models in fuzzy multipurpose decision making based on fuzzy preference relations [J]. Fuzzy Sets and Systems, 1998, 97 (1): 33 – 48.

[112] DELGADO M, HERRERA F, HERRERA – VIEDMA E, et al. Combining numerical and linguistic information in group decision making [J]. Information Sciences, 1998, 107 (1): 177 – 194.

[113] HERRERA F, MARTÍNEZ L, SÁNCHEZ P. Managing non – homogeneous information in group decision making [J]. European Journal of Operational Research, 2005, 166 (1): 115 – 132.

[114] MEESAD P, YEN G G. Combined numerical and linguistic knowledge representation and its application to medical diagnosis [J]. IEEE Transactions on Systems, Man and Cybernetics, Part A: Systems and Humans, 2003, 33 (2): 206 – 222.

[115] ZARGHAMI M, SZIDAROVSZKY F, ARDAKANIAN R. A fuzzy – stochastic OWA model for robust multi – criteria decision making [J]. Fuzzy Optimization and Decision Making, 2008, 7 (1): 1 – 15.

[116] ROY B. The outranking approach and the foundations of ELECTRE methods [J]. Theory and Decision, 1991, 31 (1): 49 – 73.

[117] ROY B. Classement et choix en présence de points de vue multiples (La méthode Electre) [J]. Revue française d'Informatique et de Recherche Opérationnelle, 1968

(8): 57-75.

[118] BRANS J, VINCKE P, MARESCHAL B. How to select and how to rank projects: The PROMETHEE method [J]. European Journal of Operational Research, 1986, 24 (2): 228-238.

[119] KANGAS A, KANGAS J, PYKÄLÄINEN J. Outranking methods as tools in strategic natural resources planning [J]. Silva Fennica, 2001, 35 (2): 215-227.

[120] JACQUET-LAGREZE E, SISKOS J. Assessing a set of additive utility functions for multicriteria decision—making, the UTA method [J]. European Journal of Operational Research, 1982, 10 (2): 151-164.

[121] SAATY T L. The Analytic Hierarchy Process [M]. New York: McGraw Hill, 1980.

[122] SAATY T L. Time dependent decision-making: dynamic priorities in the AHP/ANP: Generalizing from points to functions and from real to complex variables [J]. Mathematical and Computer Modelling, 2007, 46 (7-8): 860-891.

[123] SAATY T L. Multicriteria Decision Making: The Analytic Hierarchy Process: Planning, Priority Setting, Resource Allocation [M]. Pittsburgh: PWS Publications, 1990.

[124] FORMAN E H, SELLY M A. Decision by objectives: How to convince others that you are right [M]: World Scientific Publishing Company Incorporated, 2001.

[125] HWANG C L, YOON K. Multiple attribute decision making methods and applications: A state-of-the-art survey [M]. Springer Verlag, 1981.

[126] OPRICOVIC S, TZENG G H. Compromise solution by MCDM methods: A comparative analysis of VIKOR and TOPSIS [J]. European Journal of Operational Research, 2004, 156 (2): 445-455.

[127] 华小义, 谭景信. 基于"垂面"距离的 TOPSIS 法——正交投影法 [J]. 系统工程理论与实践, 2004, 24 (1): 114-119.

[128] CHEN M F, TZENG G H. Combining grey relation and TOPSIS concepts for selecting an expatriate host country [J]. Mathematical and Computer Modelling, 2004, 40 (13): 1473-1490.

[129] 刘树林, 邱菀华. 多属性决策 TOPSIS 夹角度量评价法 [J]. 系统工程理论与实践, 1996, 16 (7): 12-16.

[130] JU Y, WANG A. Extension of VIKOR method for multi-criteria group decision making problem with linguistic information [J]. Applied Mathematical Modelling, 2013, 37 (5): 3112-3125.

[131] PEDRYCZ W, SONG M. A granulation of linguistic information in AHP decision-making problems [J]. Information Fusion, 2011.

[132] YAN H-B, HUYNH V-N, NAKAMORI Y. A probabilistic model for linguistic multi-expert decision making involving semantic overlapping [J]. Expert Systems with Applications, 2011, 38 (7): 8901-8912.

[133] DONG Y, XU Y, YU S. Linguistic multiperson decision making based on the use of multiple preference relations [J]. Fuzzy Sets and Systems, 2009, 160 (5): 603-623.

[134] CHEN H, ZHOU L, HAN B. On compatibility of uncertain additive linguistic preference relations and its application in the group decision making [J]. Knowledge-Based Systems, 2011, 24 (6): 816-823.

[135] HSU S C, WANG T C. Solving multi-criteria decision making with incomplete linguistic preference relations [J]. Expert Systems with Applications, 2011, 38 (9): 10882-10888.

[136] GARCÍA-LAPRESTA J L, MENESES L C. An empirical analysis of transitivity with four scaled preferential judgment modalities [J]. Review of Economic Design, 2003, 8 (3): 335-346.

[137] DÍAZ S, MONTES S, DE BAETS B. Transitivity bounds in additive fuzzy preference structures [J]. IEEE Transactions on Fuzzy Systems, 2007, 15 (2): 275-286.

[138] HERRERA-VIEDMA E, HERRERA F, CHICLANA F, et al. Some issues on consistency of fuzzy preference relations [J]. European Journal of Operational Research, 2004, 154 (1): 98-109.

[139] SAHNOUN Z, DICESARE F, BONISSONE P P. Efficient methods for computing linguistic consistency [J]. Fuzzy Sets and Systems, 1991, 39 (1): 15-26.

[140] DONG Y, XU Y, LI H. On consistency measures of linguistic preference relations [J]. European Journal of Operational Research, 2008, 189 (2): 430-444.

[141] TAPIA GARCÍA J M, DEL MORAL M J, MARTÍNEZ M A, et al. A consensus model for group decision making problems with linguistic interval fuzzy preference relations [J]. Expert Systems with Applications, 2012, 39 (11): 10022-10030.

[142] KIM S H, AHN B S. Group decision making procedure considering preference strength under incomplete information [J]. Computers & Operations Research, 1997, 24 (12): 1101-1112.

[143] LI D F, YANG J B. Fuzzy linear programming technique for multiattribute group decision

making in fuzzy environments [J]. Information Sciences, 2004 (158): 263 - 275.
[144] 王坚强, 陈晓红. 信息不完全确定的多准则语言区间群决策方法 [J]. 系统工程学报, 2010, 25 (002), 190 - 195.
[145] ALONSO S, CABRERIZO F, CHICLANA F, et al. Group decision making with incomplete fuzzy linguistic preference relations [J]. International Journal of Intelligent Systems, 2009, 24 (2): 201 - 222.
[146] MA J, RUAN D, XU Y, et al. A fuzzy - set approach to treat determinacy and consistency of linguistic terms in multi - criteria decision making [J]. International Journal of Approximate Reasoning, 2007, 44 (2): 165 - 181.
[147] CABRERIZO F J, PÉREZ I J, HERRERA - VIEDMA E. Managing the consensus in group decision making in an unbalanced fuzzy linguistic context with incomplete information [J]. Knowledge - Based Systems, 2010, 23 (2): 169 - 181.
[148] ZHANG Y, FAN Z. Method for multiple attribute decision making based on incomplete linguistic judgment matrix [J]. Journal of Systems Engineering and Electronics, 2008, 19 (2): 298 - 303.
[149] WU Z, CHEN Y. The maximizing deviation method for group multiple attribute decision making under linguistic environment [J]. Fuzzy Sets and Systems, 2007, 158 (14): 1608 - 1617.
[150] XU Y J, DA Q L. Standard and mean deviation methods for linguistic group decision making and their applications [J]. Expert Systems with Applications, 2010, 37 (8): 5905 - 5912.
[151] XU Y, DA Q. A method for multiple attribute decision making with incomplete weight information under uncertain linguistic environment [J]. Knowledge - Based Systems, 2008, 21 (8): 837 - 841.
[152] WEI G W. Grey relational analysis method for 2 - tuple linguistic multiple attribute group decision making with incomplete weight information [J]. Expert Systems with Applications, 2011, 38 (5): 4824 - 4828.
[153] PÉREZ I J, CABRERIZO F J, HERRERA - VIEDMA E. Group decision making problems in a linguistic and dynamic context [J]. Expert Systems with Applications, 2011, 38 (3): 1675 - 1688.
[154] PANG J, LIANG J. Evaluation of the results of multi - attribute group decision - making with linguistic information [J]. Omega, 2012, 40 (3): 294 - 301.
[155] MENG D, PEI Z. On weighted unbalanced linguistic aggregation operators in group de-

cision making [J]. Information Sciences, 2013 (223): 31-41.

[156] WANG J J, JING Y Y, ZHANG C F, et al. Review on multi-criteria decision analysis aid in sustainable energy decision-making [J]. Renewable and Sustainable Energy Reviews, 2009, 13 (9): 2263-2278.

[157] PANEQUE SALGADO P, CORRAL QUINTANA S, GUIMARAES PEREIRA A, et al. Participative multi-criteria analysis for the evaluation of water governance alternatives. A case in the Costa del Sol (Malaga) [J]. Ecological Economics, 2009, 68 (4): 990-1005.

[158] CHOU Y C, SUN C C, YEN H Y. Evaluating the criteria for human resource for science and technology (HRST) based on an integrated fuzzy AHP and fuzzy DEMATEL approach [J]. Applied Soft Computing, 2011.

[159] SUN Y H, MA J, FAN Z P, et al. A group decision support approach to evaluate experts for R&D project selection [J]. IEEE Transactions on Engineering Management, 2008, 55 (1): 158-170.

[160] FAN Z P, FENG B, SUN Y H, et al. Evaluating knowledge management capability of organizations: A fuzzy linguistic method [J]. Expert Systems with Applications, 2009, 36 (2), 3346-3354.

[161] REZAEI J, ORTT R. Multi-criteria supplier segmentation using a fuzzy preference relations based AHP [J]. European Journal of Operational Research, 2013, 225 (1): 75-84.

[162] BÜYÜKÖZKAN G. An integrated fuzzy multi-criteria group decision—making approach for green supplier evaluation [J]. International Journal of Production Research, 2012, 50 (11): 2892-2909.

[163] TAN C, WU D D, MA B. Group decision making with linguistic preference relations with application to supplier selection [J]. Expert Systems with Applications, 2011, 38 (12): 14382-14389.

[164] CHOU T Y, HSU C L, CHEN M C. A fuzzy multi-criteria decision model for international tourist hotels location selection [J]. International Journal of Hospitality Management, 2008, 27 (2): 293-301.

[165] AWASTHI A, CHAUHAN S S, GOYAL S K. A multi-criteria decision making approach for location planning for urban distribution centers under uncertainty [J]. Mathematical and Computer Modelling, 2011, 53 (1): 98-109.

[166] GHAREHGOZLI A, RABBANI M, ZAERPOUR N, et al. A comprehensive decision—

making structure for acceptance/rejection of incoming orders in make‐to‐order environments [J]. The International Journal of Advanced Manufacturing Technology, 2008, 39 (9): 1016-1032.

[167] BÜYÜKÖZKAN G, RUAN D. Evaluation of software development projects using a fuzzy multi‐criteria decision approach [J]. Mathematics and Computers in Simulation, 2008, 77 (5): 464-475.

[168] SANCHEZ‐LOPEZ R, BANA E COSTA C A, DE BAETS B. The MACBETH approach for multi‐criteria evaluation of development projects on cross‐cutting issues [J]. Annals of Operations Research, 2012: 1-16.

[169] MARLE F, GIDEL T. A multi‐criteria decision—making process for project risk management method selection [J]. International Journal of Multicriteria Decision Making, 2012, 2 (2): 189-223.

[170] SHEVCHENKO G, USTINOVICHIUS L, ANDRUŠKEVIČIUS A. Multi‐attribute analysis of investments risk alternatives in construction [J]. Technological and Economic Development of Economy, 2008, 14 (3): 428-443.

[171] CHUU S‐J. Interactive group decision—making using a fuzzy linguistic approach for evaluating the flexibility in a supply chain [J]. European Journal of Operational Research, 2011, 213 (1): 279-289.

[172] NGAN S‐C. Decision making with extended fuzzy linguistic computing, with applications to new product development and survey analysis [J]. Expert Systems with Applications, 2011, 38 (11): 14052-14059.

[173] 陈晓红, 胡文华, 曹裕, 等. 基于梯形模糊数的分层多目标线性规划模型在多属性不确定决策问题中的应用 [J]. 管理工程学报, 2013, 26 (4), 192-198.

[174] WANG X T, XIONG W. An integrated linguistic‐based group decision—making approach for quality function deployment [J]. Expert Systems with Applications, 2011, 38 (12): 14428-14438.

[175] ZOPOUNIDIS C, DOUMPOS M. Multicriteria classification and sorting methods: A literature review [J]. European Journal of Operational Research, 2002, 138 (2): 229-246.

[176] FIGUEIRA J, MOUSSEAU V, ROY B. ELECTRE methods [M] //Multiple Criteria Decision Analysis: State of the Art Surveys. Springer, 2005: 133-153.

[177] HOBBS B F, MEIER P. Energy decisions and the environment: A guide to the use of multicriteria methods [M]. Springer Netherlands, 2000.

[178] PAPADOPOULOS A, KARAGIANNIDIS A..Application of the multi - criteria analysis method ELECTRE III for the optimisation of decentralised energy systems [J]. Omega, 2008, 36 (5): 766 -776.

[179] BUCHANAN J, VANDERPOOTEN D. Ranking projects for an electricity utility using ELECTRE III [J]. International Transactions in Operational Research, 2007, 14 (4): 309 -323.

[180] AUGUSTO M, FIGUEIRA J, LISBOA J, et al. An application of a multi - criteria approach to assessing the performance of Portugal's economic sectors: Methodology, analysis and implications [J]. European Business Review, 2005, 17 (2): 113 -132.

[181] BECCALI M, CELLURA M, MISTRETTA M. Decision—making in energy planning. Application of the Electre method at regional level for the diffusion of renewable energy technology [J]. Renewable Energy, 2003, 28 (13): 2063 -2087.

[182] SHANIAN A, MILANI A S, CARSON C, et al. A new application of ELECTRE III and revised Simos' procedure for group material selection under weighting uncertainty [J]. Knowledge - Based Systems, 2008, 21 (7): 709 -720.

[183] HOKKANEN J, SALMINEN P. Choosing a solid waste management system using multicriteria decision analysis [J]. European Journal of Operational Research, 1997, 98 (1): 19 -36.

[184] GRECO S, MATARAZZO B, SLOWINSKI R. Rough sets theory for multicriteria decision analysis [J]. European Journal of Operational Research, 2001, 129 (1): 1 -47.

[185] HATAMI - MARBINI A, TAVANA M. An extension of the ELECTRE I method for group decision—making under a fuzzy environment [J]. Omega, 2011, 39 (4): 373 -386.

[186] DELGADO M, VERDEGAY J L, VILA M A. A model for linguistic partial information in decision making problem [J]. International Journal of Intelligent Systems, 1994 (9): 365 -378.

[187] ROGERS M, BRUEN M. Choosing realistic values of indifference, preference and veto thresholds for use with environmental criteria within ELECTRE [J]. European Journal of Operational Research, 1998, 107 (3): 542 -551.

[188] MOUSSEAU V, PARDALOS P, SISKOS Y, et al, Eliciting information concerning the relative importance of criteria [M] //Advances in multicriteria analysis Dor-

drecht: Kluwer Academic Publishers, 1995: 17 - 43.

[189] ROY B, MOUSSEAU V. A theoretical framework for analysing the notion of relative importance of criteria [J]. Journal of Multi – Criteria Decision Analysis, 1996 (5): 145 - 159.

[190] FIGUEIRA J, ROY B. Determining the weights of criteria in the ELECTRE type methods with a revised Simos' procedure [J]. European Journal of Operational Research, 2002, 139 (2): 317 - 326.

[191] KELEMENIS A, ASKOUNIS D. A new TOPSIS – based multi – criteria approach to personnel selection [J]. Expert Systems with Applications, 2010, 37 (7): 4999 - 5008.

[192] NILSSON K, RANDRUP T B, WANDALL B M. Trees in the urban environment [M] //The Forests Handbook. Oxford: Blackwell Science, 2000: 347 - 361.

[193] SÆBØ A, BENEDIKZ T, RANDRUP T B. Selection of trees for urban forestry in the Nordic countries [J]. Urban Forestry & Urban Greening, 2003, 2 (2): 101 - 114.

[194] PAULEIT S. Urban street tree plantings: Identifying the key requirements [M] //the Institute of Civil Engineers – Municipal Engineers, 2003.

[195] SIEGHARDT M, MURSCH – RADLGRUBER E, PAOLETTI E, et al, The abiotic urban environment: Impact of urban growing conditions on urban vegetation [M]. Springer Berlin: Heidelberg, Allemagne, 2005: 281 - 323.

[196] SÆBØ A, ZELIMIR B, DUCATILLION C, et al. The selection of plant materials for street trees, park trees and urban woodland [M] //Urban Forests and Trees, 2005: 257 - 280.

[197] TELLO M L, TOMALAK M, SIWECKI R, et al. Biotic urban growing conditions – threats, pests and diseases [M] //Urban Forests and Trees. Springer Berlin, Heidelberg, New York, 2005: 325 - 365.

[198] ROLOFF A, KORN S, GILLNER S. The Climate – Species – Matrix to select tree species for urban habitats considering climate change [J]. Urban Forestry & Urban Greening, 2009, 8 (4): 295 - 308.

[199] RAUPP M J, CUMMING A B, RAUPP E C. Street tree diversity in eastern North America and its potential for tree loss to exotic borers [J]. Arboriculture & Urban Forestry, 2006, 32 (6): 297 - 304.

[200] BASSUK N. Recommended urban trees: Site assessment and tree selection for stress tolerance [M]. Cornell University, Urban Horticulture Institute, 2003.

[201] RICHARDS N. Diversity and stability in a street tree population [J]. Urban Ecology, 1983, 7 (2): 159 - 171.

[202] PAULEIT S, JONES N, GARCIA - MARTIN G, et al. Tree establishment practice in towns and cities - Results from a European survey [J]. Urban Forestry & Urban Greening, 2002, 1 (2): 83 - 96.

[203] SJÖMAN H, BUSSE NIELSEN A. Selecting trees for urban paved sites in Scandinavia—A review of information on stress tolerance and its relation to the requirements of tree planners [J]. Urban Forestry & Urban Greening, 2010, 9 (4): 281 - 293.

[204] GERSHON M, DUCKSTEIN L. Multiobjective approaches to river basin planning [J]. Journal of Water Resources Planning and Management, 1983 (109): 13.

[205] ZANAKIS S H, SOLOMON A, WISHART N, et al. Multi - attribute decision making: A simulation comparison of select methods [J]. European Journal of Operational Research, 1998, 107 (3): 507 - 529.

[206] BELTON V. A comparison of the analytic hierarchy process and a simple multi - attribute value function [J]. European Journal of Operational Research, 1986, 26 (1): 7 - 21.

[207] KARNI R, SANCHEZ P, TUMMALA V M R. A comparative study of multiattribute decision making methodologies [J]. Theory and Decision, 1990, 29 (3): 203 - 222.

[208] OLSON D L, MOSHKOVICH H M, SCHELLENBERGER R, et al. Consistency and Accuracy in Decision Aids: Experiments with Four Multiattribute Systems [J]. Decision Sciences, 1995, 26 (6): 723 - 747.

[209] DENG H, WIBOWO S. Intelligent decision support for evaluating and selecting information systems projects [J]. Engineering Letters, 2008, 16 (3): 412 - 418.

[210] LEVY H. Stochastic Dominance and Expected Utility: Survey and Analysis [J]. Management Science, 1992, 38 (4): 555 - 593.

[211] HAVEN E. The financial relevance of fuzzy stochastic dominance: A brief note [J]. Fuzzy Sets and Systems, 2005, 152 (3): 467 - 473.

[212] ZHANG Y, FAN Z P, LIU Y. A method based on stochastic dominance degrees for stochastic multiple criteria decision making [J]. Computers & Industrial Engineering, 2010, 58 (4): 544 - 552.

[213] LEVU H, WIENER Z. Stochastic dominance and prospect dominance with subjective weighting functions [J]. Journal of Risk and uncertainty, 1998, 16 (2): 147 - 163.

参考文献

[214] LEVY H. Stochastic dominance: Investment decision making under uncertainty [M]. Springer Verlag, 2006.

[215] BOUYSSOU D, PIRLOT M. Conjoint measurement tools for MCDM [M] //J FIGUEIRA, S GRECO, M Ehrgott (Eds.) Multiple Criteria Decision Analysis: State of the Art Surveys. 2005: 73 - 112.

[216] FISHBURN P C. Utility theory for decision making [M]. New York: John Wiley & Sons, 1970.

[217] WANG Y M. Using the method of maximizing deviations to make decision for multi - indices [J]. System Engineering and Electronics, 1998(7): 24 - 26, 31.

[218] WEI G W. Maximizing deviation method for multiple attribute decision making in intuitionistic fuzzy setting [J]. Knowledge - Based Systems, 2008, 21 (8): 833 - 836.

[219] LO T P, GUO S J. Effective weighting model based on the maximum deviation with uncertain information [J]. Expert Systems with Applications, 2010 (37): 8445 - 8449.

[220] DOUKAS H, KARAKOSTA C, PSARRAS J. Computing with words to assess the sustainability of renewable energy options [J]. Expert Systems with Applications, 2010, 37 (7): 5491 - 5497.

[221] KIM G, PARK C S, YOON K P. Identifying investment opportunities for advanced manufacturing systems with comparative - integrated performance measurement [J]. International Journal of Production Economics, 1997, 50 (1): 23 - 33.

[222] SHIH H S, SHYUR H J, LEE E S. An extension of TOPSIS for group decision making [J]. Mathematical and Computer Modelling, 2007, 45 (7 - 8): 801 - 813.

[223] WU J Z, ZHANG Q. Multicriteria decision making method based on intuitionistic fuzzy weighted entropy [J]. Expert Systems with Applications, 2011, 38 (1): 916 - 922.

[224] LI D F, CHEN G H, HUANG Z G. Linear programming method for multiattribute group decision making using IF sets [J]. Information Sciences, 2010, 180 (9): 1591 - 1609.

[225] HE Y, WANG Q, ZHOU D. Extension of the expected value method for multiple attribute decision making with fuzzy data [J]. Knowledge - Based Systems, 2009, 22 (1): 63 - 66.

[226] LI D F. Linear programming method for MADM with interval - valued intuitionistic fuzzy sets [J]. Expert Systems with Applications, 2010, 37 (8): 5939 - 5945.

[227] XU Z S. On method of mulit – attribute group decision making under pure linguistic information [J]. Controal and Decision, 2004, 19 (7): 778 – 781.

[228] DAVEY B A, PRIESTLEY H A. Introduction to lattices and order [M]. Cambridge Univ Pr, 2002.

[229] DIETRICH B, HOFFMAN A. On greedy algorithms, partially ordered sets, and submodular functions [J]. IBM Journal of Research and Development, 2003, 47 (1): 25 – 30.

[230] CHOO E U, WEDLEY W C. A common framework for deriving preference values from pairwise comparison matrices [J]. Computers & Operations Research, 2004, 31: 896 – 908.

[231] XU Z. A note on the subjective and objective integrated approach to determine attribute weights [J]. European Journal of Operational Research, 2004 (156): 1101 – 1112.

[232] CHEN T Y, LI C H. Determining objective weights with intuitionistic fuzzy entropy measures: A comparative analysis [J]. Information Sciences, 2010, 180 (21): 4207 – 4222.

[233] WANG T C, LEE H D. Developing a fuzzy TOPSIS approach based on subjective weights and objective weights [J]. Expert Systems with Applications, 2009, 36 (5): 8980 – 8985.

[234] RAO R, PATEL B. A subjective and objective integrated multiple attribute decision making method for material selection [J]. Materials & Design, 2010, 31 (10): 4738 – 4747.

[235] 于义彬,王本德,柳澎,等. 具有不确定信息的风险型多目标决策理论及应用 [J]. 中国管理科学, 2003 (6): 9 – 13.

[236] 徐泽水. 部分权重信息下对方案有偏好的多属性决策法 [J]. 控制与决策, 2004 (1): 85 – 88.

[237] LARBANI M. Multiobjective problems with fuzzy parameters and games against nature [J]. Fuzzy Sets and Systems, 2010, 161 (20): 2642 – 2660.

[238] CHEN Y W, LARBANI M. Two – person zero – sum game approach for fuzzy multiple attribute decision making problems [J]. Fuzzy Sets and Systems, 2006, 157 (1): 34 – 51.

[239] MILNOR J. Games against nature [M] //Decision Processes, Eds. Thrall, Coombs and Davis, Wiley, London, 1954.

[240] Fudenberg D, Tirole J. Game theory [M]: MIT Press, 1991.

[241] Parthasarathy T, Raghavan T E S. Some topics in two-person games [M]: American Elsevier Pub. Co., 1971.

[242] Gilboa I. Questions in Decision Theory [J]. Annual Review of Economics, 2010, 2: 1-19.

[243] Liu B. Uncertainty Theory [M]. Berlin Heidelberg: Springer, 2010.

[244] Wong B K, Lai V S. A survey of the application of fuzzy set theory in production and operations management: 1998-2009 [J]. International Journal of Production Economics, 2011, 129 (1): 157-168.

[245] Gau W L, Buehrer D J. Vague sets [J]. Ieee Transactions on Systems Man and Cybernetics Part B-Cybernetics, 1993, 23 (2): 610-614.

[246] Bustince H, Buehrer D J. Vague sets are intuitionistic fuzzy sets [J]. Fuzzy Sets and Systems, 1996, 79 (3): 403-405.

[247] Xu Z, Cai X. Recent advances in intuitionistic fuzzy information aggregation [J]. Fuzzy Optimization and Decision Making, 2010, 9: 359-368.

[248] YE J. Fuzzy decision-making method based on the weighted correlation coefficient under intuitionistic fuzzy environment [J]. European Journal of Operational Research, 2010, 205 (1): 202-204.

[249] VLACHOS I K, SERGIADIS G D. Intuitionistic fuzzy information - Applications to pattern recognition [J]. Pattern Recognition Letters, 2007, 28 (2): 197-206.

[250] ATANASSOV K T. Intuitionistic Fuzzy Sets: Theory and Applications [M]. Heidelberg: Physica-Verlag, 1999.

[251] 刘琳, 陈云翔, 葛志浩. 基于正态分布区间数的概率测度及多属性决策 [J]. 系统工程与电子技术, 2008, 30 (4): 652-654.

[252] 汪新凡, 肖满生. 基于正态分布区间数的信息不完全的群决策方法 [J]. 控制与决策, 2010, 25 (10): 1494-1498, 1506.

[253] 李德毅, 刘常昱. 论正态云模型的普适性 [J]. 中国工程科学, 2004, 6 (8): 28-34.

[254] 王坚强, 李康健. 基于直觉正态模糊集结算子的多准则决策方法 [J]. 系统工程理论与实践, 发表中.

[255] 李德毅, 孟海军, 史雪梅. 隶属云和隶属云发生器 [J]. 计算机研究和发展, 1995, 32 (6): 16-21.

[256] 刘常昱, 李德毅, 杜鹢, 韩旭. 正态云模型的统计分析 [J]. 信息与控制, 2005, 34 (2): 236-239.

[257] 于少伟,史忠科. 基于正态分布数区间的逆向云新算法 [J]. 系统工程理论与实践,2011,31(10):2021-2026.

[258] 刘常昱,冯芒,戴晓军. 基于云X信息的逆向云新算法 [J]. 系统仿真学报,2004,16(11):2417-2420.

[259] 张飞舟,范跃祖,沈程智. 基于隶属云发生器的智能控制 [J]. 航空学报,1999,20(1):89-92.

[260] WANG S L, LI D R, SHI W Z, et al. Cloud mode-based spatial data mining [J]. Annals of GIS, 2003, 9(1-2):60-70.

[261] 吕辉军,王晔,李德毅. 逆向云在定性评价中的应用 [J]. 计算机学报,2003,26(8):1009-1014.

[262] BINDER K. Monte-Carlo Methods [M] //Mathematical Tools for Physicists. Wiley-VCH Verlag GmbH & Co. KGaA, 2006:249-280.

[263] BUSTINCE H, BURILLO P. Structures on intuitionistic fuzzy relations [J]. Fuzzy Sets and Systems, 1996, 78(3):293-303.

[264] MORITA K. Automotive power source in 21st century [J]. JSAE Review, 2003, 24(1):3-7.

[265] MAGGETTO G, VAN MIERLO J. Electric vehicles, hybrid electric vehicles and fuel cell electric vehicles: State of the art and perspectives [J]. Annales de Chimie Science des Matériaux, 2001, 26(4):9-26.

[266] SPERLING D, SETIAWAN W, HUNGERFORD D. The target market for methanol fuel [J]. Transportation Research Part A: Policy and Practice, 1995, 29(1):33-45.

[267] HARDING G G. Electric vehicles in the next millennium [J]. Journal of Power Sources, 1999, 78(1-2):193-198.

[268] TZENG G H, LIN C W, OPRICOVIC S. Multi-criteria analysis of alternative-fuel buses for public transportation [J]. Energy Policy, 2005, 33(11):1373-1383.